中央高校基本科研业务费专项资金资助 项目编号：20720151005
Supported by the Fundamental Research Funds for the Central Universities

PROBLEMS ON COMPULSORY AUCTION

强制拍卖制度疑难问题研究

卢正敏 著

厦门大学出版社 国家一级出版社
XIAMEN UNIVERSITY PRESS 全国百佳图书出版单位

图书在版编目(CIP)数据

强制拍卖制度疑难问题研究/卢正敏著. —厦门:厦门大学出版社,2018.4
ISBN 978-7-5615-6638-1

Ⅰ.①强… Ⅱ.①卢… Ⅲ.①拍卖法-研究-中国 Ⅳ.①D922.294.4

中国版本图书馆 CIP 数据核字(2017)第 278797 号

出版发行 厦门大学出版社
社　　址 厦门市软件园二期望海路 39 号
邮政编码 361008
总 编 办 0592-2182177　0592-2181406(传真)
营销中心 0592-2184458　0592-2181365
网　　址 http://www.xmupress.com
邮　　箱 xmup@xmupress.com
印　　刷 厦门集大印刷厂

开本 720mm×1000mm　1/16
印张 14.25
字数 246 千字
版次 2018 年 4 月第 1 版
印次 2018 年 4 月第 1 次印刷
定价 58.00 元

本书如有印装质量问题请直接寄承印厂调换

厦门大学出版社
微信二维码

厦门大学出版社
微博二维码

目 录

导　言 / 1
第一章　强制拍卖过程中抵押物上租赁负担的处理 / 4
　　一、问题的提出 / 4
　　二、强制拍卖中不动产上租赁负担处理的原则 / 6
　　三、"抵押不破租赁"的适用 / 13
　　四、抵押物上租赁权的除去 / 20
　　五、抵押物上租赁负担处理的相关程序 / 29
　　结　语 / 38
第二章　强制拍卖程序中的虚假租赁 / 40
　　一、问题的提出 / 40
　　二、虚假租赁泛滥的法理剖析 / 42
　　三、虚假租赁的实务应对及评析 / 44
　　四、规制虚假租赁的比较法考察 / 50
　　五、我国规制虚假租赁的法律应对 / 53
　　结　语 / 62
第三章　强制拍卖过程中不动产评估的主要问题 / 63
　　一、不动产评估在强制拍卖中的重要地位 / 63
　　二、当前不动产评估的主要问题——评估结果严重失实 / 64
　　三、不动产评估严重失实的原因剖析 / 68
　　四、不动产评估结果严重失实的法律应对 / 71
　　结　语 / 85
第四章　强制拍卖中的优先购买权 / 86
　　一、关于强制拍卖中应否保护优先购买权的争执 / 86
　　二、强制拍卖中行使优先购买权的条件 / 94
　　三、强制拍卖中优先购买权的行使程序 / 105
　　四、优先购买权受侵害时权利人的救济 / 112

结　语　/ 114

第五章　强制拍卖无效　/ 116
一、由一则案例引发的思考　/ 116

二、强制拍卖无效的事由　/ 117

三、强制拍卖无效的确认程序　/ 136

四、强制拍卖无效的法律后果　/ 141

结　语　/ 142

第六章　法院错误拍卖第三人财产的法律效力　/ 143
一、问题的提出　/ 143

二、私法说下错误拍卖第三人财产的法律效力　/ 145

三、公法说下错误拍卖第三人财产的法律效力　/ 151

四、拍定人与第三人之间的利益协调：对公法说的局部修正　/ 153

结　语　/ 163

第七章　强制拍卖成交后不动产的交付　/ 165
一、由一系列案例引发的思考　/ 165

二、强制拍卖成交后不动产交付的实务运作　/ 168

三、强制拍卖成交后不动产交付的立法选择　/ 171

四、强制拍卖成交后不动产交付制度的完善建议　/ 174

结　语　/ 187

第八章　强制拍卖中的涉税问题　/ 188
一、强制拍卖不动产过程中因税费引发的问题　/ 188

二、应否征税？——强制拍卖不动产中征税的正当性　/ 190

三、向谁征税？——强制拍卖不动产所涉税费的承担主体　/ 192

四、如何征税？——强制拍卖不动产所涉税费的征缴　/ 196

结　语　/ 212

参考文献　/ 213

导 言

强制拍卖是民事强制执行程序中的重要换价措施,对于金钱债权的实现具有极为重要的意义。我国在司法实践的过程中逐渐确立了强制拍卖制度。目前,强制拍卖已经成为执行程序中财产换价的最重要的方式。强制拍卖牵涉多方主体的利益交割、权利兑现,成为各方利益角逐、各种潜规则交错滋生的敏感区域。强制拍卖中不同程度的不合法行为,直接加剧了"执行难",损害执行当事人和利害关系人的利益,影响司法的权威与公信力。近年来,法院系统进行了强制拍卖改革,逐渐建立了以网络司法拍卖为主的拍卖模式。最高人民法院陆续出台了一系列规范强制拍卖制度的司法解释,有力地推进了强制拍卖制度的发展。然而,关于强制拍卖的法律规范仍然较为粗陋,存在不少法律空白或者模糊之处,难以应对执行实践中的诸多难题。

强制拍卖是强制执行理论研究中的一个重要课题。早在上个世纪90年代初,我国法学界就开始了对强制拍卖制度的研究。20多年来,出现了不少关涉强制拍卖的理论研究成果。从这些研究成果来看,早期的研究成果主要聚焦于两个问题:一是探讨强制拍卖的性质和效力,反复论证强制拍卖是公法行为还是私法行为,逐渐确立了公法说的通说地位;二是研究强制拍卖的体制,讨论强制拍卖应由法院自主拍卖抑或委托拍卖。近年来,随着法院网上拍卖的兴起和普及,学者们对网上拍卖问题关注较多。鉴于前期强制拍卖理论研究的分散性,西南政法大学的毋爱斌博士、武汉大学的刘伟博士等以强制拍卖为主题展开了系统化研究,对强制拍卖理论和制度进行了"全景式"的论述,并搭建起了较为完整的强制拍卖程序框架。概言之,现有的理论研究成果表明,我国关于强制拍卖的宏观层面的一般理论体系已经基本建构完成。

强制拍卖系以国家公权力强制处分债务人的财产,以实现债权人权利,其中牵涉当事人、第三人等多方主体的权利义务,牵涉国家公权力的行使与限制,须遵循严格的程序规则。现行立法的粗陋,使强制拍卖制度面临程序匮乏的危机,严重影响了强制拍卖制度的效用,影响了执行当事人及利害关系人的正当权益保障。例如,法院拍卖抵押物时,应如何处理抵押物上的租赁负担?

处理抵押物上租赁负担的具体程序是什么？在实践中常出现债务人与第三人串通设立虚假租赁妨害执行的情形，法院又应当如何应对，以保障债权的有效实现？在不动产价值评估的过程中，如何提高评估报告的质量，在不损害债权人利益的前提下合理保护债务人的利益？在拍卖过程中，应否允许优先购买权的行使？若允许，又应当如何行使？在什么情况下，法院才能确认拍卖无效？若当事人和利害关系人的利益在拍卖过程中受到侵害，又应当如何进行救济？诸如此类的问题，现行立法或者缺乏相关的规定，或者规定得十分模糊，导致了实务操作上的混乱。现有的强制拍卖制度理论研究成果甚少关注强制拍卖在微观层面上的具体程序设计与规则。即使少数学者对部分微观问题有所涉及，但多是根据公法说进行较简单化的回应，缺乏深入的分析与论证。

"法律的生命不在于逻辑，而在于经验。"强制拍卖实务中出现的难题，急需理论回应。在强制拍卖一般理论体系基本建立的研究背景下，反复空泛地论证强制拍卖的性质、效力等强制拍卖一般理论问题，并不能解决我国强制拍卖实践中的难题。因此，本书对强制拍卖制度的研究，将跳出对强制拍卖基础理论泛泛而论的研究范式，立足于执行实践，在吸收现有强制拍卖理论成果的基础上，对强制拍卖实务中出现的疑难问题展开深入细致的研究，在微观层面上构建和完善实际效用强、法律效果好的强制拍卖具体程序规则，以期解决强制拍卖制度供给与实践需求之间的供需矛盾。

多年来，我国法学界对强制拍卖制度的研究，多从强制拍卖的性质争论展开。但是，过度纠结于强制拍卖本身属性的理论纷争，恐不能解决现实问题。尤其在公法说已成为各国执行理论通说的背景下，过度空泛地强调强制拍卖的公法性，其现实意义更难谓重大，并且，公法说本身也并非完美无缺。鉴于此，本书的研究视角有所改变。正如庞德所言，法律是能以最小的代价最大限度地满足社会需求的社会制度，法律的任务是调整各种利益冲突。利益决定着法律规则的创建，利益以及对利益的衡量是制定法律规则的基本要素。强制拍卖作为一种换价手段，是多主体利益纠葛最为复杂的执行环节。合理平衡主体间的利益，强制拍卖的制度设计问题也就迎刃而解。因此，本书对强制拍卖疑难问题进行分析论证时，十分重视相关主体之间的利益权衡，在充分衡量不同主体利益的基础上，进行相应的拍卖程序规则设计。

强制拍卖作为一种公法行为，本质上虽不同于民法上的交易行为，但与民法上的交易行为仍具有很大的相似性。在强制拍卖所涉具体问题的处理过程中，往往需要遵循民法上的一般原理。另外，强制拍卖作为一种强制执行措施,又必须考虑执行程序自身的特殊性。换言之,对强制拍卖疑难问题的研讨,既涉及民法原理,又涉及强制执行原理,只有从民法与强制执行法相结合的角度展开研究,才可寻求执行实务难题的解决之道。因此,本书在剖析强制拍卖疑难问题、解析相关立法与理论问题时,注重结合民法原理和强制执行原理,在此基础上,提出处理具体问题的程序规则和规范完善建议。

对强制拍卖制度疑难问题的研究,需要融合民事实体法理论与强制执行理论,需要对多主体之间的利益冲突进行合理的权衡,并且,因强制拍卖是涉及多领域的一个"社会问题",强制拍卖制度的完善还需要考虑社会诚信体系、财产开示制度、执行联动机制等多个超越强制拍卖制度本身的其他制度。要切实完全解决强制拍卖中出现的各种各样的问题,建构完善的强制拍卖程序处理规则,实在是"任重而道远"。本书在分析强制拍卖具体问题、论证具体的解决方案时,虽然尽量追求理论分析上的严谨周延和实务操作上的可行性,但是,因个人的才识和掌握的资料所限,有关的分析与论证不可避免地烙上了"个人色彩",有关的结论也有待在未来的实践中不断修正。

第一章　强制拍卖过程中抵押物上租赁负担的处理

一、问题的提出

[引例]中山市华鸿房地产开发有限公司等申请法院强制拍卖被执行人中山市中外百货有限公司(以下简称中外百货公司)名下的用于债权抵押担保的工业厂房。执行法院在对该房地产的拍卖条件中明确,该房地产"现存租赁合同不能对抗买受人"。拍卖成交后,执行法院向该房地产占用人发出执行通知书,要求占有人在该房地产变现成交后向买受人移交。此时,案外人中山市万家汇科技开发有限公司(以下简称万家汇公司)就执行通知书提出异议,认为中外百货公司经抵押权人同意将该房地产出租给中山市东区金桥家私商场,万家汇公司与金桥家私商场签订转租租赁合同合法有效,买受人应当继续履行租赁合同。执行法院裁定驳回万家汇公司的执行异议。万家汇公司对该执行裁定不服,向中山市中级人民法院提起执行异议之诉,其诉讼请求被法院驳回。万家汇公司不服该判决,最后向广东省高级人民法院提起上诉。①

在执行程序中,作为案外人的万家汇公司主张抵押物变现后抵押物上的租赁权继续存在,买受人得承受原租赁合同,为此,万家汇公司提出了执行异议,进而提起了执行异议之诉,甚至启动了上诉程序。该案极具典型意义。在

---

① "中山市万家汇科技开发有限公司等诉中山市华鸿房地产开发有限公司等案外人执行异议之诉案",具体案情详见广东省高级人民法院民事判决书(2013)粤高法民二终字第59号,载北大法宝:http://www.pkulaw.cn/,访问日期:2017年4月3日。

第一章
强制拍卖过程中抵押物上租赁负担的处理

执行实践中,经常会出现类似该案的案外人以保护抵押物上的租赁权为由提起执行异议和执行异议之诉的案件。近年来,此类案件猛增,据笔者所在地区法院的不完全统计,此类案件甚至占到了所有案外人异议案件的 2/3。虽然具体案件之间存在这样那样的差异,但是从本质来看,此类案件均涉及一个关键问题,即:执行程序中如何处理抵押物上的租赁负担?

根据近现代民法的规定,抵押权作为一种担保物权,重在支配标的物的交换价值;租赁权作为一种债权,重在支配标的物的使用价值。二者完全可以并存于同一标的物之上。标的物上设有抵押权的,抵押权人无需移转占有抵押物,抵押人依然可以将抵押物出租给他人使用收益;标的物已经被出租的,也不妨碍出租人将该标的物抵押给他人。在抵押权设立后,如果债务人不履行债务或者发生了其他应当实现抵押权的事由,抵押权人可以与抵押人协议就抵押物折价,或者以拍卖、变卖抵押物所得价款优先受偿。在实践中,强制拍卖抵押物成为实现抵押权的主要方法。在抵押物上同时存在租赁权的情况下,如何处理抵押物上的租赁负担,即成为强制拍卖中的一个重要课题。正如台湾地区学者许士宦教授所言,在强制拍卖程序中,"最使应买者犹疑不前者,系抵押物上是否存在负担及拍定后不动产是否点交等问题。其中尤以租赁负担更被注视"。[①] 因为,竞买人参与强制拍卖,大多目的在于取得拍卖标的物的完整的所有权,希望在拍得标的物后可以马上使用、收益,如果拍卖物上存在租赁负担,势必影响竞买人的竞买意愿,即便参与竞买,其应价也比通常价格低,最终影响抵押权人的利益,减损强制执行程序迅速实现权利的功能。此外,在抵押物上同时存在租赁权的情况下,如何处理抵押物上的租赁权,也关系着承租人的合法权益。

就如何处理抵押物上的租赁负担,我国《物权法》等法律及最高人民法院的有关司法解释作出了一些规定,基本解决了执行法院在处理此类案件时无法可依的困境。但是,这些立法过于宏观,犹如"雾里看花",在适用中存在诸多问题,并且,部分法规之间还存在着明显的冲突,导致执行实务中无所适从。鉴于此,这里结合实务、有关规范、学理见解以及域外立法等展开分析,探索有效处理抵押物上租赁负担的合理方式。

---

① 许士宦:《执行力扩张与不动产执行》,台湾学林文化事业有限公司 2003 年版,第 357 页。

二、强制拍卖中不动产上租赁负担处理的原则

(一)不动产上负担处理的三种立法政策

在强制拍卖过程中,拍卖不动产上的负担(包括担保物权、用益物权、租赁权等)如何处理,是强制执行法立法政策上的一个重要课题。概言之,关于强制拍卖中不动产上负担的处理,有三种立法政策:

1. 涂销主义

所谓涂销主义,是指不动产上优先于执行债权人的担保物权或者用益物权等负担,随着不动产的拍卖而消灭,买受人因此而取得无任何负担的不动产。涂销主义的优点在于:不动产上的各种负担因拍卖而全部消灭,拍卖后的不动产上不再残留各种复杂的法律关系,买受人因而获得较为安定的地位,从而可以提高竞买人的竞买意愿,增强强制拍卖的实际效果。涂销主义的缺点是:因不动产上的负担全部消灭,担保物权人、用益物权人等被迫提前受清偿或者补偿,丧失预期利益,并且,在拍卖价金不足时,担保债权人还面临着债权无法全部受偿的危险。此外,在涂销主义下,买受人因无需承受不动产上的负担,须支付不动产的全部价金,这将致使资力较低的人无法参加竞买,从而影响拍卖的效果。

2. 承受主义

所谓承受主义,是指不动产上有优先于执行债权人的担保物权或者用益物权等负担时,该负担不因不动产的拍卖而消灭,而继续存在于不动产上,由买受人承受。承受主义的优点在于:优先于执行债权人的担保物权、用益物权等权利不因拍卖而受影响,由此优先权人取得较为安定的地位,其权利得到较好的保护。并且,买受人因承受不动产上的负担而不必支付不动产的全部价金,从而使资力较低的人也可参加竞买,有利于不动产的卖出。然而,承受主义也有不足之处,主要表现为:因买受人须承受不动产上的负担,买受的不动产上可能存在复杂的法律关系,买受人无法取得完整的所有权,拍卖的效果难以安定,进而会影响竞买人的竞买意愿,有碍强制拍卖的效果,进而损害执行债权人的利益。

3. 剩余主义

因涂销主义与承受主义各有其优缺点,为弥补二者的不足,遂产生了剩余

主义制度。所谓剩余主义,是指在后顺位的债权人或者普通债权人申请拍卖不动产时,必须是不动产拍卖的价金在请求或者补偿先顺位的不动产负担以及执行费用后,仍有剩余可能的,才能进行强制拍卖。剩余主义的优点在于:处于先顺位的权利人不因后顺位的债权人或者普通债权人的执行而受侵害,且限制执行债权人在可能受偿的情形下方可强制执行,可以避免发生无益执行从而损害执行效率的情形。不过,如何衡量不动产是否有剩余价值,在操作上存在一定的困难。

以上三种立法政策均有缺陷,所以,各国在设计关于不动产上各种负担处理的具体政策和制度时,结合各国不同的社会经济状况,往往将两种或者三种立法政策合并使用,有的国家甚至根据不动产上的负担的不同,而分别采取不同的立法政策。

(二)不动产上租赁负担处理的立法例

各国在考虑不动产上负担的处理原则时,会考虑诸多因素,如不动产上负担的权利能否对抗执行债权、执行效果是否安定、拍卖是否困难、社会的经济状况等,而不动产上权利负担的性质,也是其中必然考虑的因素之一。不动产上权利负担的性质不同,往往采纳不同的立法政策,适用不同的处理规则。这里围绕本书的主旨,仅仅考察涉及不动产上租赁负担处理的一些典型的域外立法例。

在德国,根据其《强制拍卖与强制管理法》第44条第1款的规定,只有拍卖的出价额足以补偿优先于执行债权的权利以及强制执行程序的各种费用时,法院才能允许进行拍卖。在拍卖之前,法院须依职权酌定"拍卖最低出价额",此价额包括优先于执行债权人的权利(包括担保物权、用益物权、租赁权)的数额及执行费用。拍定后,计算"拍卖最低价额"所依据的优先于执行债权人的权利负担继续存在于不动产上,由买受人承受。而未计入"拍卖最低价额"中的权利,不论其从拍卖价额中是否受到清偿或者补偿,均因拍卖而归于消灭。由此可见,在德国,对不动产上的租赁负担,根据其是否优先于执行债权,而有不同的处理规则:优先于执行债权的,适用承受主义,劣后于执行债权的,则适用涂销主义。

对于不动产上的租赁负担,瑞士法原则上也如德国法一样采取承受主义,并且,不论租赁权的顺位是优先于执行债权还是劣后于执行债权,买受人均得承受该负担。从这个意义上来看,这是一种更彻底的承受主义。如前所述,绝对的承受主义可能影响强制拍卖的效果、损害执行债权人(包括优先于租赁权的担保物权人)的利益。为了避免对担保物权人的利益造成损害,瑞士法创设了"双重报价"制度。根据该制度,如果不动产上的租赁负担是未经优先抵押权人同意而设立的,则抵押权人可以在一定期间内要求对该不动产进行两次报价,一次是有租赁权负担的报价,一次是无租赁权负担的报价。如果两次报价均能满足抵押债权人的债权,租赁负担则继续由买受人承受。如果只有在不负担租赁权的情况下报价才能满足抵押权人的债权的,则租赁负担应予涂销而不能由买受人承受。概言之,依据瑞士法,无论租赁权是否优先于执行债权,对租赁负担均适用承受主义,但有例外,即:劣后于执行债权的租赁权会影响抵押债权实现的,则适用涂销主义。

在日本,法律就拍卖不动产上的负担处理,原则上系在剩余主义限制下采取涂销主义,同时兼采承受主义。具体就抵押不动产上的租赁负担而言,依据日本《民事执行法》的规定,不能对抗因拍卖而消灭的优先权的一切权利负担,包括租赁负担,适用涂销主义,因拍卖而消灭;而处于最优先顺位的租赁权,采取承受主义。① 此外,值得注意的是,日本《民事执行法》允许利害关系人通过合意改变此规则,即利害关系人对拍卖不动产上的负担如何处理达成一致意见并向执行法院申报的,拍卖后各种权利负担的存废即依利害关系人的合意进行处理。也就是说,根据日本法,拍卖不动产上的租赁负担是适用涂销主义,还是适用承受主义,利害关系人可就此达成合意,若无合意,则需根据租赁权与执行债权(包括抵押权)之间的优先顺序来处理:如果租赁权优先的,适用承受主义;如果执行债权优先的,则适用涂销主义。

在我国台湾地区,对拍卖不动产上的租赁负担,原则上采承受主义,例外采涂销主义。台湾"强制执行法"第98条第2项规定:"前项不动产原有的地上权、永佃权、地役权、典权及租赁关系随同移转。但发生于设定抵押权之后,并对抵押权有影响,经法院除去后拍卖者,不在此限。"据此规定,租赁权发生在抵押权之前的,适用承受主义,租赁负担不因拍卖而消灭,而由买受人承受;租赁权发生在抵押权之后的,原则上也适用承受主义,但如果该租赁权对抵押

---

① 对于抵押权登记后才进行登记的短期租赁权,日本民法曾规定,也适用承受主义,可以由拍定人承受,以保护不动产承租人的利益,此即短期租赁特别保护制度。但是,该制度事实上为债务人滥用短期租赁以损害抵押权人利益提供了可乘之机,尤其在日本泡沫经济崩溃后,该制度更成为近年来不良债权处理的障碍。因此,日本立法废除了该制度。换言之,对短期租赁负担,日本也不再适用承受主义。不过,考虑到立即涂销该租赁权对承租人的保护不力,日本民法设立了保护承租人的缓期交付制度。

权有影响的,则适用涂销主义,法院可以依法除去该租赁权。

(三)我国抵押物上租赁负担处理的原则

综观上述关于不动产上租赁负担处理的不同立法例,可以看出,拍卖不动产上租赁负担的处理,各国及我国台湾地区有共通之处,即:根据执行债权与租赁权的优先顺序,如果租赁权在先的,则均适用承受主义。这些立法例之间的主要区别在于:如果租赁权在后的,德国法和日本法则适用严格的涂销主义,瑞士法和台湾地区则原则上适用承受主义例外采纳涂销主义。

就抵押物上租赁负担的处理,我国《物权法》等法律法规也采取了根据权利优先顺序来区分处理的模式。因此,下文就抵押物上租赁负担的处理,将分成两类情形展开分析:一是租赁在先抵押在后的情形,一是抵押在先租赁在后的情形。

1. 租赁在先抵押在后的情形

我国《担保法》第48条规定:"抵押人将已出租的财产抵押的,应当书面告知承租人,原租赁合同继续有效。"最高人民法院《关于适用〈中华人民共和国担保法〉若干问题的解释》第65条规定:"抵押人将已出租的财产抵押的,抵押权实现后,租赁合同在有效期内对抵押物的受让人继续有效。"我国《物权法》第190条规定:"订立抵押合同前抵押财产已出租的,原租赁关系不受该抵押权的影响。……"从这些法律规定可以看出,在已经出租的财产上设定的抵押权,不能影响在先设立的租赁权。此谓"抵押不破租赁"[①]。

"抵押不破租赁"原则被贯彻运用到强制执行程序之中。根据最高人民法院《关于人民法院民事执行中拍卖、变卖财产的规定》第31条第2款的规定,"拍卖财产上原有的租赁权及其他用益物权,不因拍卖而消灭,……"这样,在强制拍卖过程中,法院在拍卖抵押物以实现抵押权时,不得去除抵押物上先设立的租赁负担,抵押物的买受人也必须承受抵押物上的租赁负担。可见,在我国,对抵押物上租赁负担的处理,如果租赁在先抵押在后,也如域外立法一样,适用完全的承受主义。

从法理上分析,各国立法均确认"抵押不破租赁"原则适用于租赁在先抵

---

① 法学界通常认为,这是民法上的"买卖不破租赁"原则在抵押物租赁关系中的运用,故不少著述中直接使用"买卖不破租赁"这个术语,而不单独称之为"抵押不破租赁"。这里因重在探讨抵押权与租赁权的关系,故使用了"抵押不破租赁"这个术语。

押在后的情形,其原因在于:租赁权虽然系债权,但是其目的重在支配标的物的使用价值。承租人要实际享有租赁权,必须现实地占有标的物,否则,所谓的使用收益就失去了物质基础。在近现代民法中,为了强化对承租人的保护,租赁权被"物权化",便具有物权的对抗力。根据前物权优于后物权的原理,在先的租赁权优于在后的抵押权,便具有了对抗在后设立的抵押权的效力。因此,租赁在先抵押在后的,有"抵押不破租赁"原则的适用。

2. 抵押在先租赁在后的情形

在抵押在先租赁在后的情况下,如果租赁期限短于抵押期限,除发生抵押权人提前行使抵押权的情形以外,一般不会出现抵押权与租赁权的冲突。但是,在抵押债权人诉请法院实现抵押权、拍卖抵押物时,如果租赁期尚未届满,抵押权与租赁权发生冲突,应如何处理呢?根据前物权优于后物权的原理,此时,在先的抵押权优于在后的租赁权。然而,如何理解这种"优先"效力,则是一大问题。如前所述,根据德国法和日本法的规定,这种"优先"效力表现为彻底的涂销主义的适用,即在后的租赁权因拍卖而消灭。而根据瑞士法和我国台湾地区的规定,这种"优先"效力仅仅表现为:在租赁权对抵押权的实现有影响的情况下,法院方可适用涂销主义,依法除去该租赁权,否则,租赁权继续存在于拍卖物之上,由买受人承受。

在我国,《物权法》等民事立法以及最高人民法院的有关司法解释明确规定了在先的抵押权优于在后的租赁权的法律效力,但是,这些规定存在不少模糊之处,甚至有些规定之间还相互矛盾。在司法实践中,如何理解和运用有关规则,存在各种各样的见解,导致了实务操作的混乱。

《物权法》第190条规定:"抵押权设立后抵押财产出租的,该租赁关系不得对抗已登记的抵押权。"根据该规定,在先的抵押权"优先"于在后的租赁权,该"优先"效力体现为"租赁关系不得对抗已登记的抵押权"。然而,如何理解该条规定的"租赁关系不得对抗已登记的抵押权",理论界存在分歧。一种观点认为,所谓"租赁关系不得对抗已登记的抵押权",是指抵押权人在实现抵押权时,抵押物上设立的租赁关系应当失去效力,否则就违反了物权优先效力规则。换言之,在抵押后设立的租赁权,在实现抵押权时,被"当然除去",失去效力,承租人不得要求继续承租该抵押物。持该观点者认为,《物权法》之所以作出如此规定,其理由在于:既然某项财产已经办理了抵押权登记,则承租人完全可以从不动产登记簿中查询到拟租赁的财产上是否存在抵押权等权利负担。如果承租人明知拟租赁的财产上有抵押权,还与出租人成立租赁关系,就意味着其自愿承担了因实现抵押权而带来的风险。倘非如此,财产被抵押后出租的,如果依然适用"买卖不破租赁"的规则,则抵押权的效力会大打折扣,也因此失去了设立抵押权的意义。① 另一种观点则主张,所谓"租赁关系不得对抗已登记的抵押权",是指因租赁关系的存在致使抵押权实现时无人应买抵押财产,或者出价降低导致不足以清偿抵押债权时,抵押权人有权要求抵押人与承租人解除租赁合同关系。② 他们认为,在租赁权对抵押权人并无损害时,如果将设立在后的租赁权一律除去,将直接关涉抵押物上的用益关系,对抵押人、承租人甚至抵押物受让人的利益造成不当的影响。③ 如此解释,则意味着即使租赁权设立于抵押权之后,也可能不突破"买卖不破租赁"规则,也就是说,在抵押权后设立的租赁权,并不必然被除去,只要租赁权的存在对抵押权的实现没有损害,该租赁权仍继续存在,由抵押物的买受人承受。

就后于抵押权设立的租赁权在抵押权实现时如何处理的问题,最高人民法院的司法解释之间存在明显的冲突。最高人民法院《关于适用〈中华人民共和国担保法〉若干问题的解释》(2000年)第66条第1款规定,"抵押人将已抵押的财产出租的,抵押权实现后,租赁合同对受让人不具有约束力。"据此规定,除非受让人自愿承受租赁合同中原出租人的权利义务,否则,该租赁权一律被除去,对受让人不具有拘束力。④ 这与上述第一种学术见解相吻合。最高人民法院《关于审理城镇房屋租赁合同纠纷案件具体应用法律若干问题的

---

① 王利明:《物权法研究》(下),中国人民大学出版社2013年版,第1242页。
② 高圣平:《担保法论》,法律出版社2009年版,第357页;崔建远:《物权法》,中国人民大学出版社2011年版,第458页。
③ 孙鹏、王勤劳、范雪飞:《担保物权法原理》,中国人民大学出版社2009年版,第210页。
④ 根据该司法解释起草者的说明,之所以作此解释,主要理由有二:"一是根据物权优先于债权的原则和承租人不得以租赁合同对抗抵押权人行使权利,租赁关系在抵押权人行使权利时应当归于消灭。二是即便不动产租赁具有物权化性质,也是后成立的用益物权,不得对抗因抵押权的实现而取得抵押物的买受人,根据前手权利优于后手权利的原则,先设定的抵押权可以对抗后成立的租赁权。承租人对抵押物不享有优先购买权,也不能对抵押物的买受人主张租赁权。……抵押权设立在先,租赁权成立在后的情况下,抵押物设定租赁权时,承租人知道或者应当知道租赁物上存在抵押权的事实,并自愿接受和承担了因抵押权实现而使租赁权终止的风险,承租人不得以租赁合同对抗抵押权人行使权利。'买卖不破租赁'的原则,不能适用于抵押人在抵押后将抵押物出租后抵押权实现时的情况。"(参见李国光、奚晓明、曹士兵、金剑峰:《最高人民法院〈关于适用中华人民共和国担保法若干问题的解释〉理解与适用》,吉林人民出版社2000年版,第254~255页。)

解释》(2009年)也采纳了同样的立场。该解释第20条规定:"租赁房屋在租赁期间发生所有权变动,承租人请求房屋受让人继续履行原租赁合同的,人民法院应予支持。但租赁房屋具有下列情形或者当事人另有约定的除外:(一)房屋在出租前已设立抵押权,因抵押权人实现抵押权发生所有权变动的;(二)房屋在出租前已被人民法院依法查封的。"从该规定可以看出,只要租赁权设立于抵押权之后,即便该租赁权的存在对抵押权的实现没有任何影响,租赁权仍被除去,受让人有权不承受原租赁合同。简言之,根据这两个司法解释的规定,对于抵押物上的租赁负担,如果抵押在先租赁在后,适用绝对的涂销主义,租赁负担因拍卖而消灭。

然而,最高人民法院《关于人民法院民事执行中拍卖、变卖财产的规定》(2004年)则有明显不同于上述两个司法解释的规定。该规定第31条明确:"拍卖财产上原有的租赁权及其他用益物权,不因拍卖而消灭,但该权利继续存在于拍卖财产上,对在先的担保物权或者其他优先受偿权的实现有影响的,人民法院应当依法将其除去后进行拍卖。"据此规定,后于抵押权设立的租赁权,依然可以继续存在,并不必然被除去,只有在该租赁权影响到抵押权的实现时,该租赁权方可被法院除去。① 可见,该规定与上述第二种学术见解基本一致。也就是说,该司法解释采纳了与瑞士法和台湾地区一致的做法,在抵押在先租赁在后的情形下,抵押物上的租赁负担依然适用承受主义,只有在租赁权影响到抵押权实现的例外情形下,才适用涂销主义。

撇开最高人民法院几个司法解释之间在具体适用上的冲突不论,就抵押在先租赁在后时抵押物上租赁负担的处理,最高人民法院《关于人民法院民事执行中拍卖、变卖财产的规定》(2004年)第31条的规定更为合理。对于后于抵押权设立的租赁权,不宜被视为当然失去效力,只有在其影响到抵押权的实现时,方可适用涂销主义而除去该租赁权。也就是说,租赁权消灭与否,应取决于租赁权是否会影响抵押权人的优先受偿利益。当承租人的租赁权不影响

---

① 根据该司法解释起草者的说明,之所以作出如此的规定,其理由在于:"租赁权和用益物权重在对标的物的使用价值,租赁权人和用益物权人要实际享有权利,必须现实地占有标的物,因此,《规定》对拍卖财产上存在的租赁权及用益物权的处理,原则上采取承受原则,即拍卖财产上原有的租赁权及用益物权,不因拍卖而消灭。作为例外,如果上述权利继续存在于拍卖的财产上,对在先设定的担保物权或其他优先受偿权的实现有影响的,应当依法将其除去后进行拍卖。"(参见赵晋山:《〈关于人民法院民事执行中拍卖、变卖财产的规定〉的理解与适用》,载《人民司法》2005年第2期。)

抵押权的实现时,实现抵押权时即没有必要除去租赁权。① 其主要理由在于:其一,租赁权的存在并不必然会影响抵押权的实现。对于后于抵押权设立的租赁权,如果一律采取承受主义,租赁权的存在可能会增加抵押权实现的困难,如影响竞买人的竞买意愿或者竞买应价,这对抵押权人不公平。但是,以承受租赁权为条件对抵押物进行拍卖,也存在拍卖价金足以满足抵押债权的可能,如抵押物价值远远超出其担保的债权,纵然竞买人因抵押物上租赁权的存在而以较低价格应买,但该价格仍足以清偿抵押权人的债权,甚至,在租金较高而有利可图时,也许还会吸引更多的竞买人,反而能加速抵押权的实现。可见,不除去设立在后的租赁权,也未必一定会损害在先的抵押权人的优先受偿利益。② 其二,从立法目的来看,强调后于抵押权设立的租赁权应当被除去,是为了维护抵押权人的利益,但如上所述,在后一种情况下,不除去后于抵押权设立的租赁权,也不会损及抵押权人的利益,此时,如果强行要求一律除去租赁权,在不损害抵押权人利益的同时,将对承租人甚至抵押物受让人的利益造成不当损害。因此,在不损及抵押权人利益的前提下,兼顾承租人对抵押财产使用收益的利益,不除去抵押物上的租赁权,更为可取。事实上,我国台湾地区就采取了此种灵活的处理方式,对于后于抵押权设立的租赁权,以该租赁权的存在是否会影响到抵押权的实现为标准,确定应否除去该租赁权。台湾地区"民法"第866条即规定:"不动产所有人设定抵押权后,于同一不动产上,得设定地上权或其他以使用收益为目的之物权,或成立租赁关系。但其抵押权不因此而受影响。前项情形,抵押权人实行抵押权受有影响者,法院得除去该权利或终止该租赁关系后拍卖之。"据此,后于抵押权设立的租赁权,在抵押权实现时并不当然被除去,而需考虑该租赁权的存在对抵押权人实现抵押权有无影响而定。如果租赁权的存在并不影响抵押权的实现,那么,在实现抵押权后,租赁关系依然存在,并拘束抵押财产的买受人。

三、"抵押不破租赁"的适用

依据我国现行法律的规定,对于抵押物上的租赁负担,如果租赁在先抵押在后,则适用绝对的承受主义,贯彻"抵押不破租赁"原则,无须考虑租赁权对

---

① 程啸:《论抵押财产出租时抵押权与租赁权的关系》,载《法学家》2014年第2期。
② 孙鹏、王勤劳:《抵押权与租赁权的冲突与协调》,载《法律适用》2009年第2期。

抵押物的实现有无影响。由此可见，在处理抵押物上的租赁负担时，抵押物上的租赁权是否先于抵押权设立，至关重要。而判断抵押物上的租赁权是否先于抵押权设立，首先得判明租赁权的设立时间。在司法实践中，租赁权的设立时间，常常成为当事人之间争执的焦点。①

关于租赁权的设立时间，司法实务中有三种不同的判定标准：一是租赁合同成立日，二是租赁合同登记日，三是承租人占有日。② 适用不同的判定标准，就租赁权是否先于抵押权设立的问题，可能就会有不同的答案。

从我国《合同法》的规定来看，租赁合同的有效成立一般应当具备三个要件：租赁当事人具有相应的民事行为能力，租赁当事人的意思表示真实，租赁合同的内容不违背法律和社会公共利益。除此之外，《合同法》并未明确规定租赁合同有效成立需其他的公示要件。如此，只要租赁合同有效成立，租赁权便有效设立。换言之，根据《合同法》的规定，租赁合同的成立日即为租赁权的设立日。租赁合同成立之后，租赁合同是否经登记、承租人是否占有租赁物，均不影响租赁合同对租赁关系当事人的法律效力。

虽然我国《城市房地产管理法》、建设部《城市房屋租赁管理办法》以及关于房屋租赁管理的一些地方性法规规定了城市房屋租赁的登记备案制度，公

---

① 例如，在"中国工商银行股份有限公司九江浔中支行与九江新新汽车销售服务有限公司房屋租赁合同纠纷"一案中，双方当事人争执的焦点，即为诉争房屋的出租时间。（详见江西省九江市中级人民法院民事判决书九中民一终字第287号，载中国裁判文书网：http://wenshu.court.gov.cn/，访问日期：2017年4月3日。）

② 在最高人民法院编著的一则典型案例中，法院将租赁物的交付日作为租赁权的设立时间。该案的基本案情是：2010年6月，贸易公司以名下商厦向银行抵押借款5000万元并办理登记。同年7月，贸易公司依2010年5月与实业公司所签租赁合同，依约将商厦腾空后交付给实业公司经营。2012年，因贸易公司逾期未偿贷，银行诉请实现抵押权。实业公司随即刊登声明，称其租赁在先，同时请求法院保护其继续履行合同的权利。法院认为：(1)虽然实业公司租赁合同签订在先，但是房产交付在银行抵押登记之后，故应认定抵押在先出租在后，实业公司不得要求继续履行租赁合同。(2)贸易公司因其自身原因导致租赁合同无法继续履行，系属债务不履行之违约行为，实业公司可另行向贸易公司主张违约责任，故对实业公司请求，不予支持（详见刘高：《论物权法第一百九十条中"抵押财产出租"的准据时点——兼论"买卖不破租赁"的理解与适用》，载《民事审判指导与参考·物权专题》2014年第1辑，第112页）。在该案中，虽然法院主张以交付为租赁权设立的准据时点，但是，租赁物交付后即由承租人占有，故以交付为租赁权设立准据时点的见解与以承租人占有为租赁权设立准据时点的见解并没有实质性的差异。

安部门也规定出租人出租房屋必须到公安部门进行房屋出租登记,但是,并未明确登记会产生何种法律效力。而我国目前房屋租赁登记制度的目的,也不在于明确登记对租赁合同的效力如何,而主要在于行政管理和治安管理的需要。因此,无论是司法实践还是学理分析,均认为登记与否并不影响租赁合同在当事人之间的法律效力。

那么,可否顺势如此推论:应该以租赁合同的成立日作为判断租赁权是否先于抵押权设立的时间标准呢?答案是否定的。笔者认为,这里首先应当区分租赁权的设立时间与租赁权产生对抗效力的时间。根据《合同法》的规定,租赁合同的成立日,即为租赁权的设立日。但是,租赁权的设立日,并不必然等同于租赁权产生对抗效力的时点。我们通常所说的租赁权产生对抗效力,是指租赁权对租赁合同当事人双方以外的第三人产生的法律效力。租赁权属于债权之一种,基于债权的相对性,租赁权本来不应对租赁合同当事人以外的第三人产生法律效力,但是,近现代各国民事立法为保护经济上处于劣势的不动产承租人,以及谋求社会安定,将原本债权性质的租赁权予以物权化,多倾向于采取较为保护承租人的措施,如实行"买卖不破租赁"、赋予承租人优先购买权等。不过,为了避免租赁权被滥用,各国及地区在将租赁权物权化的同时,多要求租赁权需具备一定的公示性措施,或者登记,或者交付,或者占有,或者公证,方能对抗第三人。若不具备相应的公示要件,租赁权即使设立,也不产生对抗第三人的法律效力。从这可以看出,租赁权的设立,并不直接意味着租赁权即产生对抗第三人的法律效力。而我们这里探讨的租赁权是否先于抵押权设立,重在分析租赁权对抗抵押权人的法律效力,亦即对抗第三人的效力。正如《物权法》第190条所规定的,租赁权后于抵押权设立的,该租赁关系不得对抗已登记的抵押权。因此,这里需要强调的租赁权的设立时间,本非理论上的租赁权的设立时间,而是指产生对抗第三人(抵押权人)的法律效力的时间。

在明确判断租赁权是否先于抵押权设立的时间标准应为租赁权产生对抗效力的时间的前提下,反过来思考,就很容易得出这样的结论:租赁合同成立日不宜作为判断租赁权是否先于抵押权设立的时间标准。这是因为,根据《合同法》的规定,租赁合同的成立无需任何公示性措施,如果租赁合同一经成立,即认为租赁权会产生对抗效力,那么,将导致租赁权对抗效力的绝对性扩张,会带来一系列不良后果。在执行实践中,众多债务人正是利用这一点来签订虚假租约以规避执行,即是典型例证。①

从租赁权公示措施的有效性而言,相对于其他公示性措施,登记的公示程度最高。如果以登记作为租赁权的对抗要件,无疑是最理想的办法。我国不少学者即建议将登记作为租赁权的对抗要件。若此,租赁合同登记日即为租赁权产生对抗效力的时点。判断租赁权是否先于抵押权设立,即应以租赁合同的登记日为准。采用此标准,在实务操作上简便易行,不会产生争议。然而,如上所述,在我国,虽然《城市房地产管理法》、建设部《城市房屋租赁管理办法》以及关于房屋租赁管理的一些地方性法规规定了城市房屋租赁的登记备案制度,但是并未明确登记备案会产生何种法律效力。虽然我国少数地方法规、规章明确将房屋租赁登记作为租赁权产生对抗效力的公示要件,如1999年《上海市房屋租赁条例》第15条规定"房屋租赁合同未经登记备案的,不得对抗第三人",2004年《天津市房屋租赁管理规定》第13条规定"未经登记备案的房屋租赁合同,不得对抗第三人",但是,这些规定毕竟是地方性法规、规章,仅在该地域范围内有效,且其位阶与效力均低于法律,在司法实践中能否有效适用,也是一个问题。从实践来看,租赁登记并不是交易的常态。在租赁登记并不具有普遍性的客观现实下,以租赁合同登记日作为判断租赁权是否先于抵押权设立的时间标准,也不合理。

考虑到我国当前的具体国情,以承租人占有抵押物的时点作为判断租赁权是否先于抵押权设立的时间标准,较为适宜。从租赁权物权化的立法目的来看,对租赁权的强化保护着重在于通过保障承租人的占有来保障租赁关系稳定以及交易安全。如果承租人并未实际占有或者使用租赁物,租赁权作为债权便没有优先于包括抵押权、所有权在内的物权的合理性。正如有最高人民法院法官所言,"只有占有租赁物后会产生'物权化'与特殊保护的问题,才是真正意义上的租赁权"②。这也正是部分学者认为占有应为租赁权存在的应有之义的依据所在。③ 最高人民法院《关于审理城镇房屋租赁合同纠纷案件具体应用法律若干问题的解释》(2009年)第6条在处理多个租赁关系竞合

---

① 关于虚假租约的问题,下一章将专门研讨,这里不再展开分析。
② 刘贵祥:《执行程序中租赁权的认定与处理》,载《人民法院报》2014年5月28日第8版。
③ 张广兴:《债法》,社会科学文献出版社2009年版,第235页。

的问题时,便确立了占有时点为承租人对抗其他人的首要标准。① 最高人民法院《关于人民法院办理执行异议和复议案件若干问题的规定》(2015年)第31条明确规定承租人有权阻止移交占有被执行的不动产的情形是,"在人民法院查封之前已签订合法有效的书面租赁合同并占有使用该不动产的"。根据该规定,在查封之前成立的租赁合同,如果承租人实际未占有使用租赁物,也不得对抗买受人。可见,占有是承租人可以对抗买受人的关键标准。虽然该条款针对的是强制拍卖标的物被查封的情形,但是,在拍卖标的物为抵押物的情况下,该标准应可援用。换言之,如果租赁合同在抵押之前签订但承租人在抵押后才占有使用的,不应认定租赁权先于抵押权设立。

诚然,占有作为租赁权的对抗要件,其公示程度较低,须进一步查证,这必然会带来实务操作上的难题。况且,占有有直接占有与间接占有、一次占有与持续占有之分,如何认定占有,也存在需要进一步解释的问题。因此,最理想的方式,仍然是建立租赁权登记对抗制度,在此前提下,以登记时点作为判断租赁权是否先于抵押权设立的标准。不过,在目前的国情下,暂时只能以承租人占有抵押物的时点为判断标准。在租赁权登记对抗制度建立后,则应以登记时间为判断标准。

附带说明的是,在判断租赁权与抵押权设立的先后时间时,抵押权设立的时间,应是指抵押权登记的时间,而非抵押合同成立的时间。虽然《担保法》第48条、最高人民法院《关于适用〈中华人民共和国担保法〉若干问题的解释》第65条和《物权法》第190条在规定抵押人将已出租的财产抵押的法律效力时,并没有直接明确区分登记的抵押权与未登记的抵押权,但是,根据《物权法》和《担保法》的规定,未登记的担保物权不产生对抗第三人的法律效力,尤其是《物权法》第190条有明确规定,抵押权设立后抵押财产出租的,该租赁关系不得对抗的是"已登记的抵押权"。② 因此,在判断租赁权是否先于抵押权设立

---

① 最高人民法院《关于审理城镇房屋租赁合同纠纷案件具体应用法律若干问题的解释》(2009年)第6条:"出租人就同一房屋订立数份租赁合同,在合同均有效的情况下,承租人均主张履行合同的,人民法院按照下列顺序确定履行合同的承租人:(一)已经合法占有租赁房屋的;(二)已经办理登记备案手续的;(三)合同成立在先的。不能取得租赁房屋的承租人请求解除合同、赔偿损失的,依照合同法的有关规定处理。"

② 《物权法》如此规定的立法理由是:如果抵押人将无须办理且未办理登记的抵押财产出租的,因承租人无法通过查询登记簿来知悉租赁财产上是否存在抵押权,故未登记的抵押权不能对抗租赁权(参见胡康生主编:《中华人民共和国物权法释义》,法律出版社2007年版,第417页)。

时,应当是判断租赁权是否先于"已登记的抵押权"设立。

在执行实务中,关于租赁权是否先于抵押权设立的判断,还有两种具体的案件类型值得探讨:

1. 涉及"续租"的案件

租赁权设立在抵押权之前,但租期在抵押权设定之后才届满,且在租赁届满后,抵押人与承租人协商"续租",在此种情况下,应当如何判断租赁权与抵押权设立的先后时间?

有观点认为,对于续租的情形,若换新约,基于新约的租赁权即设立于抵押权之后,应可除去;若非另换新约,而仅是约定将原租约延长一定期限,则仍属原租赁,如此,租赁权仍早于抵押权,仍有"抵押不破租赁"原则的适用,不可除去。之所以作此区分,在于前者为契约的更新,后者为期限的更新,二者明显不同。①

如果抵押人与承租人协商更改了原租赁合同的主要条款,所谓续租的合同便是新的租赁合同,此时,毫无疑问应当认定租赁权设立于抵押权之后。但是,如果在其他内容不变的前提下,仅仅延展租期的续租,仍认定租赁权早于抵押权而适用"抵押不破租赁"原则不可除去,则值得商榷。从合同法理论来看,在租赁合同其他内容不变的情况下,仅是延展租期的续租,属于租赁期限的更新,原租赁关系不失其同一性。② 据此,似乎可以得出仅延展租期的续租关系中的租赁权仍早于抵押权的推论。但是,应当看到,对抵押人与承租人而言,固可承认续租仍为原租赁关系,但是,对抵押权人而言,如果仍作此认定,则明显不公。因为,在抵押权人设定抵押时,原租赁合同租期的长短往往是其重要的考虑因素,租期会影响抵押权人的设计方案。如果原租赁合同租期届满时,抵押人与承租人可任意延展租期,极可能导致抵押权人的预期落空,影响抵押权的实现。因此,除非事先征得抵押权人的同意,否则,仅是延展租期的续租,对抵押权人而言也构成新的租赁关系,应当认定承租人的租赁权后于抵押权设立。

2. 涉及"借新还旧"的案件

在金融债权执行案件中,债权人与债务人在旧贷款尚未清偿的情况下,再

---

① 吴光陆:《强制执行法学说与判解研究》,1995 年自版,第 171 页。
② 韩世远:《合同法学》,高等教育出版社 2010 年版,第 449 页;黄立主编:《民法债编各论》(上),中国政法大学出版社 2003 年版,第 200、328 页。

次签订贷款合同,以新贷出的款项清偿旧的贷款,此时,如何判断抵押权的设立时间,进而比较抵押权与租赁权设立的先后顺序?

举一笔者实务调查中发现的简明案例言之:甲公司于2013年12月20日向某银行申请贷款7000万元,贷款期限为1年,甲公司以其名下的一栋大楼作为抵押,并于12月25日到房管部门办理了抵押登记。2014年2月,甲公司将该房产出租给乙公司,租期5年。2014年12月,甲公司与该银行再次签订7000万元的抵押借款合同,贷款用途为"借新还旧",双方于2014年12月20日对该房产重新办理了抵押登记。因甲公司逾期未还款,银行于2015年1月请求法院拍卖该房产以清偿贷款。在执行期间,乙公司提出执行异议,主张适用"抵押不破租赁"原则,保护自己的租赁权益。在这样的涉及"借新还旧"的案件中,判断乙公司的租赁权是否先于抵押权设立从而适用"抵押不破租赁"原则,关键在于判断抵押权的设立时间。

在司法实践中,对于"借新还旧"情况下抵押权的设立时间,不同法院的看法并不一致。有的法院认为,新贷款与旧贷款之间具有牵连性,且抵押物相同,抵押时间也未中断,因而抵押权的效力应当连续计算。也就是说,抵押权的设立时间为旧贷款抵押权设立之时。如此,在上述案例中,应当认定抵押权在先、租赁权在后,不得直接适用"抵押不破租赁"原则。有的法院则认为,在"借新还旧"的情况下,旧贷款已经偿还,原借款合同履行完毕,相应地,旧贷款所附的抵押权也一并消灭,新贷款所附的抵押权,自重新登记时成立。若采此观点,在上述案例中,应当认定租赁权在先、抵押权在后,有"抵押不破租赁"原则的适用。

从"借新还旧"的本质来看,"借新还旧"是以新贷款偿还旧贷款,旧的债权消灭,新的债权产生。在旧债权消灭的情况下,用于担保旧债权的抵押权一并消灭。新债权的抵押权即使设立在同一物之上,从表面上看,抵押具有连续性,但是,新债权的抵押权实为一项新设立的抵押权。实际上,"借新还旧"的抵押登记程序也可印证这一点。在办理抵押登记时,尽管抵押物是原来的物,通常也须先在登记部门办理抵押权注销登记,然后再重新办理抵押权设立登记。因此,在"借新还旧"的情况下,判断抵押权设立的时间,应当为新贷款抵押登记之日。

四、抵押物上租赁权的除去

根据最高人民法院《关于人民法院民事执行中拍卖、变卖财产的规定》（2004年）第31条确立的强制拍卖中抵押物上租赁权的除去规则，后于抵押权设立的租赁权，原则上是采取承受主义，保留租赁权进行拍卖，在拍卖公告中就权利负担予以披露。①但是，如果租赁权的继续存在对在先设立的抵押权的实现有影响，那么，法院应当依法除去该租赁权后进行拍卖。然而，何种情况下可以认定租赁权的存在对抵押权的实现有影响而应除去租赁权、租赁权被除去后有何效力，从该规定无法推出明确的答案。在司法实践中，不同执行法院、不同执行法官常常出现不同的理解。鉴于此，下文围绕这些问题逐一展开分析与论证。

(一) 应当除去租赁权的情形

1. 除去租赁权的实质条件

在强制拍卖抵押物时，何种情形下法院应当除去抵押物上的租赁权，必须有明确的判断标准。然而，就具体的判断标准而言，理论界与实务界有不同的看法。

台湾地区学者吴光陆先生主张，法院除去租赁权，应当具备以下六个条件：一是须抵押权设定后成立的租赁权；二是须租赁权有效；三是须影响抵押权；四是须抵押权人申请；五是须由执行法院以执行处分除去；六是须在拍定前除去。②

在执行实践中，有实务人士认为，除去抵押物上的租赁权，应当具备四个要件：一是前提要件，租赁权必须有效；二是时间要件，租赁权必须成立于抵押权之后；三是实质要件，租赁关系必须影响抵押权的实现；四是启动要件，以抵押权人申请为原则，法院依职权启动为例外。③

---

① 刘贵祥：《执行程序中租赁权的认定与处理》，载《人民法院报》2014年5月28日第8版。
② 吴光陆：《强制执行法》，台湾三民书局2012年版，第366页。
③ 刘建发：《论抵押房产强制拍卖"除去"租赁权的法律适用》，载贺荣主编：《公正司法与行政法实施问题研究》，人民法院出版社2014年版，第898～901页。

理论上,租赁权有效成立,确实应属除去租赁权的前提条件。这是因为,如果租赁权本身不存在或者租赁关系无效,则无须除去。此时,所谓的"承租人"即为无权占有人,如果其实施了妨碍强制执行的行为,法院就可以采取措施直接予以强制执行。但是,从执行实务来看,强调租赁权有效成立为除去租赁权的前提要件,其现实意义并不明显。上述两种见解之所以均将租赁权有效成立作为除去租赁权的前提要件,主要在于应对执行实务中不断涌现的虚假租约问题。然而,对虚假租约稍加分析,不难发现,虚假租约设立的租赁权的成立时间,通常都是在抵押权设立之前,抵押人与案外人签订虚假租约的目的,是通过对设立于抵押权之前的租赁权适用"抵押不破租赁"原则,以达到阻碍执行的效果。如果虚假租约设立的租赁权在抵押权之后,即使该租约被认定有效,因其完全可能被除去,也难以阻却法院的强制执行,故在实践中,意图规避执行的当事人基本上不会采纳此种方式。而从除去租赁权的法律规范来看,只有后于抵押权设立的租赁权,才会被考虑应否除去的问题。从这一点来看,强调租赁权有效成立为除去租赁权的前提要件,便没有多大的现实价值。

至于上述两种见解中的"须抵押权人申请"抑或"以抵押权人申请为原则,法院依职权启动为例外"的条件,针对的是如何启动除去租赁权的具体程序问题;所谓"须由执行法院以执行处分除去"的条件,考虑的是除去租赁权的具体方式问题;所谓"须在拍定前除去"的条件,则涉及租赁权除去的具体时间要求。无论如何,这几个所谓条件实质上关涉的均是在认为符合租赁权除去条件的前提下如何除去租赁权的程序操作问题,并非认定何种情形应当除去租赁权的标准。

根据《物权法》第190条和最高人民法院《关于人民法院民事执行中拍卖、变卖财产的规定》(2004年)第31条的规定,先于抵押权设立的租赁权,一律适用"抵押不破租赁"原则,不存在租赁权被除去的可能;只有后于抵押权设立的租赁权,并且,其继续存在会影响到在先设立的抵押权的实现的情况下,该租赁权才应当被除去。据此,判断何种情形下应当除去抵押物上的租赁权,有两大标准:其一,时间上,租赁权须后于抵押权设立;其二,实质上,租赁权的存续会影响抵押权的实现。① 判断租赁权是否后于抵押权设立,关键在于判断租赁权、抵押权的设立时间,这已在上文关于"抵押不破租赁"原则的适用部分予以探讨,故这里不再赘述。因此,这里仅就除去抵押物上租赁权的第二大标准展开进一步的分析。

2. 如何判断租赁权的存续会影响抵押权的实现

从域外立法来看,就如何判断租赁权的存续是否会影响抵押权的实现,如前所述,瑞士法设立了"双重报价"制度。我国台湾地区"强制执行法"第 98 条虽然规定了设立于抵押权之后的租赁关系对抵押权有影响的,经法院除去后拍卖,但是,构成租赁关系对抵押权有影响的情形,立法并没有进一步明确。在我国大陆,如何判断租赁权的存续会影响抵押权的实现,无论是《物权法》还是最高人民法院的司法解释,均没有明确的解释。在学理上,就如何判断租赁权的存续会影响抵押权的实现,则有不同的理解。

有台湾地区学者认为,所谓租赁权对抵押权的实现有影响,是指在抵押权人实现抵押权申请拍卖抵押物时,因抵押物上存在的租赁关系影响抵押物的交换价值,抵押物的价值因而减少,发生无人应买或者出价很低以致不足以清偿担保债权的情形。② 也有台湾地区学者主张,所谓租赁权影响抵押权,是指因租赁权等权利的存在,致抵押物第一次拍卖时未拍定,即第一次拍卖须连同租赁权一并拍卖,如拍定即表示无影响,否则为有影响。③

一些实务人士反对通过先拍卖来判断租赁权是否影响抵押权实现的观点,理由是先行拍卖程序繁杂,和执行经济、效率背道而驰,因而主张通过拍卖前不动产的评估程序进行概算来判断租赁权对抵押权实现的影响。④ 有人甚

---

① 在司法实践中,有的执行法院在仅认定抵押在先租赁在后的情况下,即直接判定除去租赁权,完全不考虑"租赁权的存续会影响抵押权的实现"这个除去租赁权的实质标准。如在"温州兆丰百货有限公司、交通银行股份有限公司温州分行与朱宏谟、李蓓蓓金融借款合同纠纷执行异议案"中,执行法院就认为,该租赁发生于涉案房产抵押之后,依法不具有对抗在先登记的抵押权效力,故依债权人申请直接除去抵押物上的租赁权(详见浙江省温州市中级人民法院执行裁定书〔2016〕浙 03 执异第 146 号,载中国裁判文书网:http://wenshu.court.gov.cn/,访问日期:2017 年 3 月 20 日)。这种做法,属于对立法规定的误解。
② 刘春堂:《判解民法物权》,台湾三民书局 2010 年版,第 458 页。
③ 吴光陆:《强制执行法》,台湾三民书局 2012 年版,第 368 页。
④ 范向阳:《不动产执行》,载《法院执行理论与实务讲座》,国家行政学院出版社 2010 年版,第 336~337 页。

第一章
强制拍卖过程中抵押物上租赁负担的处理

至明确建议,实务中可参考不动产评估价的 1/2 是否足以清偿抵押债权来判断,若不足,则可认定为租赁权影响抵押权。① 其所谓的参考不动产评估价 1/2 的由来,是鉴于我国强制拍卖司法解释中规定,不动产经三次拍卖后最终的拍卖成交价不得低于评估价的 6.4 折,变卖不得低于评估价的 1/2,是以最低的保留价来确定的。

此外,还有实务界人士采取折中观点,主张根据评估价和拍卖结果来综合判断租赁权对抵押权的实现有无影响。具体而言,该观点认为,在委托评估执行标的物时,可以要求评估机构分别在标的物负担租赁权和不负担租赁权两种情况下作出相应的评估报告,如果评估认为负担租赁权进行变价对在先的优先受偿权(包括抵押权)的实现有影响的,执行法院应当直接裁定将租赁权除去后予以拍卖;如果经评估认为租赁权对在先的优先受偿权的实现没有影响的,则应当在标的物负担租赁权的状态下予以拍卖,但是,如果在拍卖过程中发现无人应买或者拍卖保留价低于在先的优先受偿权和执行费用的,则应当认定租赁权对在先的优先受偿权的实现有影响,执行法院也应裁定将租赁权除去后予以拍卖。②

依据评估价来判断租赁权是否影响抵押权的实现,在强制拍卖之前即先行作此判定,有利于提高执行效率,节约执行成本,表面上看,这样的见解确实具有合理之处。但是,应当看到,不动产的评估受制于多种主客观因素,不同评估机构对同一不动产的评估价常常出现差异,评估价未必能够反映出抵押物的真实价值。并且,评估价是评估机构对评估时点时不动产市场价值的评估结果,而评估与拍卖时点有间隔,在不动产价格易变的现实背景下,拍卖时点的不动产市场价值,可能已明显发生变化。因此,依据评估价来判断租赁权是否影响抵押权的实现,有失客观。以建立在评估价基础上的保留价作为判断标准,也会带来同样的问题。

对租赁权是否会影响抵押权实现的判断,无法从拍卖前的评估阶段得出答案,必然应当回归到强制拍卖程序中来,通过一定的拍卖程序,才能判断到底有无影响。基于此,有最高人民法院执行局法官建议借鉴瑞士法上的双重报价制度,即:在第一次拍卖时,将不动产与其租赁负担一并拍卖(即实践中所

---

① 刘建发:《论抵押房产强制拍卖"除去"租赁权的法律适用》,载贺荣主编:《公正司法与行政法实施问题研究》,人民法院出版社 2014 年版,第 900~901 页。

② 金殿军:《论案外人对执行标的物主张租赁权的诉讼程序》,载《财经法学》2016 年第 4 期。

谓的"带租约拍卖"),如应买价金可以完全满足抵押权时,不动产与租赁负担一同移转给买受人,如不能满足抵押权时,则仅以不动产再行拍卖,若因此抵押权可受满足或所得价金多于第一次拍卖时,则不动产无负担移转于买受人,其租赁负担涂销;如第二次拍卖所得价金不多于第一次拍卖或者反而更少时,则不动产与租赁负担仍一同移转给买受人,此时,租赁负担对于抵押权无影响。① 也有学者支持此种见解。②

借鉴瑞士法上的双重报价制度,根据抵押物的实际拍卖价金来判断租赁权对抵押权的实现有无影响,与上述评估价标准相比,此标准似乎更为客观、确定。然而,如果吸纳瑞士法上的双重报价制度,在第一次拍卖无法满足抵押权时,须经第二次拍卖才能确定租赁权是否影响抵押权的实现,这会导致程序的繁杂,有碍执行效率。更为关键的是,在第二次拍卖时,买受人是否承受租赁权,须视拍卖价金而定,这会严重影响买受人地位的安定性。而保障买受人地位的安定,是强制拍卖制度设计必须考虑的一大目标,否则,必将危及强制拍卖的公信力,损害强制拍卖的实际效用。从买受人地位安定性考虑,是否承受租赁权,理应在拍卖程序之初于拍卖公告中告知买受人,而不是根据拍卖的最终结果来确定。

租赁权是否会影响抵押权的实现,宜根据抵押物第一次拍卖的结果来判断。第一次拍卖为带租约拍卖,如果无人应买或者竞买人出价很低,不足以清偿担保债权的,则可以认定租赁权影响抵押权的实现;反之,如果拍卖价金足以清偿担保债权,则可以认定租赁权对抵押权的实现没有影响。根据拍卖的结果来判断租赁权是否会影响抵押权的实现,其标准非常明确,可以避免采评估价标准所带来的标准不客观、不确定性的问题。并且,该标准限于第一次拍卖的结果,不必担心执行程序的过于复杂化。此外,根据第一次拍卖结果,如果判定租赁权会影响抵押权的实现,那么第二次拍卖时租赁权即被除去,也不会出现买受人地位不安定的问题。

如前所述,有台湾地区学者认为,租赁权是否影响抵押权的实现,以第一次带租约拍卖是否拍定而定。据此见解,只要第一次拍卖没有流拍,即便拍卖价金不足以清偿抵押物所担保的债权,也可以认定租赁权不会影响抵押权的

---

① 赵晋山:《强制执行程序中的拍卖问题研究》,载沈德咏主编:《强制执行法起草与论证》,中国法制出版社2002年版,第425页。

② 常鹏翱:《先抵押后租赁的法律规制——以〈物权法〉第190条第2句为基点的分析》,载《清华法学》2015年第2期。

实现。该学者之所以不考虑拍卖价金的多少,其理由是:如果第一次拍卖连同租赁权即可拍定,表示拍定人愿连同租赁权一并继受,不妨碍抵押权的行使;而抵押权的实现,与卖得价金高低无关,因卖得价金的高低受制于多种因素,且如何决定是否高低,也无客观标准。① 笔者认为,该观点值得商榷。将抵押权的实现,简单地理解为抵押物可以拍定,不论拍卖价金是否低于担保债权,其带来的客观结果,可能会大大损害抵押权人的利益,也有悖于抵押权设置的初衷。并且,认为第一次拍卖拍定,以拍定人愿意继受租赁权为由判定不影响抵押权的行使,也存在问题。此见解的立足点,是拍定人的利益不受影响,但是,应当谨记的是,抵押物强制拍卖的目的,是实现抵押权,因此,首先须充分维护抵押权人的利益。抵押权的实现,应当是抵押权的"充分"实现。如果抵押权人的担保债权在抵押物带租约拍卖的情况下无法充分受偿,意味着租赁负担影响到抵押物的拍卖价金,就应当认定租赁权影响抵押权的实现而除去租赁权。

客观地讲,影响抵押物拍卖价金的因素很多,除租赁关系外,抵押物所在的地理位置、环境景观、市场走向、周边交易的活跃度等,均可能影响抵押物能否拍定及其拍卖价金的多少。从执行实务来看,第一次拍卖流拍的现象大量存在。有实务人士据此认为,以抵押物第一次拍卖的结果来判断租赁权是否影响抵押权的实现,未必科学。② 以影响拍卖结果的多因素为依据,否定以第一次拍卖结果为租赁权是否影响抵押权的判断标准,看似周延,实则无据。因为,正如持该见解者也无法忽略的客观事实是,租赁关系明显属于影响抵押物拍卖价金的重要因素,虽然不是唯一因素,但是这也足以表明租赁关系可能会影响抵押权的实现。如前所述,在租赁权后于抵押权设立的情况下,立法须优先保护的,是抵押权人的利益,而非承租人的利益。因此,只要租赁关系"有可能"影响到抵押权的实现,为保护抵押权人利益考虑,即应认定后设立的租赁权影响抵押权的实现,从而依法除去租赁权。

附带补充说明的是,抵押物第一次带租约拍卖时,在流拍或者拍卖价金不足以清偿担保债权的情况下,可以判定后设立的租赁权影响了抵押权的实现。但是,如果抵押人事前征得抵押权人同意而将抵押物出租的,依诚信原则,因

---

① 吴光陆:《强制执行法》,台湾三民书局 2012 年版,第 368 页。
② 刘建发:《论抵押房产强制拍卖"除去"租赁权的法律适用》,载贺荣主编:《公正司法与行政法实施问题研究》,人民法院出版社 2014 年版,第 900 页。

抵押权人已可预期担保债权可能因租赁合同而受影响,则抵押权人在拍卖时不得申请除去租赁权,以保护善意的承租人不因信赖其同意而遭受不测的损害。

(二)除去租赁权的法律效力

1. 对租赁合同的影响

如果执行法院依法除去租赁权,会产生什么法律效力呢？是否意味着抵押人与承租人之间的租赁合同归于无效？

对此,实务界和理论界有不同的理解。有的认为,法院除去租赁权,是指出租人或者承租人解除租赁合同。法院强势介入租赁合同是合同当事人不能预见、不能避免并不能克服的客观情况,依据《合同法》第94条关于"因不可抗力致使不能实现合同目的"的规定,当事人任何一方均可以提出解除合同。[①] 有的认为,法院除去租赁权,不同于当事人解除租赁合同。此时,应由人民法院书面告知承租人协助执行,并要求其在一定时间内搬出抵押房屋,否则,造成的损失由其自行负责。[②] 还有的认为,法院除去租赁权,是指法院在强制拍卖抵押财产之前,以裁定的方式向承租人作出终止租赁合同的意思表示,其实质与抵押权人除去租赁合同一样,都是确认租赁合同无效,只不过是法院以裁定的形式作出的一种强制执行措施而已。[③]

对于除去租赁权的法律效力,无论是理解为出租人、承租人解除租赁合同,还是理解为抵押权人解除租赁合同,抑或是理解为法院裁定终止租赁合同关系,其指向的"终点",都是租赁关系的绝对终止。这样的理解,都是对《物权法》第190条规定的"租赁关系不得对抗已登记的抵押权"的误解。所谓"租赁关系不得对抗已登记的抵押权",实质上是指租赁关系的"相对无效",[④] 而非

---

① 刘恒军:《是否应除去拍卖财产上原有的租赁权》,载中国法院网:http://www.chinacourt.org/article/detail/2006/09/id/218748.shtml,访问日期:2017年3月15日。

② 胡恒波:《拍卖物上设有租赁权影响拍卖应如何去除》,载中国法院网:http://www.chinacourt.org/article/detail/2007/04/id/245108.shtml,访问日期:2017年3月15日。

③ 程啸:《论抵押财产出租时抵押权与租赁权的关系——对〈物权法〉第190条第2句的理解》,载《法学家》2014年第2期。

④ 程啸:《论抵押财产出租时抵押权与租赁权的关系——对〈物权法〉第190条第2句的理解》,载《法学家》2014年第2期。

绝对无效。也就是说,"承租人于抵押权设定后从抵押人之出租行为所取得之租赁权,虽因抵押权实行而遭执行法院予以除去,但该租赁契约于出租人与承租人间仍属有效,仅承租人不得以其租赁权对抗抵押权人而已"①。如此,执行法院除去租赁权的裁定确定后,一方面,对于抵押权人而言,存续于抵押物上的租赁权消灭,法院在抵押物无租赁负担的状态下进行拍卖,买受人在拍卖成交后可以取得不带租赁权的完整的物的所有权;另一方面,对于抵押人和承租人而言,该租赁合同依然有效,因租赁权被除去而致租赁合同无法继续履行的,承租人可基于租赁合同的约定要求抵押人承担相应的违约责任。在执行法院除去租赁权后,如果强制拍卖程序因申请执行人撤回申请或者债务人清偿而终结,此时,除去租赁权的裁定便失效,租赁权除去的效果,即应自动回复。② 即使抵押权人嗣后重新申请拍卖抵押物,也是另一执行案件,执行法院

---

① 许士宦:《执行力扩张与不动产执行》,台湾学林文化事业有限公司 2003 年版,第 364 页。
 在最高人民法院精选的一则执行指导案例中,最高人民法院也阐述了类似的见解。该案的基本案情是:某银行向山东省高级人民法院起诉 A、B 二公司借款担保合同纠纷一案,诉前申请查封了 B 公司部分房产。生效判决确定 A、B 二公司对借款承担连带清偿责任。该银行向山东省高级人民法院申请执行生效判决期间,发生债权转移,申请执行人变更为 C 公司。C 公司向山东省高级人民法院反映,查封的涉案房产已经被 B 公司擅自出租给案外人 D 公司使用,请求法院排除妨害。山东省高级人民法院作出民事裁定,将 B 公司与 D 公司"签订的租赁合同及补充协议予以解除"。D 公司股东对该裁定提出异议,认为合同的效力、能否解除应通过上诉程序解决,执行程序无权解除租赁合同,要求撤销该裁定(详见黄金龙、葛洪涛:《人民法院能否在执行程序中以被执行人擅自出租查封房产为由认定该租赁合同无效或解除租赁合同的请示与答复》,载江必新、贺荣主编:《最高人民法院执行案例精选》,中国法制出版社 2014 年版,第 457 页)。对此,最高人民法院认为,根据《关于人民法院民事执行中查封、扣押、冻结财产的规定》第 26 条第 1 款的规定("被执行人就已经查封、扣押、冻结的财产所作的转移、设定权利负担或者其他有碍执行的行为,不得对抗申请执行人"),"被执行人擅自处分查封物,与第三人签订的租赁合同,并不当然无效,只是不得对抗申请执行人。第三人依据租赁合同占有查封物的,人民法院可以解除其占有,但不应当在裁定中直接宣布租赁合同无效或解除租赁合同,而仅应指出租赁合同不能对抗申请执行人"。(详见最高人民法院执行局〔2009〕执他字第 7 号函。)虽然该案例针对的是查封后(而非抵押后)设定租赁权的情形,但是,鉴于现行法对查封后和抵押后设定的租赁权均不得对抗申请执行人(抵押权人)的规定,最高人民法院对查封后租赁合同"不能对抗"效力的理解,也可参照适用于抵押后设立租赁权的情形。
② 吴光陆:《强制执行法》,台湾三民书局 2012 年版,第 370 页。

如认为该租赁权负担对抵押权有影响而应除去,也应另行作出除去裁定,不可径行以无租赁状态而拍卖抵押物。①

2. 关于承租人的优先购买权

通常情况下,在强制拍卖程序中,拍卖物的承租人可以依法行使优先购买权。这里,值得思考的一个问题是:法院除去租赁权后,承租人在强制拍卖程序中是否仍然享有优先购买权?换言之,在租赁权被除去后,承租人的优先购买权是否被一并"除去"?

对此,理论上存在两种截然不同的观点。一种观点认为,基于除去租赁权的裁定,租赁关系在拍卖程序中被终止,承租人因此失去其法律地位,不能享有优先购买权。②另一种观点认为,除去租赁权后,原承租人依然享有优先购买权。③

笔者认为,在强制拍卖程序中,后于抵押权设立的租赁权被除去后,仍宜承认原承租人享有优先购买权。其主要依据有二:其一,如前所述,除去租赁权的法律效力,仅是相对于抵押权人无效,在抵押人与承租人之间,该租赁合同依然有效。依附于租赁合同关系之上的承租人的优先购买权,并不当然消灭。否认承租人享有优先购买权者所持的理论依据,是认为除去租赁权后租赁合同关系完全消灭。这实质上是对除去租赁权法律效力的错误理解。其二,在租赁权被除去后,承认承租人享有优先购买权,因优先购买权的行使以"同等条件"为前提,故并不影响抵押物的拍卖价值,也就无损抵押权人的利益。在无损抵押权人利益的前提下,承认承租人的优先购买权,兼顾承租人的利益保护,显然是一种合理的选择。

---

① 许士宦:《执行力扩张与不动产执行》,台湾学林文化事业有限公司2003年版,第363页。

② 常鹏翱:《先抵押后租赁的法律规制——以〈物权法〉第190条第2句为基点的分析》,载《清华法学》2015年第2期;李国光、奚晓明、曹士兵、金剑峰:《最高人民法院〈关于适用中华人民共和国担保法若干问题的解释〉理解与适用》,吉林人民出版社2000年版,第254~255页。在司法实践中,一些法院也持此种观点,作出了相关的判决。

③ 程啸:《论抵押财产出租时抵押权与租赁权的关系——对〈物权法〉第190条第2句的理解》,载《法学家》2014年第2期;刘建发:《论抵押房产强制拍卖"除去"租赁权的法律适用》,载贺荣主编:《公正司法与行政法实施问题研究》,人民法院出版社2014年版,第902页。

五、抵押物上租赁负担处理的相关程序

租赁权是成立于抵押权之前还是之后、是否适用"抵押不破租赁"原则、租赁权应否被除去、买受人如何向占有拍卖物的承租人主张权利等问题,常常引发抵押权人与承租人之间、买受人与承租人之间的争执。如果发生这样的争执,承租人、抵押权人、买受人等相关权利主体应当通过什么样的法律途径主张相应的权利救济?执行法院又应当如何解决呢?这涉及抵押物上租赁负担处理的相关程序问题。对此,我国现行法律均无明确的直接规定,故有研讨的必要。

(一)承租人主张租赁权的路径

根据我国《民事诉讼法》的规定,承租人在执行程序中的法律地位无外乎有两种:一是利害关系人,二是案外人。具体而言:其一,承租人作为"利害关系人",依照《民事诉讼法》第225条的规定,"认为执行行为违反法律规定的,可以向负责执行的人民法院提出书面异议";"理由成立的,裁定撤销或者改正;理由不成立的,裁定驳回";"对裁定不服的,可以自裁定送达之日起十日内向上一级人民法院申请复议"。其二,承租人作为"案外人",依照《民事诉讼法》第227条的规定,"对执行标的提出书面异议的,人民法院应当自收到书面异议之日起十五日内审查,理由成立的,裁定中止对该标的的执行;理由不成立的,裁定驳回";"对裁定不服,认为原判决、裁定错误的,依照审判监督程序办理;与原判决、裁定无关的,可以自裁定送达之日起十五日内向人民法院提起诉讼"。

有观点认为,承租人对于执行法院不负担租赁权拍卖抵押物的,可以依据《民事诉讼法》第225条向执行法院提出异议,对执行法院的异议裁定不服,可向上一级人民法院申请复议,而非提起诉讼。[①] 换言之,该观点赞成承租人以"利害关系人"身份在执行程序中主张自己的租赁权。实际上,这种观点是对《民事诉讼法》第225条的错误理解。从《民事诉讼法》第225

---

① 程啸:《论抵押财产出租时抵押权与租赁权的关系——对〈物权法〉第190条第2句的理解》,载《法学家》2014年第2期。

条来看,该条文规定的当事人、利害关系人提出的执行异议,针对的是法院的执行方法、执行措施、具体执行程序等违反法律规定侵害其程序上利益的情形,属于"程序异议",也就是说,执行当事人、利害关系人之间并不存在实体权利义务上的争议,而是因为执行程序上的瑕疵侵害了其程序利益,因而提出的异议。[1] 对于此种异议裁定,当事人、利害关系人不服的,可以申请上一级法院复议。而租赁权本质上属于实体权益,承租人主张自己的租赁权而提出的执行异议,显然不属"程序异议"。因此,如果承租人在执行程序中主张租赁权,就不能以"利害关系人"身份而依照《民事诉讼法》第225条的规定提出执行异议。

在执行程序中,承租人欲主张自己的租赁权益,只能作为"案外人",依照《民事诉讼法》第227条的规定提出案外人异议。因为,《民事诉讼法》第227条规定的案外人对执行标的的异议,针对的是法院强制执行行为侵害到案外人实体权利的情形,属于"实体异议",对于此种异议裁定,如果与原裁判无关,允许当事人、案外人提起执行异议之诉。承租人基于租赁权而提出的异议,应当认定为"案外人实体异议",故应适用《民事诉讼法》第227条的规定,承租人对异议裁定不服的,可以提起执行异议之诉。

这里值得一提的是,执行实务中就承租人提出案外人异议的权利存在质疑见解。质疑者认为,最高人民法院《关于适用〈中华人民共和国民事诉讼法〉的解释》第305条关于案外人提起执行异议之诉的条件以及第313条关于案外人异议之诉的裁判结果的有关规定,均强调案外人就执行标的物享有足以排除强制执行的民事权益。案外人提起异议之诉的根本目的在于阻止执行,案外人异议之诉的基本功能在于解决异议标的能否执行的问题。从承租人对执行标的物主张租赁权来看,其并不是要阻止对租赁物的执行,而是要求执行法院负担租赁权进行变价以保护其在租赁物上所享有的租赁权,因此,适用案

---

[1] 最高人民法院民事诉讼法修改研究小组:《〈中华人民共和国民事诉讼法〉修改的理解与适用》,人民法院出版社2007年版,第127页。

外人异议制度对承租人予以救济,似有所不当。① 该见解的不合理性显然:如前所述,承租人提起的案外人异议、异议之诉虽然不能"阻止"对租赁物的变价执行,但是,承租人主张租赁权的目的,是要求法院负担租赁权进行变价以维护其租赁权益,换言之,承租人提出的案外人异议、异议之诉具有阻止法院不负担租赁权进行变价的效力。② 并且,承租人提起的案外人异议属于"实体异议",根据程序保障的要求,应赋予承租人通过诉讼方式维护自己实体权益的权利。囿于最高人民法院司法解释条文的字面含义,将承租人的此类实体异议排除在"案外人异议""案外人异议之诉"的范围之外,将导致对承租人权利救济的程序保障上的不足。

(二)抵押权人除去租赁权的程序

根据《物权法》第190条和最高人民法院《关于人民法院民事执行中拍卖、变卖财产的规定》(2004年)第31条的规定,后于抵押权设立的租赁权,其继续存在会影响到在先设立的抵押权实现的,该租赁权应当被除去。在执行程序中,如果抵押权人主张除去抵押物上的租赁权,应当践行什么样的程序呢?

1. 除去租赁权所适用的程序

在执行程序中,如果抵押权人主张除去租赁权,执行法院能否直接处理,存在两种观点:一种观点认为,执行法院有权直接审查,抵押权人对审查结果不服的,可以再行提起当事人异议之诉,进一步通过诉讼程序予以审查。另一种观点则认为,基于审执分离的原理,执行法院对涉及实体事项的问题只能作形式审查,抵押权人主张除去租赁权的,涉及租赁权应否被除去等实体问题,执行法院无权为实质上审理,因而须抵押权人、承租人另行诉讼解决。如此,

---

① 金殿军:《论案外人对执行标的物主张租赁权的诉讼程序》,载《财经法学》2016年第4期。在司法实践中,有的执行法院就否认了承租人提出案外人异议的权利。例如,在"孙旭亚与平安银行股份有限公司深圳分行执行复议案"中,法院就认为:法院决定拍卖被执行人房产并发出搬迁公告,案外人以对该房产享有租赁权为由提出阻止移交房产的异议请求。即使承租人对于房产享有真实、合法、有效的租赁权,也不得基于该权利对抗法院对执行财产的强制处置。因此,承租人提出的异议,应当按照《民事诉讼法》第225条的规定来审查。(详见欧宏伟:《租赁权不得对抗法院对执行财产的强制处置》,载《人民司法(案例)》2016年第2期。)

② 有学者将阻止执行划分为两种,一是永久性的阻止,一是暂时性的阻止,并将承租人提出案外人异议和异议之诉的情形归入后一种暂时性阻止执行的情形。(详见百晓锋:《论案外人异议之诉的程序构造》,载《清华法学》2010年第3期。)

除去租赁权的判决即有既判力,可以保障买受人和承租人的权益,并且,还可以避免执行法院与民事庭见解分歧造成的问题。有学者甚至提出相应的日本实例为证:在日本,存在由抵押权人以出租人(抵押人)及承租人为共同被告,向民事庭提起除去租赁之诉的案例。①

要求抵押权人通过诉讼方式除去租赁权,执行程序必遭延滞,②不仅不能促进执行程序的快速进行,而且,对抵押权人而言,无端增加讼累,也不公平。抵押权人主张除去租赁权的,宜在执行程序中由执行法院判断及处理。如此,"简化除去租赁权之程序,减轻抵押权人之负担,又便利抵押物拍卖而提高其价金,有助于抵押权人权利之迅速、经济实现"。③ 尤其在我国,执行程序并未贯彻绝对的审执分离理念,执行法院就有关当事人之间的实体争议享有一定的审查权,是我国执行立法的一大特色。事实上,在司法实践中,不少法院的常见做法,就是允许抵押权人在执行程序中申请除去抵押物上的租赁权,法院对此直接审查处理。

2. 除去租赁权程序的启动主体

在确定应在执行程序中除去租赁权的前提下,接下来须思考的问题是:除去租赁权的程序,由何种主体启动?是否只能由抵押权人主张除去租赁权?抑或执行法院也可依职权除去租赁权?

有台湾学者认为,租赁权等权利影响到抵押权的实现时,抵押权人可以申请法院除去租赁权等权利,法院也可以依职权除去。④ 不过,也有台湾学者持不同意见,认为除去租赁权系因影响抵押权之故,基于当事人进行主义及私法自治原则,应由受影响的抵押权人申请,执行法院始应除去,其他人不可申请,执行法院也不可越俎代庖依职权除去。⑤

我国《民事诉讼法》和最高人民法院的司法解释并未就强制拍卖中除去租赁权程序的启动主体作出明确的规定。有实务人士主张赋予执行法院依职权除去租赁权的权力。其理由有二:其一,在同时存在抵押权人和普通债权人的情况下,拍卖物处置的价格不仅影响到抵押债权人的利益,而且影响到普通债

---

① 张龙文:《论抵押权与租赁之关系》,载《法学丛刊》1970年第1期。
② 吴光陆:《强制执行法》,台湾三民书局2012年版,第371页。
③ 许士宦:《执行力扩张与不动产执行》,台湾学林文化事业有限公司2003年版,第361页。
④ 杨与龄:《强制执行法论》,中国政法大学出版社2002年版,第438页。
⑤ 吴光陆:《强制执行法》,台湾三民书局2012年版,第368页。

权人的利益;其二,因我国租赁权的成立缺乏公示要件,导致虚假租约频现,基于虚假租约之上的租赁权本身就违法,法院应可依职权除去租赁权。① 在执行实践中,除去租赁权通常基于抵押权人的申请,也有法院依职权为之的情形。

笔者认为,除去租赁权的程序仅宜由抵押权人申请而启动。这是因为,除去租赁权的法理基础,源于后设立的租赁权不得对抗在先的抵押权,且租赁权的存在影响到了抵押权的实现。影响抵押权实现的租赁权,仅仅相对于抵押权人不生效力,如果抵押权人不主动申请除去,基于私权自治的原理,法院不宜介入或干涉。况且,如果抵押权人未申请除去租赁权,此事项并不牵涉公益,执行法院似也无依职权顾虑的必要。② 而上述实务人士用于论证法院依职权启动除去租赁权程序的依据,也是站不住脚的。首先,就普通债权而言,并不具有当然优先于租赁权的效力,因此,如果抵押权人不主动申请除去租赁权,普通债权人不能仅因拍卖物处置的价格影响到自己的利益而享有除去租赁权的权利。其次,在成立虚假租约的情况下,因租赁权本身不存在,因而没有"除去"的必要。如果虚假租约下的所谓的"承租人"占有抵押物而在拍定后拒绝交付的,执行法院可以直接采取措施予以强制执行。

附带一提的是,如果申请执行的债权人系普通债权人,而非抵押权人,那么,该债权人能否申请除去抵押物上的租赁权呢? 如上所述,从法理上言之,除去抵押物上租赁权的法理基础,源于后设立的租赁权不得对抗在先的抵押权,普通债权并不享有对抗租赁权的法律效力,因此,如果抵押权人未申请除去后设立的租赁权,普通债权人无权申请除去抵押物上的租赁权。③

---

① 刘建发:《论抵押房产强制拍卖"除去"租赁权的法律适用》,载贺荣主编:《公正司法与行政法实施问题研究》,人民法院出版社 2014 年版,第 901 页。

② 许士宦:《执行力扩张与不动产执行》,台湾学林文化事业有限公司 2003 年版,第 366~367 页。

③ 在司法实践中即有这样的案例。例如,在"叶卓芬、黄荣新与李兴茂、叶庆枝、黄耀燊其他执行执行复议案件"中,法院就明确指出:拍卖财产上的租赁关系因与抵押权之间的对抗而消灭,在本案中,拍卖财产的抵押权不属于异议人享有,其无权以此为由主张租赁关系与抵押权存在对抗或者对实现存在影响。(详见广东省云浮市中级人民法院执行裁定书〔2015〕云中法执复字第 36 号,载中国裁判文书网:http://wenshu.court.gov.cn/,访问日期:2017 年 3 月 10 日。)

3. 承租人或抵押权人的权利救济

在执行程序中,如果执行法院依抵押权人申请作出除去抵押物上租赁权的裁定①,而承租人对此争执的,有无权利救济途径?如果执行法院认定租赁权成立于抵押权之前,或者认为成立于抵押权之后的租赁权对抵押权的实现无影响,据此裁定驳回抵押权人除去租赁权的申请,抵押权人是否享有相应的权利救济途径?

有学者认为,除去租赁权属于执行方法,为公法上的强制处分,实务上以裁定方式为之,该裁定并无既判力及溯及效力,但为避免影响拍卖的安定,当事人也不得另行提起诉讼,请求确认其权利仍属存在,以阻止执行。② 台湾地区"最高法院"也持相同的见解,认为对于是否除去租赁权的裁定,抵押权人或承租人如有不服,应向执行法院提出异议,不得径行对之提起抗告。③ 此外,值得注意的是,也有台湾地区学者持同样的否定当事人另行起诉的观点,只不过其理由有所不同。该学者认为,在债权人(抵押权人)请求拍卖债务人(抵押人)的不动产以供清偿债务,第三人虽对该不动产享有租赁权,但该不动产的拍卖不影响租赁权,该第三人显无足以排除强制拍卖之权利,自不得提起异议之诉。④

以避免影响拍卖的安定、租赁权不能排除强制拍卖为由,否定抵押权人或者承租人就有关租赁权除去与否的裁定提起诉讼的权利,其依据恐有所不足。首先,就是否影响拍卖安定而言,如果认为当事人另行起诉会影响拍卖的安定,那么,允许当事人向执行法院提出异议,就不会影响拍卖的安定吗?无论是允许当事人另行起诉,还是允许当事人提出异议,都是对当事人的救济方式,都会影响拍卖的进程,只不过前者对执行效率的影响更大而已。其次,所谓租赁权不能排除强制拍卖的理由,也值得商榷。尽管租赁权无论存在与否都不能排除强制拍卖的继续进行,换言之,不会导致强制拍卖程序的终止,但是,租赁权是否存在,必然会影响到强制拍卖的实际效果,如拍卖最终能否成交、拍卖成交价格是高是低、拍定后承租人是否需将标的物移转占有给买受人

---

① 在实践中,有的执行法院采用"通知"的形式除去租赁权,恐有所不妥。
② 杨与龄编著:《强制执行法论》,中国政法大学出版社 2002 年版,第 438 页;常鹏翱:《先抵押后租赁的法律规制——以〈物权法〉第 190 条第 2 句为基点的分析》,载《清华法学》2015 年第 2 期。
③ 台湾"最高法院"1985 年台抗字第 227 号判例、1985 年抗上字第 273 号裁定。
④ 吴光陆:《强制执行法学说与判解研究》,1995 年自版,第 169 页。

等等。仅仅关注租赁权不能排除强制拍卖程序的继续,而忽视租赁权在客观上对强制拍卖效果的重要影响,并据此否定相关当事人就是否除去租赁权的裁定提起诉讼的权利,其论据显然不充分。

就执行法院除去租赁权的裁定或者驳回除去申请的裁定,应当赋予承租人或抵押权人另行起诉的权利。这是因为,无论是除去租赁权的裁定,抑或是驳回除去申请的裁定,作为法院在执行过程中的执行处分行为,就租赁权是否后于抵押权设立、是否会影响抵押权等实体事项,均无既判力,所以,在法理上,承租人或者抵押权人可以再提起诉讼,在后续的民事审判程序中,争执租赁权的效力问题。况且,在法院审核抵押权人提出的除去租赁权的申请时,即使给予抵押权人、承租人相应的陈述意见的机会,但相较于诉讼程序而言,其程序保障也很难谓充分。因此,允许承租人、抵押权人另行起诉,也是程序保障的要求。

根据我国现行《民事诉讼法》的规定,承租人对除去租赁权的裁定不服的,因该裁定属于执行处分之一种,承租人可依据《民事诉讼法》第227条的规定,先向执行法院提出执行异议,对执行法院的异议裁定不服的,方可向法院提起异议之诉;如果抵押权人对法院驳回租赁权除去申请的裁定不服的,那么仅可申请上一级法院复议救济。[①] 其实,无论是承租人对除去租赁权的裁定不服的,还是抵押权人对法院驳回租赁权除去申请的裁定不服的,实质上涉及的是同一实体争议。对同一实体争议,一方面赋予承租人提起诉讼的权利,另一方面否定抵押权人提起诉讼的权利,实行二元制的处理模式,显非合理。对法院驳回租赁权除去申请的裁定,赋予抵押权人另行起诉的权利,充分保障抵押权人的程序利益,应是立法的合理选择。

(三)买受人对承租人主张权利的途径

在强制执行程序中,无论作为拍卖标的物的抵押物上的租赁权是否由买

[①] 法院将抵押权人除去租赁权的申请作为执行行为异议对待,依据《民事诉讼法》第225条进行审查,因此,对审查结果不服的,仅允许当事人向上一级法院申请复议。虽然根据《民事诉讼法》的规定,申请执行人也可提起执行异议之诉,但是,申请执行人提起执行异议之诉,应当具备"依案外人执行异议申请,人民法院裁定中止执行"等条件(详见最高人民法院《关于适用〈中华人民共和国民事诉讼法〉的解释》第306条),对于法院驳回抵押权人除去租赁权申请的情形,显然不具备这些条件,因而抵押权人不能据此提起执行异议之诉。

受人承受,买受人取得拍卖物所有权以后,均面临着如何向承租人行使所有权的问题。依据法律的规定,买受人如何向承租人主张权利,将因买受人是否承受租赁负担而有明显的区别。

1. 买受人承受租赁负担的情形

根据现行法律的规定,如果租赁在先抵押在后,或者虽抵押在先租赁在后但法院并未除去租赁权的,抵押物经法院拍卖给买受人后,买受人须承受该租赁关系。也就是说,买受人须继受出租人地位,行使或者负担租赁合同项下的权利或者义务,而无须另行订立新的租赁合同。

在司法实践中,在买受人承受租赁负担的情况下,争执较多的,主要是租金问题。租金是出租人享有的对承租人的主要权利,买受人取得拍卖物所有权以后,可以向承租人请求支付租赁合同约定的租金。实务中的一个常见问题,就是租赁合同约定的租金已经一次性付清给原出租人(抵押人),此时,买受人的权利如何保护?

依据民法,就租金的支付,出租人与承租人可以约定分期支付,也可以约定提前一次性全部支付。如果承租人按租赁合同约定向原出租人一次性全部支付了租金,则买受人不可再向承租人请求支付租金。此时,买受人只能以不当得利为由,向原出租人请求返还应由自己收取的部分租金。

对买受人而言,可能存在这样的不利,即:原出租人作为债务人,本身因无资力清偿债务而致其财产被强制拍卖,买受人请求原出租人返还已收取的租金,该请求并无实益。这样,买受人一方面必须承受拍卖物上的租赁负担,一方面又无从取得租金,这对买受人而言似不公平。并且,这也会影响法院拍卖的公信力,影响强制拍卖的实际效果。因此,有学者建议,由承租人二次支付租金,至于多付给原出租人的部分,承租人可自行向原出租人追偿,以保护买受人的权益。[①]

主张由承租人二次支付租金的观点,对承租人极为不公,值得商榷。首先,从承租人的角度来看,承租人依照租赁合同的约定一次性支付租金,完全履行了租赁合同项下的义务,没有任何违约行为可言。如果为了保护买受人的权益,要求承租人二次支付租金,这是对承租人课加了租赁合同约定以外的义务。虽然理论上承租人在二次支付租金后可以向原出租人追偿,但是,这同样存在原出租人无资力偿还的问题,这对承租人而言当然极不公平。其次,从

---

① 吴光陆:《强制执行法学说与判解研究》,1995 年自版,第 184~185 页。

买受人的角度来看,在参与竞买之前,买受人知道或者应当知道拍卖物上存在租赁负担的具体事实(法院拍卖公告上往往直接载明"带租约拍卖"),其自愿参与竞买,就意味着其自愿接受和承担拍卖物上的租赁负担,因此,买受人取得拍卖物所有权之后,就应完全承受拍卖物上的租赁负担,遵守租赁合同的约定。即使按租赁合同约定租金已经一次性支付给原出租人,这在客观上对买受人不利,但是,这也是买受人自己应当承担的法律后果。买受人只能向原出租人请求不当得利返还,而不得要求承租人二次支付租金。

诚然,如该学者所言,之所以建议由承租人二次支付租金,一个重要原因,是拍卖实务中租金一次性付清的情形多属虚假租赁,是债务人为阻挠执行而设置的法律障碍,由承租人二次支付租金,可有效避免虚假租赁。① 对此,笔者认为,如果实务中认定虚假租赁存在,那么,买受人就无须承受租赁负担,所谓的虚假租赁合同对其不发生法律效力,也就谈不上租金的收取问题了。没有认定虚假租赁存在的情况下,仅仅因为怀疑可能存在虚假租赁,就对承租人课加二次支付租金的义务,其论据显然并不充分。

在司法实践中,在买受人承受租赁负担的情况下,还有一类争执较多的案件需要探讨,即:承租人与原出租人之间存在债权债务关系,承租人与原出租人约定"以租抵债",此时,买受人如何行使租金请求权?笔者在实务调研中,就发现了这样的一个案例:执行法院应甲公司(系抵押债权人)的请求,依法查封了债务人乙公司名下的房产。法院带租约拍卖,丙公司取得该房产的所有权。丙公司请求承租人按期支付租金,但承租人拒绝支付,辩称:承租人与乙公司在签订租赁合同时,约定将未来10年的租金用以支付乙公司对其拖欠的货款。对于此类案件,笔者认为,买受人自取得拍卖物所有权之时起,即取得拍卖物上的租金收益权,故仍可向承租人请求支付租金。因为,从原出租人与承租人之间的法律关系来看,二者之间存在两种法律关系:一是租赁关系,二是其他债权债务关系。依据法律的规定,所谓买受人承受的租赁负担,仅指买受人承受原出租人与承租人之间的租赁关系,并不包括原出租人与承租人之间的其他债权债务关系。如果承租人因支付租金给买受人而致其对原出租人的债权得不到清偿,只能另寻诉讼等途径予以解决。

2. 买受人不承受租赁负担的情形

如果抵押物上的租赁权被法院依法除去,买受人不承受抵押物上的租赁

---

① 吴光陆:《强制执行法学说与判解研究》,1995年自版,第184页。

负担,但承租人仍占有拍卖物的,买受人应当如何向承租人主张权利呢?

法律上言之,买受人已经取得拍卖物的所有权,且承租人与出租人之间的租赁关系并不由买受人承受,因此,对买受人而言,其与承租人之间并不存在租赁关系,承租人对拍卖物的占有,即构成无权占有,买受人可以依据最高人民法院《关于人民法院民事执行中拍卖、变卖财产的规定》(2004 年)第 30 条的规定,请求强制交付,①也可以基于《物权法》第 34 条的规定,请求承租人返还拍卖物。② 总之,无论如何,在买受人不承受租赁负担的情况下,承租人有义务即刻向买受人交付拍卖物。至于承租人由此而遭受损失的,如前所述,因承租人与出租人之间的租赁合同依然有效,承租人可基于租赁合同的约定要求出租人承担相应的违约损害赔偿责任。

附带一提的是,鉴于承租人找到合适的替代租赁物需要耗费一定时日,仅允许承租人向出租人主张违约损害赔偿责任,对承租人的保护可能不够充分,因此,有学者建议借鉴日本《民法典》第 395 条规定的缓期交付制度,即:在买受人拍定作为抵押物的建筑物起 6 个月内,承租人可以缓期交付。承租人在该期限内没有用益建筑物的正当权利,故其应向买受人支付使用建筑物的价金。如果承租人不支付该价金达 1 个月以上,并在买受人的催告期间内仍不支付的,就失去缓期交付的利益,买受人可以要求承租人交付建筑物。如此建议,在确保买受人不承受租赁负担、维护买受人正当权益的前提下,兼顾承租人的权益保护,确实更为合理。③

结　语

在强制拍卖程序中,如何处理抵押物上的租赁负担,有诸多实务问题可供

---

① 最高人民法院《关于人民法院民事执行中拍卖、变卖财产的规定》(2004 年)第 30 条规定:"人民法院裁定拍卖成交或者以流拍的财产抵债后,除有依法不能移交的情形外,应当于裁定送达后十五日内,将拍卖的财产移交买受人或者承受人。被执行人或者第三人占有拍卖财产应当移交而拒不移交的,强制执行。"

② 《物权法》第 34 条规定:"无权占有不动产或者动产的,权利人可以请求返还原物。"

③ 常鹏翱:《先抵押后租赁的法律规制——以〈物权法〉第 190 条第 2 句为基点的分析》,载《清华法学》2015 年第 2 期。

研讨。在近现代民法上,租赁权物权化的发展趋势,使承租人的权利获得较好的保护。但是,能否完全遵循民法原理来处理抵押物上的租赁负担,不无疑问。强制拍卖作为公法行为,基于执行程序自身的特殊性,须考量多方面的因素,如如何顺利卖出不动产,如何权衡抵押权人、抵押人、竞买人、买受人、承租人之间的利益,如何提高强制拍卖的效率、维护拍卖效果的安定以及法院拍卖的公信力等等。对于抵押物上租赁负担的处理,法院应当兼顾民法的主旨和强制执行法的基本要求,谋求各利害关系人之间的利益衡平。概言之,根据物权法上前权利优于后权利的原理,租赁权设定在抵押权之前的,为充分保护承租人的租赁权益,应当适用"抵押不破租赁"原则,抵押物带租约拍卖,买受人须承受抵押物上的租赁负担。租赁权设定在抵押权之后的,虽然租赁权不得对抗设立在先的抵押权,但是在租赁权的存续不影响抵押权实现的情况下,依然应当由买受人承受抵押物上的租赁负担,以兼顾保护承租人的利益;只有在租赁权的存续影响到抵押权实现的情况下,法院方可除去抵押物上的租赁权。对于租赁在先抵押在后的情形,因有"抵押不破租赁"原则的绝对适用,对租赁权设立时间的认定就至关重要。目前,宜将承租人的占有作为其享有租赁权的公示要件,以避免虚假租约的泛滥。就如何判断后设立的租赁权是否会影响抵押权实现的问题,从强制拍卖的目的、拍卖结果的安定性、执行效率等多方面因素考虑,宜根据抵押物第一次拍卖的结果来判断。在除去租赁权的情况下,也要注重对承租人利益的保护,不得剥夺其优先购买权。在执行程序中,如果承租人、抵押权人、买受人相互之间就租赁负担的处理产生争执,一方面,应当考虑以简易方式处理这些争执,以快速实现抵押权;另一方面,也应当赋予相关主体必要的程序保障,以避免其权益被不当剥夺。

第二章　强制拍卖程序中的虚假租赁

一、问题的提出

[引例]王某于2010年10月向某银行申请贷款,以其自有房屋提供抵押担保。银行信贷人员经调查,王某的房产证件齐全,未发现其存在租赁、抵押等附着权利,遂与王某签订了抵押担保合同,并办理了抵押登记,登记日期为2010年11月。2012年,因王某到期无法偿还借款,银行遂向法院请求实现其抵押权。在执行阶段,法官依法拟对抵押房屋予以拍卖。第三人张某向法院主张租赁权,声称其系该房屋的承租人,并向法院出具了一份租赁合同。该合同显示:承租人张某于2010年9月与王某签订了房屋租赁合同,租期20年,租金100万。张某还一并出具了收据,证明已一次性付清全部租金。此时,王某为逃避债务而下落不明。银行怀疑此租赁合同虚假,但苦无证据,执行因此陷入僵局。

此案例涉及了一个关键问题,即强制拍卖程序中是否存在虚假租赁的问题。所谓强制拍卖程序中的虚假租赁,是指在强制拍卖过程中,债务人与第三人串通,故意签订以不动产为对象的虚假租赁合同(即假性租约,合同约定的租期很长,租金较低,或写明多年租金已一次性付清),以规避强制执行。① 近

---

① 理论上,虚假租赁的标的物既可能是不动产,又可能是动产,但从实务来看,当前我国涉及假性租约的案件都针对的是不动产(因不动产价值较大),并且,通常认为,动产不宜适用"买卖不破租赁"原则,就动产执行产生虚假租赁的情形几乎不存在,故这里的界定和下文的探讨,限于有关不动产的假性租约。

年来,作为一种典型的规避执行行为,虚假租赁妨害执行的现象不断涌现,有关案例报道频见报端、网络。最高人民法院于2011年公布的九起反规避执行典型案例中,就有不动产虚假租赁案。①

大量泛滥的虚假租赁造成了极为恶劣的法律效果与社会效果:其一,阻碍了债权人实现权利。假性租约的存在往往成为债务人谈判与对抗的筹码,使得债权人权利被进一步削减甚至无法实现。其表现为债权人被迫与债务人达成协议,或减少债权数额获得部分清偿,或延长债权期限换取远期履行。即使进入强制拍卖程序,因假性租约通常设立的租赁期限很长,租金较低,或声称已一次性付清租金,可能导致附着租赁权的标的物的拍卖价款过低,甚至无人问津而流拍,严重影响债权人实现债权。其二,妨碍买受人行使权利。对拍卖标的物的买受人而言,基于"买卖不破租赁"的绝对性,也无法真正享有完整的所有权,即无法直接使用标的物、收益大打折扣或较长一段时间内毫无收益。其三,导致执行效率低下,危及司法公信力。执行程序奉行效率优先原则,执行机关应迅速、及时、连续地采取执行措施,尽量缩短执行周期,确保执行实施的效率。② 执行程序中设立的假性租约意在排斥执行措施、拖延执行进程,如果不加以正确甄别、处理,往往会造成执行措施不得不中止或者实际终止,使执行程序效率低下且无法达到实现债权人合法权益的立法目的,进而导致法院依照法定程序所作出的司法裁判沦为一纸空文,司法的公信力大受影响。

据笔者实地调研,逃避执行或妨碍执行的措施屡见不鲜,其中尤以租赁权最为常见。甚至有执行人员直接告诉笔者,"80%～90%至少5年租约。工作5年以来,没有见到过一个没有租约的(被执行房产)"。如何预防、发现和减少虚假租赁,成为强制执行工作中亟须解决的一大突出问题。本文拟从虚假租赁的原因分析和实务评析出发,结合其他国家和地区的相关做法,从实体和程序两个方面来探讨防范虚假租赁的法律对策。

---

① 详见"张曲与陈适、吴洋英民间借贷纠纷执行案",载中国法院网:《最高人民法院公布九起反规避执行典型案例》,http://www.court.gov.cn/spyw/zxgz/201108/t20110824_164832.htm。

② 谭秋桂:《民事执行立法:程序构建与规则设定》,载《湖南社会科学》2003年第3期。

二、虚假租赁泛滥的法理剖析

虚假租赁泛滥,其原因是多方面的,如诱因可能是债权人与债务人之间的对立情绪或者巨大的经济利益驱动。① 从法律角度来分析,则其成因既有实体法上的缺陷,又有程序法上的推动。

(一)实体上:租赁权的绝对对抗效力

基于债权的相对性和物权的优先效力,罗马法本采"买卖破除租赁"原则。但近代各国民事立法为保护经济上处于劣势的不动产承租人及谋求社会安定,多倾向于采取较为保护承租人的措施,将原本债权性质的租赁权予以物权化,遂改采"买卖不破租赁"原则。我国《合同法》第229条规定:"租赁物在租赁期间发生所有权变动的,不影响租赁合同的效力。"此即"买卖不破租赁"。我国《物权法》第190条也体现了此原则,"订立抵押合同前抵押财产已出租的,原租赁关系不受该抵押权的影响。……"该原则也被贯彻到执行程序之中,最高人民法院《关于人民法院民事执行中拍卖、变卖财产的规定》第31条第2款即规定,"拍卖财产上原有的租赁权及其他用益物权,不因拍卖而消灭,……"②

---

① 附带说明的是,这里的利益,是指对债务人的利益。尽管在假性租约中,表面体现为承租人获得巨大的利益,但因租约是虚假的,该利益实质上是附属于债务人的,并不存在债务人向所谓的承租人输送利益的问题,当然也就不存在承租人的利益问题。

② 诚然,《物权法》和最高人民法院《关于人民法院民事执行中拍卖、变卖财产的规定》并没有贯彻绝对的"买卖不破租赁"原则,如《物权法》第190条同时规定,"抵押权设立后抵押财产出租的,该租赁关系不得对抗已登记的抵押权";最高人民法院《关于人民法院民事执行中拍卖、变卖财产的规定》第31条第2款甚至明确规定在一定情形下法院可依法除去租赁权,"但该权利(指租赁权及其他用益物权)继续存在于拍卖财产上,对在先的担保物权或者其他优先受偿权的实现有影响的,人民法院应当依法将其除去后进行拍卖"。但是,应当注意,法院可视情形依法除去的租赁权,仅限于后于担保物权或其他优先受偿权设立的租赁权;对于先于担保物权或其他优先受偿权设立的租赁权,须遵循"买卖不破租赁"原则,法院不得强制除去。因后设立的租赁权不具有对抗在先的担保物权的效力,可依法除去,即使该租赁权是虚假的,也不会损害担保物权人的利益,故这里探讨的情形,限于租赁权设立在先、须适用"买卖不破租赁"原则的情形。

"买卖不破租赁"原则的合理性毋庸置疑。但适用此原则的前提,是"租赁"合法存在。根据《合同法》的规定,租赁合同的成立一般有三个要件:租赁当事人具有相应的民事行为能力;租赁当事人的意思表示真实;内容不违背法律和社会公共利益。虽然我国《城市房地产管理法》、建设部《城市房屋租赁管理办法》以及关于房屋租赁管理的地方性法规规定了城市房屋租赁的登记备案制度,甚至公安部门也规定出租人出租房屋必须到公安部门进行房屋出租登记,但是,并未明确登记备案会产生何种法律效力。① 少数地方法规规章明确了房屋租赁登记备案的效力,如1999年《上海市房屋租赁条例》第15条规定"房屋租赁合同未经登记备案的,不得对抗第三人",2004年《天津市房屋租赁管理规定》第13条规定"未经登记备案的房屋租赁合同,不得对抗第三人",但这些规定毕竟是地方性法规规章,仅在该地域范围内有效,且其位阶与效力均低于法律,因此可以得出结论:登记既非租赁合同成立要件也非对抗要件,只要符合租赁合同成立的三个要件,租赁权便合法存在,具有对抗第三人的效力,换言之,即可适用"买卖不破租赁"原则。② 从这三个要件来看,假性租约通常在形式上已经合法成立,具有对抗第三人的效力。由此可见,我国现行法对租赁合同的对抗力缺乏任何公示要求,被执行不动产上的租赁权易于成立且在外观上难辨真伪,致使众多债务人利用法律的漏洞签订假性租约规避执行。

(二)程序上:证明责任分配规则与惩罚机制的不足

首先,从证明责任分配规则来看。通常认为,除非法律另有特殊规定,按法律要件分类说,证明责任分配实行"谁主张谁举证"的原则。在执行程序中的虚假租赁是否存在,并非法律规定的特殊情形,故应适用"谁主张谁举证"的证明责任分配规则:既然申请执行的债权人或买受人主张租赁合同是虚假的,那么就应由申请执行的债权人或买受人就其主张承担证明责任。然而,债权

---

① 我国目前房屋租赁登记备案制度的目的,主要在于行政管理和治安管理的需要。关于该制度立法目的的论述,可参见李朝晖:《论房屋租赁合同登记备案制度的立法价值目标》,载《广西社会科学》2008年第2期。

② 有观点认为,可以将我国法中对房屋租赁的登记备案要求理解为租赁合同产生对抗力的依据,租赁合同及其变更没有登记备案的,不能对抗第三人(参见戚兆岳:《不动产租赁法律制度研究》,法律出版社2009年版,第199~200页)。但显而易见,这种看法没有法律依据。

人或买受人证明成功的概率太低。如前述引例中,尽管银行怀疑该租约系倒签,在债务人为逃债而下落不明、无从收集其他证据的情况下,只能"哑巴吃黄连"。虽然理论上银行可以申请对租约的真实性进行司法鉴定,但是也存在问题:若租约倒签时间距抵押登记时间间隔较长,尚可能鉴定真伪(还会遇到收集鉴定样本的难题);若时间间隔不长的话,事实上是无法鉴定的。从实践来看,后一种情形最为常见。这种由债权人或买受人承担虚假租赁事实证明责任的规则,进一步放纵了债务人与第三人签订假性租约规避执行的不良行为。

其次,从假性租约当事人的法律责任来看。债务人与第三人签订的租赁合同被认定为假性租约的,执行标的物得以顺利处置,可保护债权人或买受人的利益。另外,作为假性租约当事人的债务人和第三人往往未受到任何实质性的处罚。从笔者的调研结果来看,只有部分法院会同时对假性租约当事人妨害执行的行为处以罚款、拘留,并且,其罚款数额通常仅有寥寥几千元、拘留不超过15日。如此"无关痛痒"的处罚,致使债务人与第三人甘冒被处罚的风险编造假性租约。这也是我国虚假租赁泛滥的又一助力。值得注意的是,2013年1月1日起施行的新《民事诉讼法》增大了罚款幅度,规定"对个人的罚款金额,为人民币十万元以下。对单位的罚款金额,为人民币五万元以上一百万元以下"(第115条)。但是,对于价值数百万甚至上千万、上亿的不动产而言,这样的处罚能否完全震慑潜在的假性租约当事人,仍存疑问。

三、虚假租赁的实务应对及评析

针对执行程序中潜在的假性租约,实践中不同的主体有不同的应对与解决方法。就申请执行的债权人而言,债权人通常采用两种做法:一是与承租人达成协议,一次性付给承租人已经付给债务人的租金;[①]二是申请执行法院调查租约是否真实存在。就买受人而言,买受人为取得包含租约的不动产的占有,一般也有两种途径:一是与承租人协商,付给承租人一笔金钱用以补偿其

---

① 理论上,债权人可依不当得利对债务人进行追偿,但事实上债务人往往无其他财产可以偿还,故该损失常由债权人自行负担,可谓权利的事实减损。

此前支付过的租金；二是买受人另行起诉，耗时耗力甚巨但不一定能胜诉。[①]除这些方法之外，还有一种非正式的做法，即雇佣所谓"讨债公司"对承租人进行骚扰，使其无法顺利居住或使用不动产，迫使其主动退出。但这种做法有非法之嫌，故不在本文讨论之列。无论是债权人抑或是买受人与承租人达成租金补偿协议以解除租约，均属于当事人权利自治的范畴，法院不会干预。在买受人另行起诉的情况下，法院通常要求买受人证明租约的虚假性。但如前所述，除非法院积极、强势、主动介入搜寻证据，成功证明债务人与承租人订立假性租约的可能性极小。在债权人申请执行法院调查的情况下，还存在着法院选择性执行的隐忧，即执行法院因案件积压数量过多而有选择性地执行关系案件。总之，这些做法不同程度地损害了债权人或买受人的利益，既变相增加其经济与时间负担，又延缓了执行进程、阻碍了权利的实现，即使成功证明假性租约的存在，其成本与代价也十分高昂。

　　面对被执行财产上设置的长期租约，各地法院目前尚未形成统一的规范的处分模式。部分法院认为，法院在执行程序中不宜也无法审查租约的真实性问题，因此，对带租约的不动产，一律实行"现状拍卖"模式，即不审查租约的真实性与合法性，对于当事人及案外人主张保护租赁权的，均按带租约现状委托评估及拍卖，统一详细披露当事人及案外人所主张的租赁情况，并声明未认定租约的真假与法律效力，所有的风险责任由买受人自行负担，由买受人自行解决拍卖标的上带租约的问题。例如，在江苏省玄武区人民法院在审查案外人执行异议的一则案例中，针对案外人提出的租赁期限达18年的情况，法院就认为，租赁合同不影响法院对不动产的处置，案外人请求行使租赁权，执行机构对租赁合同效力不作实质性审查，当事人可通过其他途径进行救济。[②]有的法院则仅根据合同法上租赁合同的成立生效要件，简单地认定不动产上的长期租赁合同不违反法律规定，合法有效。[③]

　　客观地看，在执行程序中，以长期的假性租约手段对抗不动产强制执行的

---

　　① 这两种做法不同程度地均损害了买受人的利益，但若买受人不采取这两种做法的话，那么不动产拍卖本身对于买受人将毫无意义。他既不能够主张占有，也不能够主张收取租金。因为租金往往已经一次性交付给债务人，租赁人无义务再对买受人支付租金。而债务人已经被拍卖不动产，通常也无其他金钱财产可以偿还买受人。即使买受人可以主张收取租金，但一般情况下买受人并不期待获得租赁人的租金。况且，假性租约的租金也远远低于市场价。
　　② 详见江苏省玄武区人民法院执行裁定书〔2014〕玄执异字第4号。
　　③ 详见浙江省越城区人民法院执行裁定书〔2013〕绍越执异字第5号。

现象,已经成为目前制约法院执行工作的一大难题。如前所述,假性租约的存在,已经严重阻碍债权人实现权利,妨碍买受人行使权利,导致执行效率低下,危及司法公信力。因此,行使强制执行权的人民法院,理应破除假性租约的阻碍,审查租约的真假,以促进执行程序的顺利进行。所谓"租赁合同不影响法院对不动产的处置"的理由,无法成立。最高人民法院《关于人民法院办理执行异议和复议案件若干问题的规定》(法释〔2015〕10号)第31条明确指出:"承租人请求在租赁期内阻止向受让人移交占有被执行的不动产,在人民法院查封之前已签订合法有效的书面租赁合同并占有使用该不动产的,人民法院应予支持。承租人与被执行人恶意串通,以明显不合理的低价承租被执行的不动产或者伪造交付租金证据的,对其提出的阻止移交占有的请求,人民法院不予支持。"由此可见,法院应当对不动产上设立的租赁合同的合法有效性进行审查,而不应推卸审查责任。[①] 而以合同法上租赁合同的成立生效要件为据,从形式上简单认定长期租赁合同合法有效的做法,不仅达不到排除假性租约、促进执行的审查目的,而且将在事实上造成广泛承认假性租约有效的不良后果,助长假性租约的现象。

更多的法院将对不动产上租赁合同合法有效性问题纳入执行审查的范围。但是,如何确认假性租约是否存在,仍是一大问题。从实践来看,因签约时间的真实性难以查明,法院通常会考虑诸多因素。例如,承租人有无实际需求便是一个重要的判断表征。在实践中曾出现这样的案例,居住于甲地的A对被执行人B在乙地的房产进行承租,所提供的理由为居住所需。但事实上A大部分时间均生活在甲地,并无必要至B地居住。就居住需求来讲,并不确切存在。又如,租金价格是否显著过低。以"张曲与陈适、吴洋英民间借贷纠纷案"为例:涉案房屋的市场租金一般在2500~3200元/月之间,而吴洋英仅以950元的价格出租给其弟弟。租金明显过低,又无其他可以解释的理由,因此该租赁不合常理。在此怀疑基础上,执行人员进一步展开具体调查,向房屋前后几名承租人了解情况,几名承租人证实,每月租金均由吴洋英收取,租金为每月3000元。掌握充分证据后,执行人员约谈了吴洋英的弟弟。吴洋英弟弟承认,吴洋英知道房屋被法院查封后,以他的名义将房屋转租给次承租

[①] 在实践中,一些法院将租赁纳入执行审查范围,并制定相应的审查规则,如上海市高级人民法院《关于在执行程序中审查和处理房屋租赁权有关问题的解答(试行)》、浙江省高级人民法院《关于执行非住宅房屋时案外人主张租赁权的若干问题解答》。

人,转租合同上的签名系吴洋英所签,吴洋英直接向次承租人收取租金。① 即使租赁价格较为合理,执行法院通常也不直接认定租约合法,而会进一步考虑是否实际支付、商业惯例等问题。以浙江海宁县一执行案件为例:被执行人金某曾自己开厂,因经营失败欠下六七千万元的外债,厂房及市区的别墅等几处房产抵债后仍然债务累累。债权人之一黄某告诉承办法官,金某在海宁中国皮革城还有一间近50平方米的商铺。承办人员到该店面了解情况后发现,金某已将该门面租给了姚某,并签订了租金为260万元、租期为20年的租赁合同。姚某向法院提交了租赁合同以及260万元的收条,要求保护其20年的租赁权。由于皮革城的商铺属旺铺,每年租金经常浮动,一次出租20年不合常规,执行人员便大量走访、调查取证,最终金某承认并未收取260万元租金,金某与姚某双方私下还曾书面约定该收条为假收条,不发生效力,实际租赁期限仅为1年。② 总体来看,各地法院在审查判断长期租约的合法有效性时,其考虑的因素不尽相同。这里仅以从"中国裁判文书网"上搜索的几份就案外人异议审查的裁判文书为例,从这些裁判文书的理由中,即可见一斑。

部分法院执行程序中对案外人异议审查情况的案例

法院	案号	案件特征	裁判理由	裁判结果
北京市朝阳区人民法院	〔2014〕朝执异字第48号	租赁期限为20年;一次性支付租金。	案外人虽提交租赁合同,但未依法备案登记,亦未提交相应的支付租金及实际居住的证据材料,无法证明其已实际履行合同并实际居住讼争不动产的事实。	驳回案外人异议请求。
广东省高级人民法院	〔2013〕粤高法执复字第78号	租赁期限为20年;一次性支付租金。	租赁合同生效要件不齐全,租赁双方提供的租赁合同版本内容不一致;租赁双方与其他关联公司资金往来平衡,无法证实承租人向债务人汇款性质为租金;案外人在不动产评估半年后才提出异议有悖常理。	驳回案外人异议请求。

---

① 参见《最高人民法院公布九起反规避执行典型案例》,载中国法院网:http://www.court.gov.cn/spyw/zxgz/201108/t20110824_164832.htm。

② 参见《为规避执行签订20年虚假租赁合同,最终一个被司法拘留一个被罚款》,载嘉兴政法在线:http://www.cnjxol.com/politicslaw/content/2012-04/16/content_1982983.htm。

续表

法院	案号	案件特征	裁判理由	裁判结果
杭州市中级人民法院	〔2013〕浙杭执异终字第8号	租赁期限为20年；一次性支付租金。	租赁双方约定租赁期限20年并一次性付款不符合一般性的生活常理；被执行人房屋尚未装修完毕即向案外人交付不合常理；收条收据和银行转账凭证无法证实租金性质。退言之，即使双方存在真实租赁关系，根据查明事实，案涉房屋查封时承租人并未居住使用，且租赁合同亦未向有关部门备案登记，租赁权不具有对抗性。	驳回案外人异议请求。
浙江省龙湾区人民法院	〔2014〕温龙执异字第14号	租赁期限为15年；以租抵债；租赁合同已登记。	虽然租赁双方签订租赁合同且经备案登记，但因被执行人从未提供不动产供案外人使用，且案外人也从未支付租金，双方均未按合同约定履行义务。租赁登记备案在法院查封之后，租赁合同不具有法律效力。	驳回案外人异议请求。
浙江省长兴县人民法院	〔2013〕湖长执异初字第3号	租赁期限为20年；租金一次性交付。	异议人提供的租赁合同不足以证明真实的租赁关系存在。首先租赁期间过长，且租金不变，不符合实际经营的惯例。其次经营人变更没有进行税务登记和工商登记。最后，被执行人与银行签订的授信合同中承诺抵押物不存在租赁等权利瑕疵。本案案外人仅凭两份租赁协议不足以证实租赁关系真实存在。即使租赁关系真实存在，也应依法办理租赁登记备案手续。该规定虽不是强制性规定，不影响合同效力，但备案手续具有公示效应，租赁合同的效力只及于相对方，不得对抗第三人。	驳回案外人异议请求。
浙江省桐乡人民法院	〔2014〕嘉桐执异字第1号	租赁期限为20年；一次性支付租金。	案外人主张的租赁关系未依法办理租赁登记备案，且案外人在涉案房地产设定抵押前并未实际占有使用该房地产，故案外人所提交的证据不足以证明其与被执行人在涉案房地产抵押前存在租赁关系。	驳回案外人异议请求。

续表

法院	案号	案件特征	裁判理由	裁判结果
江苏省丰县人民法院	〔2014〕丰执异字第2号	租赁期限为20年；以租抵债全额支付租金对价；案外人占有不动产。	租赁双方对租赁合同签订时间、租金金额等自相矛盾，案外人没有提供足够的证据证实足以阻碍执行的合法租赁权，虽然占有不动产，但是并非基于合法的租赁关系。	驳回案外人异议请求。
浙江省诸暨县法院	〔2014〕绍诸执异字第9号、第10号	租赁期限为20年；租金一次性支付。	案外人提交的租赁合同，既没有依法办理登记备案手续和履行相关纳税义务，又与被执行人贷款时的无租赁承诺相矛盾，且合同形式违背日常交易习惯，租金支付方式不符合正常财务制度，且没有合理解释，故对于租赁合同的效力不予确认。	驳回案外人异议请求。

值得注意的是，最高人民法院《关于人民法院办理执行异议和复议案件若干问题的规定》(2015年)第31条规定："承租人请求在租赁期内阻止向受让人移交占有被执行的不动产，在人民法院查封之前已签订合法有效的书面租赁合同并占有使用该不动产的，人民法院应予支持。承租人与被执行人恶意串通，以明显不合理的低价承租被执行的不动产或者伪造交付租金证据的，对其提出的阻止移交占有的请求，人民法院不予支持。"据此，人民法院在对被执行的不动产上的租约进行审查时，要考虑合同是否采"书面"形式、承租人是否"占有使用"不动产、是否存在"明显不合理的低价"、是否"伪造交付租金证据"等诸多因素。这是否意味着租约审查标准的统一化，仍存疑问。退一步论，即使按照这些审查标准，如何判断是否"占有使用"、是否存在"明显不合理的低价"等等，在实践中也有不少争议，并且会带来操作上的诸多困难。

基于多种因素产生合理怀疑，执行人员积极调查收集证据迫使债务人或承租人承认，或者根据不同的租约有效性审查标准，而后认定为虚假租赁，这套做法确实在一定程度上可应对假性租约，但却无端增加了债权人的大量时间与精力消耗，增加了执行法院的工作负担。并且，在债务人已外逃等案件中，债权人或执行人员往往无从调查核实有关证据，法院也不会仅凭合理怀疑便判定租约虚假。再者，当前法院的执行工作繁重，而被申请执行的不动产又多涉租约，要求法院对众多的可能存在假性租约的案件一一主动调查核实，也不现实。据笔者对多名执行法官的访谈，在被疑存在假性租约的案件中，法院最终认定为假性租约的案件并不多。可见，实践中应对假性租约的方法作用有限,并不能从根本上解决假性租约的问题。

四、规制虚假租赁的比较法考察

债务人设立假性租约规避执行,正是利用了"买卖不破租赁"原则。事实上,该原则也是现代各国及地区民法所秉承的法律原则。然而,它们却未带来如我国一样假性租约泛滥成灾的严重问题。即使有的国家和地区曾经出现过此类问题,但后来也都通过一定的方法得到了遏制。因此,从比较法的角度考察其他国家和地区的有关做法,可为规制我国虚假租赁行为提供解决方向上的参考。总体而言,其他国家及地区在将租赁权物权化的同时,"多同时搭配一定租赁权公示性之措施"①,要求租赁权经一定公示后承租人始受保护,以限制租赁权对抗第三人效力的绝对扩张。只不过在采取何种公示措施的路径上,有不同的选择。

瑞士债务法规定,房屋租赁合同经登记后方具有对"后手之房屋所有人"主张租赁权的效力(第260条)。根据奥地利民法典的规定,不动产租赁于登记后为物权(第1095条)。韩国民法典虽直接将租赁权规定为物权(韩国称为传贳权),但同时也规定,租赁权登记后,才可以对抗第三人(第621条)。在法国,依法国民法典的规定,"如出租人出卖租赁物时,买受人不得辞退经公证作成或有确定期限的租赁契约的房屋或土地承租人……"(第1743条)。在德国固有法上,租赁权被规定为物权,承租人被视为物权人。依普鲁士法,租赁因租赁物的交付,不动产租赁因登记而有对抗力,买卖不破租赁。② 但两次世界大战后,德国承受了战争破坏,加上大量难民涌入,造成了住房供需上的严重失衡,为保护住房承租人,德国民法典对此作了改变,规定"出租的住房在交给承租人后,被出租人让与给第三人的,取得人代替出租人,加入在出租人的所有权存续期间基于使用租赁关系而发生的权利和义务"(第566条第1款)。该规则也适用于土地租赁关系和除住房以外的房屋使用租赁关系。可见,德国"买卖不破租赁"须满足租赁物已经交付的要件。此外,为了强化租赁权的对抗效力,德国规定特定情形下租赁物纵使未经交付也具有对抗效力,即:在

---

① 黄立主编:《民法债编各论》(上),中国政法大学出版社2003年版,第304页。
② 史尚宽:《债法各论》,中国政法大学出版社2000年版,第144页。

出租人对租赁物设定负担进而剥夺了承租人符合合同目的的使用的情形下，即使租赁物未交付给承租人，如果租赁物的受让人承担了基于租赁关系的义务，租赁权也可产生对抗力（第567a条）。

日本也像德国一样经历了租赁权从登记对抗到交付对抗的转变。1898年《日本民法》第605条规定："不动产租赁经登记，得对抗以后之物权取得人。"但因登记需出租人协力为之，承租人自身无法单独申请登记以取得对抗力，随后几年间导致了"地震买卖"①的严重问题，造成承租人财产上的重大损失，社会经济发展也深受其害。因此，自日本民法制定以来，许多立法都在加强以建筑物所有为目的的租赁权，使其接近地上权，而且也一直在谋求地上权本身的强化。② 1909年制定的《建筑物保护法》第1条便规定，根据以建筑物的所有为目的的地上权或土地承租权，地上权人或土地承租人在该土地上有已进行登记的建筑物时，地上权或土地的租赁权虽未进行登记，亦可以之对抗第三人。1921年颁布《借地法》，进一步强化土地承租人的法律地位，将土地租赁权提升到与地上权同等的地位而以物权方法进行保护，并将地上权与土地租赁权合并统一为借地权。同年颁布的《借家法》规定，建筑物的租赁，虽未进行登记，但于建筑物交付后，对其后就该建筑物取得物权者，亦发生效力。1938年制定的《农地调整法》（后改称《农地法》）也规定，出租的农地，只要农地交付于承租人后，即具有对抗力。二战后，因城市房屋的短缺，日本又通过司法判例进一步强化了不动产租赁权的物权性。可见，日本民法典上关于不动产租赁登记对抗第三人的规定已被特别法和司法判例改变，租赁的不动产经交付后，就取得对抗第三人的效力，而无需登记。不过，日本也曾遇执行法

---

① 所谓"地震买卖"，是指1906—1908年间，日本因日俄战争关系带动经济发展，地价高涨，土地买卖十分盛行。买受人依据未登记的租赁权不能对抗第三人的规定要求承租人拆屋还地，如此，承租人在承租土地上所建筑的房屋就如同被地震震垮一样，对买受人毫无对抗力。为了达到提高租金的目的，不少地主进行虚假买卖，改变土地所有人而逼承租人解除租赁合同，或要求承租人增加租金。

② ［日］我妻荣:《日本物权法》，台湾五南图书出版公司1999年版，第314页。

律不周全而引发严重的"占有屋"问题。① 尤其是日本在泡沫经济破灭后,因不动产市场长期的不景气状态使得金融机构以及大型企业接连破产。于此情形,有效回收不良债权、健全财政便成为日本经济必须面对的最大难题。而正是问题亟待解决之时,有部分黑社会势力恶意利用担保法制度,"通过妨碍抵押权等担保权的实现谋取非法利益,使问题的解决雪上加霜;在另一方面,从权利人的角度看,抵押权等担保权的实现不仅所需时间过长,而且还要支付许多不正当的费用,因此不能迅速而有效地实现自己的权利"②。鉴于实体法上的漏洞往往难以尽除且易沦为滥用,日本认为单单实体法上的变更与修正无法完全消除这类利用权利的绝对性而引起的恶意滥用,因此设置了包括防范假性租约在内的规避执行的一系列执行法律制度,包括现况调查制度、惩罚制度等。③

台湾地区"民法"第 425 条原规定,"出租人于租赁物交付后,纵将其所有权让与第三人,其租赁契约,对于受让人,仍继续存在"。根据该规定,租赁契约的公示要求仅为交付,"似乎有过度保护之情形,以致相当程度影响了交易安全,造成具有租赁关系之标的物在交易上之不确定性。……在实务上不肖之债务人乃利用此一规定,与第三人虚伪订定长期(例如二十年)或不定期之租赁契约(尤为不动产租赁契约),而产生无买主愿意投标之难以拍卖情形;或纵使有人买受,亦长期无法使用得标之不动产之妨碍强制执行的状况"④。针对此问题,台湾地区一方面通过"司法院"的实务解释增加买卖不破租赁的成

---

① 所谓占有屋问题,源于日本《民事执行法》第 55 条"为变卖而实施的保全处分"。该条规定,实施保全处分的对象仅限于债务人而不包括第三人。许多被执行人为逃避强制执行前期的保全处分,纷纷通过签订租赁合同等方式让第三人对其将被执行的不动产进行占有,以对抗强制执行。随后,该制度更被组织性暴力集团所利用,成为一股严重妨害执行的反社会势力。基于该势力横行对于执行程序的恶劣影响,日本最高裁判所于 1999 年与 2005 年分别作出新裁判,通过赋予法官对个案进行判断的方式来考察保全处分的适用对象。(参见[日]上原敏夫等:《民事执行·保全法》,有斐阁 2009 年版,第 119~120 页。)

② 关于日本暴力团等黑社会组织如何利用民事法律漏洞不择手段获得暴利的论述,参见渠涛编译:《最新日本民法》,法律出版社 2006 年版,第 438~443 页。

③ 参见 Kayo Nisbikawa, *Problems of Public Sale in Japan*, *Comparative Studies on Enforcement and Provisional Measures*, Ed. Rolf Stürner and Masanori Kawano, Tübingen:Mohr Siebeck, 2012, pp.108-111.

④ 李忠雄:《论买卖不破租赁与逃避债务》,载《律师通讯》1993 年第 163 期。

立要件,要求承租人不得中止占有该租赁物①;另一方面修订"民法"中的相关规定,于 2000 年将该条文修正为"出租人于租赁物交付后,承租人占有中,纵将其所有权让与第三人,其租赁契约,对于受让人仍继续存在。前项规定,于未经公证之不动产租赁契约,其期限逾五年或未定期限者,不适用之"。通过公证增强租赁关系的公示作用,大大缩小了假性租约的生存空间。

在英美法上,立法和判例均承认不动产租赁权具有绝对的对世效力。但这并不意味着不动产租赁权的成立无需任何公示性措施。事实上,在英美法上,不动产租赁关系的成立须具备四个要素:一是承租人的占有利益;二是出租人的回收权力;三是承租人对不动产的绝对占有和排他性的控制;四是双方之间订立的合同。在这四个要素中,承租人对不动产的绝对占有和排他性的控制是最实质的要素。② 可见,在英美法中,承租人排他性的绝对占有是不动产租赁权成立的前提条件。没有占有,不动产租赁权就不能成立,更谈不上对抗第三人的效力。

五、我国规制虚假租赁的法律应对

如前所述,无论大陆法系还是英美法系,基本上均在实体上规定一定的公示性要件以限制"买卖不破租赁"原则的滥用,仅有少数国家如日本还专门规定了程序上的防范制度。那么,我国是否也仅需在实体法上作类似的规定即可达到规制虚假租赁的目的呢?从我国当前的相关研究来看,也仅集中在此方面。笔者认为,就我国具体国情而言,造成我国执行程序中虚假租赁泛滥的原因,包括实体和程序两大方面,仅依赖实体法的完善尚不足以有效规制虚假租赁。解决执行程序中的虚假租赁,需双管齐下,同时完善实体法与程序法的相关规定。

---

① 如根据客观事实,承租人已经于相当长之期间未占有租赁物者,承租人即可能构成中止占有,实际情形仍应视个别情形而定。但如承租人抛弃占有者,则属于中止占有。在这种情形下,租约对买受人不具有对抗效力。

② [英]F. H. 劳森等:《财产法》,施天涛等译,中国大百科全书出版社 1998 年版,第 148 页。

(一)实体上:明确以登记为租赁权的对抗要件

"权利对于第三人之对抗效力与权利之公示作用应相伴而生,乃法律之基本原则。"[1]若公示作用不足,必然引发交易的不安全及其他的社会成本。因此,两大法系国家和地区无不在赋予租赁权对抗效力的同时附加特定公示要件,或登记,或交付,或占有,或公证,只不过因国情不同而作不同选择。我国也有不少研究来论证租赁权应采取何种公示措施,所涉建议无外乎这几种。我国究竟应采何种公示措施,需细致斟酌。

关于交付或占有。通常认为,"买卖不破租赁"的重要目的在于通过保障承租人的占有来保证租赁稳定以及交易安全。"买卖不破租赁"的正当性建立在承租人的占有基础上。如果承租人并未实际占有或者使用,租赁作为债权便没有优先于包括抵押权、所有权在内的物权的合理性。交付或占有应为租赁权存在的应有之义,是"买卖不破租赁"的前提条件。因此,我国有观点认为,买卖不破租赁的要件之一应是,"出租人已经将租赁物交付给承租人且承租人必须持续占有租赁物"[2],"目前实务中处理此类问题时,应……采目的性限缩的解释方法,排除租赁物未交付及承租人未占有租赁物的情形"[3]。大陆法系的德国、日本及英美法系均以交付、占有为租赁权产生对抗效力的前提。但是,应当看到,德国和日本之所以将租赁权的对抗要件由登记改为交付,有其特定的社会背景。在德国,战后住房奇缺导致德国须强化承租人的地位,并且,德国不动产租赁制度较完善,不动产所有权人很难通过虚构买卖合同等以提高租金,不动产买卖并不盛行[4],故以交付为租赁权的对抗要件,侧重保护承租人的利益,并未带来虚假租赁的严重问题。在日本,因"地震买卖"等带来的严重问题,才促使日本改登记为交付作为租赁权的对抗要件。与此同时,日

---

[1] 黄立主编:《民法债编各论》(上),中国政法大学出版社2003年版,第307页。
[2] 张广兴:《债法》,社会科学文献出版社2009年版,第235页。
[3] 张华:《我国租赁权对抗力制度的不足与完善》,载《法学评论》2007年第2期。值得一提的是,最高人民法院民一庭主编的《民事审判指导与参考》发布了一个案例,似采纳了交付为租赁对抗要件的观点,认为房产租赁签约在先但尚未交付的,不得对抗抵押权。(详见刘高:《论物权法第一百九十条中"抵押财产出租"的准据时点——兼论"买卖不破租赁"的理解与适用》,载《民事审判指导与参考·物权专题》2014年第57辑。)
[4] 据统计,德国一半以上的人口是租房居住。德国住房自有率为43%,租赁住房率达到57%,特别是年轻人中77%都是"租房族",是欧洲住房自有率最低的国家。(参见李世宏:《德国房地产市场及房地产金融的特征分析》,载《西南金融》2011年第5期。)

本还设立了一系列有关的执行程序制度，以达到限制租赁权滥用的目的。英美法系采纳占有要件，则是源于传统，因英美法受日耳曼法影响较大，往往以占有来表彰权利的享有。就我国而言，我国房屋自有率较高，不存在"地震买卖"的情形，我国民众向来接受的是不动产以登记（非占有）表示权利状态的观念，故建议借鉴这些国家的做法而将交付或占有作为我国不动产租赁权对抗要件的观点，并不具备当然的合理基础。并且，以交付或占有作为租赁权的对抗要件，其公示程度较低，须作进一步的查证，必然会带来实务操作上的难题。从我国的司法实践来看，有的法院也根据交付或占有标准来发现是否存在假性租约，但事实证明操作起来难度太大。况且，交付方式有简单交付、占有改定、指示交付和拟制交付，占有也分直接占有与间接占有、一次占有与持续占有，如何认定交付或占有，也存在需进一步解释的问题。正是基于交付或占有的公示程度太低，台湾地区在修正"民法"第425条时，增加了"公证"的要求，以求其权利义务内容合法明确，防免诈害不动产受让人或拍定人的虚假租赁。① 即便如此，学者依然认为不能完全解决租赁权公示不足的问题。②

关于公证。理论上，公证作为明确的公示方法，确实具有充分的公示作用，若规定公证为租赁权的对抗要件，可有效防止假性租约，减少争议。法国和台湾地区就将公证作为部分不动产租赁的对抗要件。但是，应当看到，法国是世界上第一部公证法诞生的国家，也是成文法系国家中公证制度最为完善的国家，具有一系列比较完备的公证法律制度。据统计，不动产交易公证占据了法国公证义务的50%。可见，法国将公证作为租赁权的对抗要件，乃传统使然，不足为奇。至于台湾地区，其要求期限逾五年或不定期租赁契约经公证方可对抗第三人，除了防止假性租约的目的外，尚有另一个原因，即为民间公证人提供一项业务诱因，促进公证制度的发展。此一原因能否成为正当的立法理由，不无疑问。正如台湾学者批评所言，"在立法政策上，不应仅为配合公证制度之改革及防杜假租赁之存在，而大幅限缩了不动产租赁权物权化之范围"③。在我国公证传统十分缺乏、公证制度尚不完善、公证费用较高的现实下，强制要求有关当事人将租赁合同提交公证方赋予对抗效力，显非合理。

我国宜设立不动产租赁登记对抗制度。理由如下：第一，登记的公示程度

---

① 黄立主编：《民法债编各论》（上），中国政法大学出版社2003年版，第316页。
② 苏永钦：《走入新世纪的私法自治》，中国政法大学出版社2002年版，第341页。
③ 温丰文：《民法第四二五条修正条文评析——论租赁权物权化之范围》，载《东海大学法学研究》2003年第19卷，第208页。

最高。登记公示对于租赁权的对抗效力有着不可代替的作用。在我国,登记的效力一定程度上甚至高于公证的效力。第二,符合物权公示方法。"租赁权由于已经物权化,其可能对抗租赁关系以外的第三人,因此,根据物权应当公示才能产生公信力的物权法基本原则,租赁权应当公示。否则,第三人由于无法获知租赁的事实,为避免风险,只能额外支出调查费用从而抑制交易,或者干脆无法达成交易。"①而不动产物权的公示方法,即为登记。第三,没有立法技术上的困扰。我国现行法律、行政法规、部门规章、地方性法规及规章已有关于不动产租赁登记备案的规定,在此基础上,将登记的效力上升为租赁权的对抗要件,不会造成立法上的难题。第四,符合我国的传统。对不动产租赁予以登记,在我国素有传统,将登记作为不动产租赁权的对抗要件,"在我国具有法律心理基础,推行不致发生困难"②。第五,操作性强,便于执行。对不动产进行强制执行,首先要确定的是现实中的不动产权利人,以此为出发点才能谈到强制执行的行使。以登记确定权利人,简便易行,有利于快速执行。反之,若允许执行法院认定与登记簿的记载不一致的事实关系,不仅严重影响执行效率,而且"不能保证利益人之间的权利平衡"。③

也许有人会提出疑问,谓日本民法曾采登记制,但因登记须租约双方当事人共同完成,给当事人带来不便,导致"地震买卖",最终日本放弃了登记制,若我国也采登记制,也可能存在同样的问题,并且,登记制会严重限制"买卖不破租赁"原则的适用,大大削弱租赁权的物权化效力,不利于承租人的权益保护。此种顾虑并无必要。首先,我国土地未实行私有制,住房供需没有严重失衡,不会出现类似"地震买卖"的问题。其次,尽管登记制须租约当事人双方协力完成,可能给有的当事人增加不便,但应当看到,对承租人而言,这种不便应当是其主张租赁权对抗效力所需的必要成本④,对出租人而言,协作完成登记的义务完全可以作为租约内出租人的附随义务加以约定。最后,客观来看,登记制确实会限制"买卖不破租赁"原则的适用,但这是社会发展的变化使然。近代各国民法确立"买卖不破租赁"原则,在于保护经济上处于弱者地位的承租

---

① 瞿新辉:《租赁权公示是取得物权对抗效力的要件》,载《法律适用》2007年第9期。
② 戚兆岳:《不动产租赁法律制度研究》,法律出版社2009年版,第168页。
③ [日]几代通:《民法研究笔记》,第96页,转引自[日]铃木禄弥:《物权的变动与对抗》,渠涛译,社会科学文献出版社1999年版,第15~16页。
④ 在我国,登记本身的成本并不高昂。当前多数租赁合同并不登记的主要原因,是当事人欲逃避税费,但这本身就是违法的,不应记入登记的成本之内。

人,但时至今日,租赁权的目的多样化,不动产资源极为丰富,承租人未必是经济上的弱者,[①]其对承租的不动产的依赖性大为降低,固守"买卖不破租赁"原则已无必要。通过登记制适当限制"买卖不破租赁"原则的运用,有利于增加交易安全,维护社会秩序的稳定。

(二)程序上:完善相关执行制度

若实体上实行租赁权登记对抗制度,因其足够的公示作用,可以在很大程度上减少假性租约,但并不能完全杜绝假性租约。因为,在租赁权与抵押权等权利相冲突的场合,因这些权利均须登记方产生对抗效力,根据登记时间的先后,极易判断权利的优先性,虚假租赁的可能性极低。但在被执行不动产上未附着经登记的抵押权等权利的情况下(如债务人资不抵债,所有财产拟被强制执行),债务人在法院查封前抢先虚构租约并予以登记,不无可能。并且,登记也可能出现错误(甚至是虚假登记),仅凭登记确定占有的状态并非完全准确,正如日本学者所言,在不动产拍卖、变卖中,"正确地把握不动产的权利关系以及占有状态的现状极为必要,而这些现状的了解仅凭登记簿是完全不足的"[②]。为此,在程序上构建、完善相应的执行机制,以发现和认定假性租约、制裁恶意的当事人,实有必要。

1. 强化财产调查制度

在执行过程中,包括执行财产信息在内的各种信息的获取是执行工作推进的前提。我国目前对执行财产相关信息的获取有三种途径:债权人提供线索、债务人报告以及法院调查。但是,该执行信息获取机制存在三大问题:一是债权人获取信息的途径有限。尽管2011年最高人民法院在《关于依法制裁规避执行行为的若干意见》中规定"各地法院也可根据本地的实际情况,探索尝试以调查令、委托调查函等方式赋予代理律师法律规定范围内的财产调查权",但事实上,根据相关研究与报道,情况不容乐观。[③] 取得证据、获取信息对于债权人仍然不易。二是债务人报告的针对性不强,其范围广而不精、粗而不细。当前司法解释并没有明确财产报告的范围,其暗含之意是要求报告所

---

① 苏永钦:《走入新世纪的私法自治》,中国政法大学出版社2002年版,第338页。
② [日]山木户克已:《民事执行·保全法讲义》,有斐阁1999年版,第145页。
③ 殷骏:《律师持"调查令"调查遭扣》,载《南京日报》2005年1月12日;汤啸天等:《调查令制度的法律属性与完善建议》,载《法律适用》2008年第7期。

有的财产信息,但是债务人的财产情况复杂,要求全部告知实难为之。① 即使当事人全部告知其财产情况,依照目前的执行案件数量来看,执行法官也未必有能力全部进行审查、核实。正如有学者所指出的,"尽管最高人民法院《关于适用〈中华人民共和国民事诉讼法〉执行程序若干问题的解释》规定人民法院可以依《民诉法》第 217 条(新《民诉法》第 241 条)向被执行人发出报告财产令。……但通常而言,被执行人大都不会心甘情愿地申报其财产情况。因此把希望寄托于仅凭一份报告财产令就可以完全而准确获知当事人所有的财产状况并不现实"②。三是法院调查信息具有明显的被动性与消极性。当前,随着执行工作改革的推进,法院可以通过网络执行查控系统查询被执行人的部分财产,但由此获悉的财产信息仍非常有限。除此之外,法院获知执行财产信息仍主要通过债权人提供的线索与债务人的报告,但在上述信息获取途径有限且不通畅的情况下,其效果显而易见。虽然司法解释规定"执行法官应当积极依职权查找被执行人财产,并及时依法采取相应执行措施"③,但是,由于执行案件数量庞大以及该规定不具有明确的可操作性与指引性,执行法官是否愿意且能够积极地查明财产,仍是一大问题。

我国现行执行财产信息获取机制的不足,致使无法及时发现假性租约,造成有关财产难以被执行的困局,加重了执行难。对此,笔者认为,我国不妨借鉴日本执行程序中的不动产现况调查制度予以应对。所谓不动产现况调查,是指执行裁判所命令执行官对不动产的形状(如土地或建筑物的现状、实测面积等)、占有关系等现况进行调查的程序。④ 依日本《民事执行法》第 57 条的规定,执行决定开始以后,执行裁判所应命令执行官对不动产的形状、占有关系以及其他现状进行调查。实施现况调查时,执行官对不动产有强制进入权、强制开门权,可以对债务人或者占有人进行询问并要求其提交相应的文书。进行现况调查的执行官,应当制作现况调查报告书并提交给执行裁判所。现况调查报告书的记载事项中,有关占有者开始占有的时间,占有权源的有无及其内容的相关人的陈述或者相关文书尤为重要。现况调查报告书的副本应当置备于裁判所,并可以供一般民众在网络上进行阅览(日本《民事执行法》第

---

① 根据笔者在三个经济发展程度不同地区的调研,实践中被执行人 100%告知自己所有财产的情形,根本不存在。不是几乎不存在,是"根本不存在"。
② 董少谋:《民事强制执行法论纲》,厦门大学出版社 2009 年版,第 159~160 页。
③ 参见 2010 年最高人民法院《法官行为规范》第 59 条的规定。
④ [日]山木户克已:《民事执行·保全法讲义》,有斐阁 1999 年版,第 145 页。

31条第3项)。以上述信息为基础,执行官进行排除恶意占有等妨害执行的行为。在我国当事人获取执行信息途径不充分的情况下,通过设立现况调查制度,强化法院的调查职责,加强调查的针对性,并通过公示加强民众监督,将有力地防范和发现假性租约。

2.合理分配涉及假性租约案件的证明责任

虚假租赁泛滥的一个重要原因,是债权人或买受人承担了虚假租赁事实的证明责任,而债权人或买受人又难以证明假性租约的存在,从而要承担举证不能的不利后果。合理分配此类案件的证明责任,不失为规制虚假租赁的又一条途径。

究竟应当由谁来承担虚假租赁事实的证明责任呢?从涉及假性租约案件的当事人来看,一方是主张虚假租赁事实的债权人或买受人,另一方是主张租赁权合法存在的所谓承租人。如前所述,由债权人或买受人来承担该证明责任,放纵了虚假租赁行为的大量产生,显非合理。答案似乎很明显,应由承租人承担该证明责任。那么,进一步的问题便产生了:这样的答案是否有理论依据和法律依据?是否违背"谁主张谁举证"的证明责任分配规则?将涉及假性租约的案件还原到执行程序之中,就能发现这些问题的答案。在执行程序中,涉及假性租约的案件直接表现为案外人(即所谓承租人)提出执行异议或者异议之诉,主张租赁权合法存在,以阻却强制执行。对于案外人异议或异议之诉,因其属于执行程序中出现的有关实体权利争议,应当按照"谁主张谁举证"的原则分配证明责任,由案外人就其异议成立的事实负证明责任。① 事实上,无论是在德国还是在日本,对于案外人异议之诉,均是按照"谁主张谁举证"的原则分配证明责任,由提出异议的案外人负证明责任。我国《民事诉讼法》第227条在规定案外人异议和异议之诉时,虽未明确直接规定案外人须承担相应的证明责任,但该条要求案外人对异议说明理由,"理由成立的,裁定中止对该标的的执行;理由不成立的,裁定驳回"。案外人对裁定不服提起异议之诉的,根据最高人民法院《关于适用〈中华人民共和国民事诉讼法〉执行程序若干问题的解释》第19条的规定,"执行法院应当依照诉讼程序审理"。既然依照"诉讼程序"审理,在无特别规定的情况下,就应当适用"谁主张谁举证"的证明

---

① 虽然执行程序中的证明责任分配有其特殊性,民事诉讼中"谁主张谁举证"的一般证明责任分配规则不能完全移植到执行程序的各个环节之中,但是,在某些程序和环节上还是有其适用性,这已成共识。执行异议之诉本质上与一般的民事诉讼并无区别,应当按照"谁主张谁举证"的证明责任分配规则由异议人承担证明责任。

责任分配规则,由提起异议之诉的案外人负证明责任。其实,早在1998年最高人民法院《关于人民法院执行工作若干问题的规定(试行)》中,就有关于案外人提供证据的规定,其第70条明确要求,案外人异议一般应当以书面形式提出,"并提供相应的证据"。由此可推出,由提出异议的案外人承担证明责任,也是现行法的内在要求。尤其值得注意的是,2015年施行的最高人民法院《关于适用〈中华人民共和国民事诉讼法〉的解释》第311条已经明确规定,"案外人或者申请执行人提起执行异议之诉的,案外人应当就其对执行标的享有足以排除强制执行的民事权益承担举证证明责任"。因此,在涉及假性租约的案件中,由主张租赁权的所谓承租人就租赁权合法存在的事实负证明责任,这不仅有理论依据和法律依据,而且也正体现了"谁主张谁举证"的证明责任分配规则。在实务中执行法官将虚假租赁事实的证明责任分配给债权人或买受人,是对"谁主张谁举证"的错误理解。债权人或买受人虽"主张"了虚假租赁,但该主张实质上是"否认"承租人所主张的租赁权,故承租人才是租赁权的主张者,应就租赁权合法存在的事实负证明责任。

也许会有这样的质疑:在涉及假性租约的案件中,承租人提出了表面上完全合法的租赁合同,甚至债务人也明确承认,这充分表明其履行了举证的责任,难道还不够吗?这实质上涉及对本证与反证的认识问题。负有证明责任一方当事人提出的用于证明待证事实的证据,被称为本证。不负有证明责任的一方当事人用以证明对方当事人主张的事实不存在的证据,被称为反证。本证与反证所需达到的证明度是不同的。就本证而言,负担本证责任的当事人必须提出充分的证据,使法官形成内心确信,方可卸除败诉风险,换言之,必须达到证明标准(高度盖然性)才能说服法官。而就反证而言,负担反证责任的当事人所提出的证据即使未能产生法官确认其主张事实的程度,但只要能阻碍负担本证责任的当事人的证明,使之陷入真伪不明的证明责任的范围内,就能达到目的。[①] 换言之,负担反证责任的当事人一方提出的反证证明力只

---

① [日]兼子一、竹下守夫:《民事诉讼法》,白绿铉译,法律出版社1995年版,第110页。

要足以模糊法官的认证即可,无需一概苛求高度盖然性的证明标准。① 就涉及假性租约的案件而言,承租人应当就租赁权合法存在的事实负证明责任,其提出的租赁合同、债务人的证词等属于本证;而否认租赁权、主张虚假租赁的债权人或买受人提出的证据则属于反证。尽管承租人提供了本证,但只要债权人或买受人提出的反证证明租约虚假的可能性,致使法官对租约的真实性产生怀疑,其反证证明力即已足够。此时,除非承租人进一步提出有关证据排除怀疑、确证租约的真实性,否则,法官就应当判定承租人的主张不成立。

3.强化处罚力度

对假性租约的当事人施以处罚,无疑是防范虚假租赁的又一有力工具。日本、台湾地区针对提供假性租约、作虚假陈述的有关人员就规定了明确的处罚措施。根据日本《民事执行法》第205条的规定,在现况调查中,当执行官要求作出陈述时,如果无正当理由不到场陈述,或到场拒绝陈述,作虚伪陈述或者未按要求提交文书的债务人或者不动产占有人可能被处以6个月以下的惩役或者50万日元以下的罚金。关于债务人及占有人的陈述义务及其惩罚,台湾地区"强制执行法"第77-1条也规定:"执行法官或书记官,为调查不动产之实际状况、占有使用情形或其他权利关系,得开启门锁进入不动产或讯问债务人或占有之第三人,并得命其提出有关文书。……债务人无正当理由拒绝陈述或提出文书,或为虚伪陈述或提出虚伪之文书者,准用第22条之规定。第三人有前项情形或拒绝到场者,执行法院得以裁定处新台币一万五千元以下之罚锾。"

我国目前对假性租约当事人未明确规定相应的处罚措施,而是按照妨害民事诉讼的行为适用相应的强制措施。在实践中,对有关当事人往往予以训诫教育而无其他实质性处罚,最严重的处罚,则是对有关当事人处以罚款、拘留,且处罚力度较轻。因此,强化对假性租约当事人的处罚力度,严厉制裁假性租约当事人,增强处罚的震慑力,是规制虚假租赁的又一有力对策。就具体的处罚措施而言,不妨从以下几个方面考虑:第一,关于拘留。大幅度提高拘

---

① 2015年施行的最高人民法院《关于适用〈中华人民共和国民事诉讼法〉的解释》第108条明确规定了本证与反证的不同证明标准:"对负有举证证明责任的当事人提供的证据,人民法院经审查并结合相关事实,确信待证事实的存在具有高度可能性的,应当认定该事实存在。对一方当事人为反驳负有举证证明责任的当事人所主张事实而提供的证据,人民法院经审查并结合相关事实,认为待证事实真伪不明的,应当认定该事实不存在。法律对于待证事实所应达到的证明标准另有规定的,从其规定。"

留时限,可参照日本规定最高时限为 6 个月。第二,关于罚款。新《民事诉讼法》虽然增大了罚款的幅度,大大强化了处罚的力度,但是考虑到被执行的不动产的巨大价值,这样的处罚可能无法完全震慑潜在的假性租约当事人。笔者认为,应考虑建立比例式处罚模式,即根据标的物价值的一定比例予以处罚。理由在于:无论是日本式的罚款模式,还是我国现行的罚款模式,都是"一刀切"的定额式罚款,导致违法成本相对较低,不足以遏制违法行为,因此,应以标的物的价值为基础确定较高的罚款比例标准。第三,其他处罚。社会征信系统的建立对规避执行者有显著的遏制作用。一旦确认存在假性租约,完全可以将其记入有关当事人的信用记录,使之对其产生后续的严重的不良影响,从而震慑其他潜在的虚假租赁者。

结　语

权利并非绝对,权利的行使必然有所边界。为防范虚假租赁,剔除我国"买卖不破租赁"的绝对性,确立"买卖不破租赁"的相对性乃势所必然。同时,纯粹的实体制度的效用相对有限,规制虚假租赁还需程序制度的衔接,使实体制度不致流于形式。诚然,本文针对假性租约的判断和防范而展开实体与程序的完善建议,尽管也有所发散、拓展,很多相关问题仍然无法解决。并且,完全杜绝假性租约是不可能的。因为制度的目的与制度应用者的目的永远无法完全等同,总是会有人汲汲营营于制度本身的缺陷于未预见之处加以运用。任何制度都并非完美,只是为了解决当下以及未来可预见的一段时间内的问题。上述法律方案至少可以遏制前述两个根源的漏洞,进而对执行法律的完善有所帮助。本文些许努力的最终目标,或许正如英国执行体制改革的真正目标,在于建立一个能为每一个利益团体中的多数人接受的新执行体制。[①]

[①] 参见 Wendy Kennett, Key Principles for a New System of Enforcement in the Civil Courts: A Peep over the Garden Wall, *Civil Justice Quarterly*, Vol. 18, October, 1999.

第三章 强制拍卖过程中不动产评估的主要问题

一、不动产评估在强制拍卖中的重要地位

"拍卖标的非自有性"决定了强制拍卖一般应遵循保留价规则,以避免竞买人恶意串通压低拍卖价格从而损害当事人的利益、危及强制拍卖的公信力。保留价的确定主要有两种方式:一是在征求债权人或债务人意见的基础上确定,二是在评估人所作的评估价的基础上确定。就不动产强制拍卖而言,因不动产价值较高,各国及有关地区的强制执行法一般确立了"先行评估"原则,将评估作为不动产强制拍卖的前置程序,在评估价的基础上确定保留价。[①] 在我国,最高人民法院《关于人民法院民事执行中拍卖、变卖财产的规定》[法释〔2004〕16号,以下简称《规定》(2004年)]第4条也确立了先行评估原则,"对拟拍卖的财产,人民法院应当委托具有相应资质的评估机构进行价格评估",同时规定了不进行评估的两种例外情形,即"财产价值较低或者价格依照通常方法容易确定的"和"当事人双方及其他执行债权人申请不进行评估的"。从执行实务来看,对于不动产,执行法院基本上是一律奉行先行评估原则,不动产评估成为不动产强制拍卖程序中的重要环节。

不动产评估对强制拍卖的效果影响很大,评估价过高,会阻碍拍卖程序的顺利进行,损害债权人的利益,评估价过低,会导致不动产被贱卖,损害债务人

[①] 从各国及有关地区强制执行法来看,关于"先行评估"原则的具体规定有所差异。例如,在台湾地区,不动产评估是不动产强制拍卖中必须遵循的程序;而德国法仅规定"不动产的价值由执行法院,必要时依据鉴定人的意见确定"(德国《强制拍卖与强制管理法》第74a条第5款),并没有绝对要求不动产强制拍卖必须经先行评估,但从实务来看,不动产强制拍卖一般均践行评估程序。

的利益,进而损害债权人的利益。因此,对拟拍卖的不动产而言,合理的价值评估极为重要。然而,评估本身是一项复杂的活动,易受各种主客观因素的影响和制约。不同评估机构对同一不动产的评估结论往往不一致,有时甚至会出现很大的偏差。在执行实务中,当事人对评估结论不信任的情形并不少见。在我国,评估问题表现得更加突出,评估甚至成为易滋生执行腐败大案的一大环节。①

鉴于评估在强制拍卖程序中的重要性和评估过程中出现的现实问题,最高人民法院在《规定》(2004年)、《关于人民法院委托评估、拍卖和变卖工作的若干规定》[法释〔2009〕16号,以下简称《规定》(2009年)]、《人民法院委托评估、拍卖工作的若干规定》[法释〔2011〕21号,以下简称《规定》(2011年)]等一系列司法文件中就评估问题进行了专门规范。毫无疑问,这些司法文件确立的评估规则对解决执行实务中存在的评估问题起了很大的积极作用,使法院委托评估工作取得了很大的进步。如实务调查表明,对于法院随机确定的评估机构,当事人极少提出异议。然而,应当看到,这些规则重在规范不动产评估的"操作流程",主要解决评估机构的选择问题,目的是隔断执行机构与评估机构之间的直接关联,力图阻止法院在此环节上可能产生的司法腐败行为,而缺乏对不动产评估过程中参与主体的权利义务关系的梳理,没有从根本上解决评估本身的问题。为此,下文就当前不动产评估工作中仍存在的主要问题——评估质量问题展开探讨,在此基础上,针对性地提出一些个人的看法和建议。

二、当前不动产评估的主要问题——评估结果严重失实

根据最高人民法院的上述司法文件,当前强制拍卖中不动产评估的具体做法是:执行机构将不动产评估案件交由司法辅助部门委托评估;取得政府管理部门许可并达到一定资质等级的评估机构,均可自愿报名参加法院委托的评估活动;中级以上人民法院采用随机方式确定评估机构;评估机构按评估价

---

① 郑小楼:《法官腐败报告》,载财经网:http://magazine.caijing.com.cn/2013-05-26/112826999.html。

收取评估费;法院在收到评估机构作出的评估报告后,应当在5日内将评估报告送达当事人及其他利害关系人,当事人及其他利害关系人对评估报告有异议的,可以在收到评估报告后10日内以书面形式向法院提出。

从当事人及其他利害关系人对评估报告提出异议的类型来看,当前不动产评估中存在的问题大致可归为三类:第一类,评估机构或评估人员不具备相应的评估资质。评估机构、评估人员的资质直接关系到评估结果的有效性。在实践中,少数当事人对评估机构、评估人员的资质提出异议,主张评估报告无效。第二类,评估程序违法。如部分评估人员违反职业准则,与一方当事人有不正当交易,出具错误报告,最终影响执行程序的公正。第三类,评估结果严重失实。实务调查表明,第一类和第二类问题出现的比例较小,在实践中的表现并不突出。究其原因,与近几年法院委托评估方式的改革有直接关联。根据最高人民法院的规定,承担不动产评估工作的评估机构,须满足两个前提条件:其一,评估机构须取得政府管理部门许可并达到一定的资质等级,经自愿报名纳入各地中级以上法院司法辅助部门的入围名册。评估机构能否入围,须经法院审查确定。其二,入围的评估机构须经法院随机摇号选定,方可承担具体案件的评估工作。经此程序,具体案件的评估机构资质问题基本上得以解决。并且,根据最高人民法院《规定》(2004年)第6条第2款的规定,当事人或其他利害关系人有证据证明评估机构、评估人员不具备相应的评估资质或者评估程序严重违法而申请重新评估的,法院应当准许。如此,第一类问题和第二类问题因当事人及其他利害关系人申请重新评估而得以解决。

第三类问题是实务中表现最突出的问题。实务调查表明,当事人及其他利害关系人以评估结果失实为由提出异议的案件,占所有涉不动产评估异议案件的90%以上,甚至部分当事人就第一类问题和第二类问题提出的异议,最终仍落脚到对评估结果的异议上。因为,评估结果是最直观的,直接影响当事人及其他利害关系人的利益,因而成为当事人及其他利害关系人最关心的问题。因此,下文就此主要问题展开详细探讨。

具体而言,当事人及其他利害关系人对评估结果的异议,可细分为三种:

1. 评估价过高。根据最高人民法院《规定》(2009年)第13条的规定,"拍卖财产经过评估的,评估价即为第一次拍卖的保留价"。评估价过高即保留价过高,导致执行标的物首次拍卖流拍率高,需多次降价才能成交,甚至流拍。统计数据非常直观地表明了这一点。例如,浙江省台州市路桥法院2011年至

2013 年不动产强制拍卖首次成交率分别为 21.74%、26.42%、28.57%;[①]上海市浦东新区法院 2010 年至 2012 年不动产拍卖首次拍卖成交率平均不到 20%;[②]福建省厦门市司法拍卖机构 2014 年 5 月 1 日至 2015 年 5 月 1 日共接受委托拍卖案件 72 件,总成交 42 件,其中,第一次拍卖成交 12 件,仅占总案件数的 16.67%。[③] 近年来,为了提升强制拍卖的效率,各地法院开始实行网上拍卖。但从相关数据来看,网上拍卖成交率也不理想。例如,浙江省淘宝网司法拍卖近几年的首次拍卖成交率平均为 16.07%,绝大多数标的物经历第二次、第三次拍卖才能成交;[④]江苏省常州市武进区人民法院 2014 年 1 月至 12 月,上网拍卖的拍品为 228 件,成交 40 件,成交率为 17.5%,流拍率为 82.5%,其中房地产流拍 107 件,流拍率为 81.06%;[⑤]福建省厦门市中级人民法院 2014 年 5 月 1 日至 2015 年 5 月 1 日网上拍卖案件共 70 件,包含标的 130 个,挂网 265 次,成交 24 个,成交率为 18.46%,其中,首次拍卖成交的标的仅为 4 个,占总标的数的 3.08%,经过三次拍卖和一次变卖仍流拍的标的 20 个,占总标的数的 15.38%;[⑥]北京市第二中级人民法院 2014 年 4 月至 2015 年 9 月在网上共拍卖 39 件房产,最终仅成交 9 件,成交率为 23.08%。[⑦] 虽然影响不动产拍卖成交的因素很多,评估价仅是其中一个因素,但是绝大多数法院认为,评估价过高是造成目前不动产拍卖成交率低,尤其是首次拍卖成交率

---

① 陈丰、罗永汇:《对路桥法院不动产强制拍卖情况的调查与思考》,载台州市路桥区人民法院网:http://lq.tzcourt.cn/InfoPub/ArticleView.aspx?ID=1873。
② 戴玉龙等:《上海市浦东新区人民法院关于司法拍卖情况的调研报告》,载《人民法院报》2013 年 2 月 13 日第 8 版。
③ 陈锦聪:《厦门:关于司法网拍一周年的分析与思考》,载中国拍卖行业协会网:http://www.caa123.org.cn/frontnc06NewsContentAction.do?method=previewContent&ID=10231。
④ 范干平:《浙江省淘宝网司法拍卖调研情况分析(之二)》,载新浪博客:http://blog.sina.com.cn/s/blog_52f756480101c7tl.html。
⑤ 范干平:《提升司法拍卖效率破解执行难题》,载《上海法治报》2015 年 9 月 23 日。
⑥ 陈锦聪:《厦门:关于司法网拍一周年的分析与思考》,载中国拍卖行业协会网:http://www.caa123.org.cn/frontnc06NewsContentAction.do?method=previewContent&ID=10231。
⑦ 李铁柱:《房产司法拍卖成交率不到四分之一》,载《北京青年报》2015 年 9 月 18 日。值得注意的是,据媒体报道,部分法院网上拍卖成交率较高,但这不是实事求是的,是误导性的宣传,掩盖了网上拍卖总体成交率依然低下的事实。

低的主要原因。强制拍卖首次拍卖成交率低,不仅意味着当事人负担的增加、执行效率的降低,而且直接影响了债权人权利的实现。在实践中,常常出现申请执行的债权人强烈要求降低不动产评估价的情形。

2. 评估价过低。法律在强制拍卖程序中设立保留价,主要在于保护被执行人的财产不被贱卖,维护被执行人的合法权益。评估价过低,直接转化为保留价过低,可能出现被执行人的财产被以不合理的低价卖出、严重损害被执行人利益的情形。实务案例提供了明显的佐证。例如,在"重庆奥妮拍卖土地案"中,实际出让价格达1.3784亿元的土地,评估机构的评估价仅为3390.09万元,拍卖最终以3710万元的超低价成交;[1]在"漳州市中正汽车销售有限公司申请强制执行漳州市新世纪房地产开发有限公司欠款及违约金"一案中,价值605万元的土地被估价为323万余元,最终以226万元拍定,致被执行人遭受379万元的重大经济损失。[2] 实践表明,被执行人以评估价过低为由提出异议的情形较为常见。在《最高人民法院执行案例精选》(2014年)中,"再审程序中财产保全措施应否解除——云南贡山华龙电力开发有限公司申请复议案"、"关于房屋与占用范围内的土地使用权欠缺一并处分条件时如何执行的问题"等案例均涉及被执行人对评估价格过低提出异议的情形。

3. 评估报告与拍卖标的物现状不符。评估机构应根据拍卖标的物的现状进行客观的评估。但是,实践中出现了评估报告与拍卖物现状不吻合,如实际面积与评估面积不一致、实际为门面房但评估为住宅房等,致评估结果出入很大,出现漏评或多评现象。这也是当事人及其他利害关系人提出异议的一个重要理由。例如,在"吴英案"的资产处置过程中,吴英的代理律师就认为吴英的资产存在被漏计低估的情形。[3]《钱江晚报》于2015年7月30日也报道了一例关于评估报告与拍卖物现状不符、拍定人要求退房的典型案例。[4]

---

[1] 详见:《一个重庆黑社会运作的典型样本》,载浙江在线——钱江晚报:http://qjwol.cb.zjom.cn/html/2009-08/27/content_62511.htm?div=-1。

[2] 郭宏鹏:《执行局副局长226万卖掉价值605万抵押物》,载《法制日报》2007年10月16日第8版。

[3] 详见:《吴英案6大疑点:资产被漏计低估,开庭前匆匆拍卖房产》,载搜狐财经:http://business.sohu.com/20140711/n402118264.shtml。

[4] 杨晨:《司法拍卖拍下的豪宅少了地下室,评估报告多处出错他要退房》,载《钱江晚报》2015年7月30日第4版。

三、不动产评估严重失实的原因剖析

不动产评估结果严重失实,其原因是多方面的,既有立法上的原因,又有评估机构自身的主观原因,还有当事人、法院的客观因素。

(一)立法未明确界定评估价,实务中把不动产的评估价等同于不动产的市场价

现行民事诉讼法和最高人民法院的司法解释从未明确规定评估价的内涵。最高人民法院《规定》(2009年)第13条规定:"拍卖财产经过评估的,评估价即为第一次拍卖的保留价;未作评估的,保留价由人民法院参照市价确定,并应当征询有关当事人的意见。"评估机构和法院普遍从该规定的后半句倒推,认为执行中的评估价就是评估时点的市场价。① 大多数评估机构在确定不动产的市场价时,往往不考虑具体不动产的特殊状况和瑕疵,按假设一切手续齐全、一切条件具备的最合理的、最无瑕疵的条件评估,如房产土地非出让的按假设已出让评估、房产无证的按假设有证评估等,同时,也不考虑强制执行中快速变现的因素对评估价的影响,不扣除变现过程中的各种税费及交易成本。这样估算出来的评估价自然表现为过高,影响强制拍卖的顺利进行。

(二)评估机构受利益驱动人为做高评估价

从我国法院委托评估的现状来看,虽然各地不动产评估收费的具体规定有所不同,但是基本上都是以评估价为计费基准,按评估价的一定比例收取。评估机构为了获得高额的评估费,对标的物有人为抬高评估价的倾向。在实践中,有的评估价"高得离谱,2次降价后还比市场价高"②。评估价高了,一方面加大了拍卖成交的难度,另一方面也增加了当事人尤其是申请执行的债权人的负担,因为评估费作为执行费用虽最终由债务人承担,但一般是申请执行人预先垫付的。

---

① 刘荣秀:《浅析法院执行资产评估存在的问题及对策》,载豆丁网:http://www.docin.com/p-636543720.html。

② 李斌、殷萍:《强制拍卖财产拍卖为何成功率低》,载《中国拍卖》2013年第1期。

(三)评估机构未依据客观资料进行评估

评估机构未依据客观资料进行评估,是由以下两个方面的因素造成的:

1. 评估人员在评估过程中不认真履行职责。在评估实务中,部分评估人员没有对不动产进行现场勘查,或者虽进行现场勘查但不细致,或者未收集足够的作为估价参照的交易实例,或者对评估方法未仔细比较而随意取舍,致使出具的评估结果失去客观性,评估价过高或过低甚至漏评或多评。《钱江晚报》于2015年7月30日报道的关于评估报告与拍卖物现状不符、拍定人要求退房的典型案例中,当事人就反映,评估机构在作评估报告之前,"根本没有去现场实地勘查"①。

2. 相关主体不配合。(1)当事人不配合。在不动产评估过程中,当事人配合意识不足,甚至明确拒绝配合,严重影响到评估人员对评估资料的收集。大多数评估机构就认为,在不动产评估实践中,最为突出的问题就是评估过程中相关当事人的配合难问题。② 当事人不配合评估,主要表现在:在提供相关资料上不配合,拒不提供资料、提供资料不及时或者不全面或者不真实;在现场勘查时不配合,态度消极甚至阻挠现场勘查,故意隐瞒重大事项,拒绝在勘查笔录上签字。据评估机构的有关统计,当事人不配合评估的比率几乎是100%。③ 当事人不配合评估,除了严重影响评估工作的正常进度,还会直接影响评估机构收集的评估数据的客观性,从而造成评估结果的失实。(2)法院配合不充分。在不动产评估中,法院承担着配合评估的义务,如完整地移交有关资料、向评估机构详细说明评估有关事项、陪同评估人员进行现场勘查、督促当事人履行配合义务、必要时配合评估机构到有关部门查询相关资料等。从执行实务来看,部分法院没有完全履行对评估机构的配合义务,在将有关资料移交评估机构后,具体的评估事宜完全由评估机构负责,法院就"坐等"评估报告的提交。甚至在个别情况下,移交的资料尚不完整,法官在提供的资料上

---

① 杨晨:《司法拍卖拍下的豪宅少了地下室,评估报告多处出错他要退房》,载《钱江晚报》2015年7月30日第4版。

② 罗静:《房地产估价司法鉴定实践中存在问题浅析》,载《法制博览》2013年第9期;房地产司法鉴定估价规范研究课题组:《从估价机构角度看房地产司法鉴定估价存在的问题》,载《中国房地产估价与经纪》2010年第1期。

③ 房地产司法鉴定估价规范研究课题组:《从估价机构角度看房地产司法鉴定估价存在的问题》,载《中国房地产估价与经纪》2010年第1期。

也不签字,评估机构无法分清资料的来源,无从确定资料的真实性。在这样的现实下,加上当事人的不配合,不少评估机构往往无法完整获取评估标的物的客观信息,只能在假设法院移交的资料均为真实的情况下根据资料作出相应的评估报告,其评估结果的客观性自然就无法完全保证。

(四)评估机构的评估工作缺乏监督

根据最高人民法院的有关司法解释,法院、当事人及其他利害关系人有权对评估机构的评估工作进行监督。但从实践来看,这些监督往往流于形式,缺乏实质性监督。

1. 法院的监督缺位。根据最高人民法院《规定》(2009年)和《规定》(2011年),法院对其委托的评估活动实行监督,由法院司法辅助部门负责。但是,具体如何监督,存在很大的现实问题。按照现行执行工作体制,法院司法辅助部门负责委托评估,但因其只有委托权而无案件执行的责任,司法辅助部门在办完委托评估手续、将有关资料移交评估机构后就"万事大吉",不再处理后面的具体评估事宜。如此,司法辅助部门虽有监督职责,但实质监督缺位。其结果是,评估机构在评估过程中处于无人监管、行为失范的状态,出现评估人员违反职业准则、不认真履行评估职责、甚至违法恣意评估,造成评估结果严重失实的现象,就非意外之事了。

2. 当事人及其他利害关系人的监督缺位。当事人及其他利害关系人对评估机构的监督,直接体现在对评估报告的异议权上。最高人民法院《规定》(2004年)第6条规定,"人民法院收到评估机构作出的评估报告后,应当在五日内将评估报告发送当事人及其他利害关系人。当事人或者其他利害关系人对评估报告有异议的,可以在收到评估报告后十日内以书面形式向人民法院提出"。但法院对此异议如何处理,司法解释未作进一步的规定。从地方法院的执行实践来看,不同法院对此的具体处理方式有所不同。一些法院执行机构在收到异议书后,由执行机构内专门的审查组进行审查。但目前更常见的处理方式是,法院将异议书转交给原评估机构,由原评估机构答复。而原评估机构的答复往往很简单,基本上是维持原评估结论,甚至就一句话——"原评估报告公正、合理,符合法律法规的有关规定"。当事人对此答复仍不服的,有的法院会置之不理,有的法院会重新组织摇号确定新的评估机构。但新的评估机构重新评估后,依然可能产生同样的问题。如此,所谓当事人及其他利害关系人对评估机构的监督,最终流于形式。

四、不动产评估结果严重失实的法律应对

执行程序中不动产评估结果严重失实,从评估机构的角度而言,是多个主客观因素综合作用的结果。为解决问题,必须"对症下药"。笔者认为,就我国具体国情而言,为提高评估报告的质量、减少评估结果严重失实的情形,首先,应在立法层面重新定位执行中评估价的性质,理顺评估价与市场价、保留价的关系;其次,围绕不动产评估中涉及的三方主体——评估机构、法院、当事人及其他利害关系人,构建起三方主体在评估过程中权利、义务、责任明确的法律规范体系。

(一)重新定位执行评估价的性质

执行程序中的不动产评估,与普通民商事活动中的不动产评估相比,最根本的差异在于,执行程序中的不动产评估作为强制执行的重要环节之一,必须要为强制执行"服务",换言之,必须有助于不动产强制执行目的——不动产换价——的实现。在我国,把执行程序中的不动产评估价简单等同于不动产的市场价,其直接后果就是评估价过高,影响了不动产换价的实现,其合理性当然值得怀疑。

诚然,从域外强制执行立法和实践来看,一般都认为不动产的评估价就是不动产的市场价。然而,他们所谓的不动产市场价,与我国实务中评估机构认为的不动产市场价有着不同的内涵。比如,在日本,不动产评估人(在日本称之为"鉴定士")在评估不动产价格时,不仅要考虑不动产的外观、面积、所产生收益等,而且要考虑其他影响不动产价格的情事,如权利存在状况、是否空置、是否有占有人等因素;[①]在德国,不动产评估的市场价是指在既定时点根据不动产的一般性质、特殊性质、坐落位置以及其他查明的特殊情形而确定的通常的市场价格,简言之,所有在事实上和法律上影响不动产价值的情形,都应在确定不动产市场价时加以考虑;[②]我国台湾地区通说也认为,不动产实体法及

---

① 参见日本《民事执行法》第 58 条第 2 款。
② Institut für Sachverständigenwesen, *Immobilienbewertung in der Zwangsversteigerung*, 2013, S. 8, S. 15.

执行法上的各种关系,会影响不动产价格,应在评估时予以斟酌。① 可见,日本、德国和我国台湾地区的所谓不动产市场价,是斟酌了不动产特殊状况的实际市场价。而在我国大陆,评估机构所确定的不动产市场价,是不考虑不动产特殊性质和相关权利关系的纯粹的不动产市场价。因此,即使是针对同一不动产,按照我国当前的评估做法,其评估出来的市场价也比其他国家和地区评估出来的市场价更高。

尤为特殊的是,我国执行程序中评估价的功能定位极具中国特色。根据最高人民法院《规定》(2009年)第13条的规定,"评估价即为第一次拍卖的保留价",如此,不动产评估价还承载着保留价的功能。最高人民法院《规定》(2009年)第13条之所以将评估价等同于保留价,是基于我国特殊国情的考虑。根据最高人民法院《规定》(2004年)第8条第2款的规定,"人民法院确定的保留价,第一次拍卖时,不得低于评估价或市价的80%",但从法院的拍卖实践来看,这样的规定给法院工作人员留下很多的"操作空间",法院拍卖工作中滋生的腐败问题,很多都与保留价的制定有关,因此,最高人民法院《规定》(2009年)对保留价的确定规则进行了修改,规定评估价即为第一次拍卖的保留价。将评估价严格等同于保留价,这样的规定较易操作,在一定程度上也有利于避免保留价确定过程中的随意性。但是,从理论上来讲,评估价的功能与保留价的功能存在明显的差异。一般认为,评估价通常指"专门机构或专业人员依据一定方法、程序、标准等,对拍卖标的的内在价值予以评定和估算所形成的价格",其功能是"尽可能正确说明拍卖标的的内在价值"。② 而保留价规则的法理在于利益制衡,在强制执行程序中,这种利益制衡表现为在追求债权人权利实现的同时,通过保留价规则避免利益对债权人的过分倾斜而损害债务人的合法权益,③其功能是防止债务人的财产被不当贱卖。评估价与保留价并不能等同,保留价的最终确定"不应受评估价格的约束"④。因此,其他国家和地区通常仅将评估价作为执行机构确定保留价的重要参考。

如果评估价即保留价的规则因我国特殊国情的需要而不能更改,那么,我们势必对评估价进行重新定位,以符合保留价所具有的功能。保留价作为一种维护债务人合法权益的制度,是为了预防债务人财产被不当贱卖,然而,应

---

① 张登科:《强制执行法》,台湾三民书局2012年版,第320页。
② 刘宁元:《中国拍卖法律制度研究》,北京大学出版社2008年版,第80页。
③ 刘双舟:《拍卖法原理》,中国政法大学出版社2010年版,第210页。
④ 江必新主编:《强制执行法理论与实务》,中国法制出版社2014年版,第564页。

第三章
强制拍卖过程中不动产评估的主要问题

当看到,强制执行的首要目标是实现债权人的债权,尽管维护债务人的合法权益也是强制执行中的一个重要目标,但这二者相比,前者应当居首要地位,后者占次要地位。确定保留价作为不动产强制拍卖的一个环节,理应贯彻此理念,把促进拍卖成交、实现债权人利益作为最重要的因素加以考虑。保留价对债务人合法权益的维护,应有限度。为此,保留价的确定不宜过高,以促进拍卖成交。在评估价即为保留价的规则下,作为保留价的评估价,必然要求低于市场价。

在遵守评估价即保留价规则的前提下,如何合理确定评估价呢?笔者认为,不妨采纳一些地方法院的做法,将强制拍卖中的评估价定位为强制拍卖的变现价。① 在确定变现价时,可以分三步计算:(1)将纯粹的不动产市场价还原为不动产的实际市场价。作为执行标的物的不动产市场价,不应是按假设无任何瑕疵、负担的市场价,而应是在考虑该不动产的特殊性质,考虑有关瑕疵和负担的具体情况下的市场价。如有的房屋欠交水电费、物业管理费,有的房屋有租约限制,有的房屋转让须补交土地出让金等,这些都将影响被拍卖不动产的实际市场市值。② 评估报告理应考虑这些瑕疵和负担,并根据不同瑕疵和负担对被拍卖不动产的影响而将不动产的市场价向下修正。如前所述,这也是各国不动产评估的通例。③ (2)扣除强制拍卖过程中必将产生的各种

---

① 如根据河南省高级人民法院 2014 年 4 月下发的《关于"对外委托评估拍卖相关问题"的通知》,河南省法院在执行环节对标的物的评估,要求评估机构在评估报告中提供市场价和变现价。河南省地方法院的实践表明,变现价的体现,有利于司法拍卖成交率的提高,从而及时实现当事人的合法债权。(参见刘春润:《从法院角度看房地产司法鉴定估价》,载人民法院诉讼资产网:http://www.rmfysszc.gov.cn/statichtml/rm_gzgsdetail/2014/12/12/60983.shtml。)

② 按我国当前执行实务的做法,补交水电费、物业费、土地出让金等,由买受人在支付拍卖价金以外另行负担。

③ 我国最新的《房地产估价规范》(2015 年)5.8.3 规定:"房地产司法拍卖估价,应根据最高人民法院的有关规定和人民法院的委托要求评估拍卖财产的市场价值或其他特定价值,关注拍卖财产存在的瑕疵,但不考虑拍卖财产上原有的担保物权、其他优先受偿权及查封因素,应考虑拍卖财产上原有的租赁权及用益物权,但人民法院依法将原有的租赁权及用益物权除去后进行拍卖的除外。"从该规定来看,房地产司法拍卖估价应摒弃纯粹市场价的做法,要求"关注拍卖财产上存在的瑕疵"、"考虑拍卖财产上原有的租赁权及用益物权",具有明显的进步意义。不过,该规定要求估价时斟酌的不动产特殊因素范围有限,应进一步扩大。

税费和成本。在执行实践中,强制拍卖过程中产生的各种税费和其他变现成本(如拍卖佣金)均由买受人负担,如此,假设强制拍卖以保留价成交,那么,根据市场价即评估价即保留价的规则,保留价加上买受人承担的各种税费及其他变现成本,买受人实际的买受价格也明显超过了执行标的物的实际市场价,必然使竞买人的竞买欲望大大降低,这也是目前强制拍卖首次成交率低的重要原因。因此,如果不改变目前买受人承担强制拍卖中各种税费和其他变现成本的实践做法,则评估价中必须剔除这部分费用。① (3)考虑强制拍卖的特殊竞买环境,不动产评估价在实际市场价扣除各种税费和成本的基础上,还须向下修正。因为,强制拍卖过程中不动产评估的目的是为强制拍卖提供价值参考,而强制拍卖有其特殊的竞买环境,追求的是不动产价值的快速变现,而非普通的交易市场。② 为了快速变现,保留价必须比买受人在普通交易市场上可能买到的同样财产的价格要低。否则,就不可能吸引竞买人。假设"不动产评估价(保留价)=不动产实际市场价-强制拍卖中的税费和其他变现成本",因强制拍卖各种税费和其他变现成本实际由买受人另行负担,即使强制拍卖按保留价成交,买受人实际支付的依然是不动产的实际市场价。这显然会大大压缩竞买人的竞买心理。反思保留价的功能,也应得出同样的结论。如前所述,保留价的设置只是为了防止被执行财产被"不当贱卖",并不是说保留价必须等同于标的物在普通市场上的价格,而必然应比普通市场价格更低。各国强制拍卖立法也印证了这一点。例如,在德国,不动产的最低拍卖价额

---

① 从我国税收相关法规来看,不动产强制拍卖的,被执行人和买受人各自承担相应的税费,被执行人应缴纳营业税、土地增值税、城市维护建设税、教育费附加、印花税、个人所得税等,买受人应缴纳契税和印花税。在实践中买受人承担所有税费的做法,显不合理。当然,强制拍卖程序中应否纳税、由谁承担、税费如何计算、如何征收等问题都值得深入探讨,这里受篇幅所限,不予论述。另外,值得注意的是,不少国家在确定评估价时,并不剔除强制买卖中的各种税费和变现成本,但税费和变现成本在拍卖价金中扣除,买受人无需额外负担。

② 刘荣秀:《浅析法院执行资产评估存在的问题及对策》,载豆丁网:http://www.docin.com/p-636543720.html。

第三章
强制拍卖过程中不动产评估的主要问题

（相当于我国法上的保留价）①为评估市价的 7/10 或 5/10，②并且，这两个限制仅适用于第一次拍卖，在后来的二次拍卖中并不适用；此外，有关税费成本直接从拍卖成交价中予以扣除，无需买受人额外负担。在日本，法院参照评估价格（不动产的实际市场价）制定拍卖不动产竞卖基准价格，而最终拍定人的竞价所须达到的价格（相当于我国法上的保留价），仅要求为竞卖基准价格的 80% 以上。在承认应根据强制拍卖的特殊竞卖环境向下修正不动产评估价的前提下，接下来的问题是，应按何种标准修正？笔者认为，不妨借鉴金融行业在不动产抵押贷款评估中通行的做法。在金融行业不动产抵押贷款评估中，评估机构除了评估拟抵押不动产的市场价，还会提供"变现能力分析"，考虑不动产抵押权实现时，将抵押房地产转换为现金的可能性，为不动产抵押权的变现提供可能的变现价。据笔者所在地区的做法，变现价通常为市场价的 85%。将这种打折方式运用到强制拍卖过程中的不动产评估，虽然无法完全准确地把握不动产因强制快速变现而对其市场价值的影响，但是，其操作起来非常方便。德国、日本等国家实际上也是采用了这种打折方式。考虑到我国强制拍卖首次成交率极低的窘境，可以规定折扣为 70%。③ 概言之，不动产评估价的计算公式可为："不动产评估价（保留价）＝不动产强制拍卖变现价＝（不动产实际市场价－强制拍卖中的税费和其他变现成本）×70%"。

值得注意的是，于 2017 年 1 月 1 日起施行的最高人民法院《关于人民法院网络司法拍卖若干问题的规定》{法释〔2016〕18 号，以下简称《网络司法拍卖规定》(2016 年)}第 10 条规定："网络司法拍卖应当确定保留价，拍卖保留价即为起拍价。起拍价由人民法院参照评估价确定；未作评估的，参照市价确

---

① 德国强制执行法上有单独的保留价概念，是为了保护比发动执行程序的债权人顺位更为优先的债权人的利益，它不取决于不动产的市场价，而仅是所有优先权利以及强制执行费用之和。可见，该概念与我国所称的保留价在内涵上完全不同。从功能上考虑，德国法上的最低拍卖价额才相当于我国法上的保留价。

② 根据德国法，在未达市价的 5/10 时，司法辅助官可以拒绝拍定；超过市价的 5/10 但未达 7/10 时，有关债权人可以拒绝拍定。

③ 该比例也参照了最高人民法院《关于适用〈中华人民共和国合同法〉若干问题的解释（二）》（法释〔2009〕5 号）中关于《合同法》第 74 条"明显不合理的低价"的认定规则，即"转让价格达不到交易时交易地的指导价或者市场交易价百分之七十的，一般可以视为明显不合理的低价"。评估价作为保留价，是为了防止被执行人的财产被以不合理的低价贱卖，故可参照此规则确定评估价，以实现实体法与程序法的协调一致。

定,并征询当事人意见。起拍价不得低于评估价或者市价的百分之七十。"据此规定,起拍价即为保留价,而起拍价参照评估价或市价的 70% 以上确定,可见,保留价不再"等同于"评估价,从而改变了《规定》(2009年)所确定的评估价即保留价的规则。新规则将保留价与评估价(市场价)区别开来,评估价不再承载保留价的功能,并将保留价向市场价以下修正,客观上将改变当前保留价过高、不利于拍卖财产价值变现的现状。若此,不动产的评估价应当还原为不动产的实际市场价。那么,所谓的起拍价即为不动产强制拍卖变现价。考虑到当前强制拍卖各种税费和其他变现成本实际由买受人另行负担的不合理现状,法院在根据《网络司法拍卖规定》(2016年)确定起拍价时,也应考虑扣除税费成本,亦即将起拍价的计算公式调整为:"不动产起拍价=不动产强制拍卖变现价=(不动产评估价-强制拍卖中的相关税费和其他变现成本)×70%以上。"

不过,应当看到,上述将保留价等同于起拍价的新规则适用于"网络司法拍卖",该规则能否完全改变《规定》(2009年)确定的保留价规则,即是否也适用于除网络司法拍卖以外的现场司法拍卖,仍有疑问。并且,新规则具体如何操作、客观上能否提高不动产首次拍卖成交率,也尚待新规则未来实施后的实际效果来检验。

(二)改革评估机构收费模式

以评估价为计算基准的评估费收费模式,使评估机构为了自身的利益而人为抬高评估价,大大增加了拍卖难度和拍卖成本。为此,改革评估机构收费模式,是解决不动产评估结果过高的必然要求。

有观点认为,评估费的收取应与拍卖的效果挂钩,实行弹性评估收费制度,即评估收费按行业收费标准预收,如该标的降价1次成交,评估费就按8折决算;降价2次成交,评估费按6.4折决算;降价超过3次仍无法成交的,评估费按2.5折决算;若法院决定重新评估的,原评估机构只能收取工本费,不能收取评估费。[①] 一些地方法院甚至直接将评估费的收取与拍卖成交价联系起来。例如,重庆市高级人民法院制定的《关于进一步规范民事执行中评估、拍卖工作的规定(试行)》(2013年)就采取了这种方式。根据该规定,申请执

---

① 刘荣秀:《浅析法院执行资产评估存在的问题及对策》,载豆丁网:http://www.docin.com/p-636543720.html。

行人预交部分评估费,剩余评估费在资产处置价款中优先扣付;资产实现价值低于评估价的,按实现价值结算;高于评估价的,按评估价结算;以物抵债的,按抵偿价结算;资产处置不成功的,评估机构已经收取的评估费不退还。① 浙江省金华市中级人民法院从 2014 年 7 月起在全市推行按拍卖成交价为基准确定评估费的制度,案件流拍的,以各类评估案件的最低收费标准为合理费用标准,外省案件适当增加评估机构难度系数。② 可见,无论是重庆模式,还是金华模式,对评估费的收取,均与拍卖成交价直接挂钩,只不过重庆模式采取的是按评估价与成交价"就低不就高"的基准确定评估费,金华模式则完全依成交价基准确定评估费。实务调查表明,将评估费的收取与拍卖效果甚至成交价挂钩,代表了大多数实务部门工作者的观点。

将评估费的收取与拍卖效果挂钩、与拍卖成交价挂钩,在一定程度上可降低评估机构过分抬高评估价的主观倾向,但是,其合理性却值得商榷。强制拍卖最终能否成交、成交价是高是低,虽然与拍卖标的物的评估价(即保留价)有关,但是,影响拍卖成交率、成交价高低的因素是多方面的,如拍卖时的市场状况、短期强制处分、购买群体的心理排斥等,以能否成交、成交价高低作为衡量评估价合理与否的基础,进而作为评估收费的依据,"毫无科学性可言"③。再者,将评估费的收取与拍卖效果、拍卖成交价挂钩,无论是采用打折方式计算评估费,还是直接以成交价为计费基准,虽然降低了部分评估费,但是均没有从根本上解决当前评估费过高、当事人负担较大的问题。从执行实务来看,评

---

① 陈小康、周禅:《重庆改革司法拍卖评估收费模式》,载《人民法院报》2013 年 12 月 4 日第 4 版。

② 林常丰:《金华法院实行以拍卖成交价收取评估费用制度提升拍卖效能显成效》,载金华市中级人民法院:http://www.jhcourt.cn/Page/NewsShow.aspx?id=12611。

③ 刘宁元:《中国拍卖法律制度研究》,北京大学出版社 2008 年版,第 79 页。

估机构在执行程序中几乎不承担责任,收取高额的评估费也不合理。①

评估机构应当仅收取相关的成本费用。因为,在强制执行程序中,虽然法院通过司法评估委托书的方式与评估机构建立委托评估关系,但是,这种委托产生的不是一般的民事合同关系,而是公法上的关系。据此委托,评估机构从事评估工作,属于依法协助法院执行的公法行为。由此,评估费的收取应当体现司法的公益性特点,仅收取相关的成本费用,不得以营利为目的。另外,从权利、义务、责任的一致性考虑,评估机构在执行程序中承担较少的责任,收取高额的评估费也不具合理性。事实上,德国、日本等国均是据此原则确定评估机构的评估费。在德国,执行程序中从事不动产评估工作的鉴定人是按实际工作量收取鉴定费,即每小时收费 75 欧元,此外,还可获得必要的交通费等费用补偿。② 在日本,执行程序中评估人的评估费则是按件收取少额费用,如东京地方法院的做法就是无论评估的不动产价格多少一律一件付给评估人 18 万日元酬金。③ 考虑到评估实际工作量计算的操作性难度,考虑到标的物本身的差异通常不影响评估实际工作量的现实状况,我国宜借鉴日本的做法,原则上按件计算评估费,异地评估的,适当补偿评估人员的交通费等费用。

(三)强化评估机构的勤勉义务,明确评估机构的责任

1. 评估机构必须全面了解评估标的物的客观状况。评估机构要作出客观、真实的评估结论,必须尽心尽职地履行勤勉义务,全面了解评估标的物的

---

① 附带一提的是,为了减轻当事人的评估费负担,个别地方法院另辟蹊径,采取了部分案件不评估的做法。如浙江省宁波市北仑法院于 2015 年出台了《司法评估工作暂行办法》,规定法院在 1 年内曾经评估的同一地段的拟拍卖房地产,可参照原评估报告确定变现价;同地段同类型房地产的系列案件,原则上仅评估其中一套,评估价格可作为其他房产的参照;北仑辖区内的,经政府管理部门核实并提供同地段同类型房地产近一年内的市场交易价的,可参照市场比较法确定变现价等(参见《北仑法院改进司法评估机制》,载北仑新闻网:http://blnews.cnnb.com.cn/system/2015/04/27/011185819.shtml.)。这种部分案件不评估的做法,确实为一些执行案件的当事人节省了评估费,但应当看到,这种做法的缺陷也很明显,因为:同一地段房地产的价格并不具有普适性,在特定不动产评估价的确定过程中,虽需参考同一地段房地产的价格,但除此之外,还需考虑不动产自身的特殊性质等其他因素,以同一地段房地产的价格代替拟拍卖房地产的评估价,并不合理。

② Institut für Sachverständigenwesen, *Immobilienbewertung in der Zwangsversteigerung*, 2013, S. 35.

③ 白绿铉:《日本民事执行机关及不动产拍卖程序》,载《强制执行指导与参考》2004 年第 1 集,第 227 页。

客观状况。为此,评估人员必须做到两点:(1)现场勘查。评估人员必须进行现场勘查,仔细查看一切可能影响评估标的物实际市场价值的状况,认真填写现场勘查表、进行现场拍照,并要求相关人员签字认可。现场勘查应是评估人员必须履行的一项义务。事实上,无论是1999年《房地产估价规范》(现已废止)还是最新的《房地产估价规范》(2015年),其估价程序中均明确规定评估人员必须进行现场勘查;①《城镇土地估价规程》(2014年)也规定评估人员有实地确认估价对象的义务。②虽然《民事诉讼法》和有关司法解释并未明确将现场勘查作为执行程序中评估人员的一项义务,但是,《房地产估价规范》和《城镇土地估价规程》作为评估行业指导文件,理应适用于执行评估程序之中。若评估人员在不动产评估过程中未经现场勘查即作出评估结论,应属严重的评估程序违法,当事人及其他利害关系人有权要求重新评估。(2)核实权属资料。法院在委托评估时,将一并移交有关不动产的权属资料。从实践来看,法院移送的权属资料可能出现两种情形:一是不完整,二是与现状有出入。资料不完整的,评估机构有权要求法院补充。对法院移交的资料,评估机构必须到有关部门核实。评估机构发现有关权属资料与标的物现状不符的,有权要求法院配合调查取证,切实保障据以评估的权属资料真实可靠。实践中评估机构仅在假设移送的权属资料属实的情况下作出相应评估的做法,必须摒弃。③

2. 评估报告必须说明理由。评估报告应当对评估的依据、原则、方法、参照实例以及评估过程等作出详细的说明,使评估结论有理有据。在实践中,有的评估报告仅有评估结论,没有说明理由,有的评估报告形式上有说明理由,但这些理由往往是相关评估报告的"套话",未针对具体的评估对象展开论述。这些做法都严重影响了评估报告的透明度,增加了当事人及其他利害关系人对评估结论的不信任。评估报告必须说明理由,应当成为评估机构的一项义务,从而反过来督促评估机构认真履行勤勉义务,如实评估。如德国法就要

---

① 参见《房地产估价规范》(2015年)3.0.7。
② 参见《城镇土地估价规程》(2014年)2.2.4。
③ 鉴于现场勘查和核实权属资料对执行评估的重要意义,已有地方法院明确要求评估机构要加强现场勘查和资料核实工作,如湖北省黄冈市中级人民法院《关于加强司法评估拍卖工作监督的通知》(黄中法〔2014〕121号)明确要求,"评估机构要加强对标的物的审查、核实。1.评估机构必须到标的物现场进行调查、核实。2.评估机构必须到相关产权管理部门(如房产管理部门、土地管理部门、车辆管理部门等)核实产权资料,并以核实的资料(须相关部门盖章)作为评估依据。不能仅以法院提供的资料评估"。

求,评估结论必须说明理由,即使结论正确,但未说明理由的,也被认为是有缺陷的。①

3. 评估机构违法错误评估应承担责任。最高人民法院《规定》(2011年)涉及了评估机构的责任问题。该规定第8条明确指出,出现评估结果明显失实、随机选定后无正当理由不能完成评估工作等情形,影响评估结果,侵害当事人合法利益的,"人民法院将不再委托其从事委托评估……工作。涉及违反法律法规的,依据有关规定处理"。依此规定,评估机构违法错误评估的直接后果,就是被法院取消委托评估资格,不再从事以后的委托评估工作。这种责任非常小,甚至可以忽略不计。因为,从执行实务来看,即使出现这样的情形,法院适用该规定处罚评估机构的情形也极为罕见。评估机构只收费不承担责任的评估机制易滋生违法评估现象,最终影响评估报告的质量。为了提高评估报告的质量,促进评估机构如实评估,立法应当建立评估机构的责任承担机制。一方面,落实最高人民法院《规定》(2011年)第8条的规定,对评估机构违法错误评估的,法院应当取消其委托评估资格。另一方面,若评估机构违法错误评估给当事人或其他利害关系人造成实际损害的,评估机构还应当承担损害赔偿责任。德国《民法典》第839a条就明确规定,鉴定人违法作出错误鉴定的,得承担损害赔偿责任。不过,基于鉴定人权责的统一性,鉴定人的责任有所限制,鉴定人仅在故意或者重大过失时才承担责任,并且,如果受害人未利用法律救济来避免损害,受害人对此有过错的,该赔偿责任消失。② 我国应当借鉴德国法的这些规则,确定评估机构因故意或者重大过失错误评估对当事人及其他利害关系人的赔偿责任。③

---

① Institut für Sachverständigenwesen,*Immobilienbewertung in der Zwangsversteigerung*,2013,S. 23.

② [德]罗森贝克等:《德国民事诉讼法》,李大雪译,中国法制出版社2007年版,第919页。

③ 实务中有观点认为,评估机构仅是法院执行行为的辅助人,评估机构违法错误评估造成当事人或其他利害关系人损害的,其后果应由法院承担,损失通过国家赔偿解决,国家赔偿后,法院方可向评估机构追偿。该观点在承认委托评估行为为公法行为的前提下,基于公法关系确定当事人或其他利害关系人的损失先通过国家赔偿解决,理论上无疑是正确的。但是,先国家赔偿后追偿的方式,徒增程序的繁琐,没有必要。实际上,我国现行司法解释已有明确的规定,协助执行人违反协助义务给当事人造成损失的,应当承担赔偿责任(如最高人民法院《关于人民法院执行工作若干问题的规定(试行)》第37条、第58条规定)。

(四) 强化当事人、法院的配合义务

实践表明,当事人、法院不积极履行配合评估的义务,将直接影响评估机构收集评估数据的全面性和客观性,进而导致评估结果严重失实的不良后果。因此,提高评估报告的质量,减少评估结果严重失实的情形,必须强化当事人和法院的配合义务。

1. 强化当事人的配合义务。首先,当事人必须如实向法院提交与评估相关的所有资料,并签字或盖章确认资料的完整性和真实性。其次,当事人必须积极配合评估机构进行现场勘查,如实回答评估人员提出的与评估相关的问题,并在现场勘查笔录上签字。如果当事人及其他利害关系人不积极履行配合义务甚至拒绝配合,法院应当采取相应的强制措施。

2. 强化法院的配合义务。首先,在委托评估前,执行法院应当向当事人收集有关资料,对拟拍卖不动产的权属状况、占有使用情况等进行实地调查,并制作现状调查笔录。在委托评估时,应当将所有与评估相关的资料包括现状调查笔录完整地移交给评估机构,以便评估机构遵循。其次,在委托评估时,法院应当将评估的范围、评估过程中应当注意的事项向评估机构详细说明。若评估机构对有关事项理解不清的,法院有义务进一步阐明。再次,在评估人员现场勘查时,法院应当陪同勘查,协助评估人员及时了解评估标的物的实际状况。在当事人不履行勘查配合义务时,法院应当积极采取相应的措施,以保证现场勘查的顺利进行。① 此外,如果评估机构发现评估标的物实际状况与有关权属资料不一致,需要进一步调查核实的,法院应当积极配合评估机构到有关部门进行查询。

(五) 加强对评估机构的监督

加强对评估机构的外部监督,无疑是促进评估机构认真履行勤勉义务、提高评估报告质量的重要方式。我国现行法虽确立了法院和当事人及其他利害关系人对评估机构的监督权,但这两种监督事实上呈缺位状态,需加以完善。另外,还应建立对评估机构的社会监督机制。

---

① 2015年最高人民法院《关于适用〈中华人民共和国民事诉讼法〉的解释》第489条新增了评估程序中法院强制检查、勘验的规定:"拍卖评估需要对现场进行检查、勘验的,人民法院应当责令被执行人、协助义务人予以配合。被执行人、协助义务人不予配合的,人民法院可以强制进行。"

1. 落实法院的监督职责。根据最高人民法院的司法解释，法院对评估机构有监督之职，但执行实务中却无监督之实。因此，必须落实法院对评估机构的监督职责。按照最高人民法院《规定》（2009年）和《规定》（2011年）的规定，对评估机构实施监督的主体是负责委托评估的司法辅助部门。然而，负责委托评估的司法辅助部门不了解执行案件的情况，仅靠司法辅助部门难以履行监督职责。而负责案件执行的执行机构最了解案件的情况，也直接对执行案件本身负责，鉴于此，应当在明确法院内部分工的基础之上，加强执行机构与司法辅助部门之间的沟通和协调。负责案件执行的执行机构应当将涉及评估的所有情况告知司法辅助部门，以便司法辅助部门履行评估监督职责；确定评估机构有违法错误评估行为的，及时告知司法辅助部门，以便司法辅助部门作出相应的处理。只有负责委托评估的司法辅助部门与负责案件执行的执行机构之间相互协作和配合，才能实现对评估机构的有效监督。

2. 完善当事人及其他利害关系人评估异议制度。除了对评估机构的资质、评估程序的合法性提出异议以外，当事人及其他利害关系人能否对评估结果提出异议，实务中有不同的看法。持否定说者认为，评估标的物的实际价值由市场决定，评估价过高可以通过降价拍卖得以修正，评估价过低可以通过竞买人的充分竞价而得以解决，因而当事人及其他利害关系人不得对评估结果提出异议。① 持肯定说者认为，评估结果直接关系到当事人及其他利害关系人的合法权益，应当允许当事人及其他利害关系人对此提出异议。台湾地区

---

① 此外，还有持否定说者认为，评估行为本身是司法技术辅助部门的行为，不属于执行行为，民事执行工作与司法技术辅助工作已经相互独立和分离，二者不可混同，若将评估行为纳入执行异议，会造成被执行人恶意异议拖延执行、侵蚀民事执行的效率价值（参见刘卓江：《执行程序性救济的滥用及其对策——论对执行异议范围的限制》，载《法治论坛》2010年第2辑，中国法制出版社2010年版，第224～235页）。司法实务中，也有持类似见解的案例。例如，在吉林省通化市中级人民法院执行裁定书〔2016〕吉05执复10号中，法院即认为，"评估报告是由评估机构作出的专业技术报告，不属于法院的执行行为；当事人或利害关系人对评估报告有异议，可以向执行法院提出，但应由评估机构进行答复或复核。"（详见"申请执行人陈仁权与被执行人通化市东昌区人民政府老站街道办事处房屋租赁纠纷案"，载北大法宝：http://www.pkulaw.cn/case/pfnl_1970324852981918.html）该见解的不合理性显然，因为：基于权力分工制约的原理，评估工作由司法技术辅助部门（而非具体执行部门）委托评估机构进行，但并不能据此否认评估仍为强制执行中一个重要环节的客观事实。因此，评估理所当然属于执行行为。以评估非执行行为而否定评估异议的必要性，即无说服力。

执行实务采否定说。① 德国《强制拍卖与强制管理法》则采肯定说,允许包括债权人、债务人在内的利害关系人对评估报告提起即时抗告。② 我国最高人民法院《规定》(2004年)第6条赋予了当事人及其利害关系人对评估报告提出异议的权利。不过,在"云南贡山华龙电力开发有限公司申请复议案"中,最高人民法院似乎采纳了否定说。在该案中,就被执行人提出的关于评估价值过低的异议,最高人民法院认为,评估报告中标的物的价值仅是人民法院在委托拍卖中可参照的保留价,其实际价值应由市场决定,故认定该异议理由不成立。③《强制执行法草案(第六稿)》采纳了肯定说,允许债权人、债务人对评估结果提出异议。④ 笔者认为,不允许当事人及其他利害关系人对评估结果提出异议,不符合我国的现实国情。根据我国现行规则,评估价即保留价,评估价的高低直接影响当事人及其他利害关系人的切身利益,评估价过高,易造成流拍或者多次降价方能成交,影响债权人债权的实现,评估价过低,易导致标的物被贱价出卖,损害债务人的利益。持否定说者的理由,在我国评估价即保留价的规则下,缺乏说服力。因为,评估价过高,虽然可能通过多次降价拍卖成交,但是,将严重影响执行效率,进而损害债权人的利益,甚至在多次降价后仍可能流拍,直接阻碍债权人的债权实现,这有违执行程序快速实现债权人债权的首要目标;评估价过低,虽然可能通过竞买人的充分竞得以弥补,但是,应当看到,这是假设的拍卖制度理想运行的状态,现实中存在诸多制约因素,决定了这种理想运行状态难以存在,正是如此,评估程序、保留价等配套制度才有了设置的正当性,以防止债务人的财产拍卖价格过低,⑤简言之,若认为评估价过低可由市场矫正,就等于否定评估程序和保留价制度的正当性。

在明确当事人及其他利害关系人对评估结果享有异议权的前提下,其后续处理程序如何进行,也是必须考虑的问题。最高人民法院《规定》(2004年)对此没有进一步的具体规定。目前,执行实务中最常见的处理方式是法院将此异议书交由原评估机构答复。对此处理方式的合理性,法院最典型的解释是,评估工作的专业性特点决定了当事人及其他利害关系人对评估报告提出

---

① 参见台湾"最高法院"1933年抗字第938号裁定。
② 参见德国《强制拍卖与强制管理法》第74a条。
③ 详见最高人民法院执行裁定书〔2011〕执复字第15号。
④ 参见《强制执行法草案(第六稿)》第126条。
⑤ 沈德咏主编:《最高人民法院民事诉讼法司法解释理解与运用》,人民法院出版社2015年版,第1307页。

异议后,只能由评估机构来处理,执行部门不具备相应的能力来审查。然而,原评估机构的答复往往是简单地维持评估结论。这样简单的处理方式,无异于变相否定当事人及其他利害关系人对评估结果的异议权。当事人及其他利害关系人就评估结果提出的异议,与当事人及其他利害关系人就评估机构资质、评估程序合法性的异议一样,都属于执行异议的范畴,理应由执行法院审查处理,而非由评估机构处理。接下来的问题是:执行法院如何审查处理该异议?实践中的一种常见处理方式,就是直接重新委托评估,其理由依然是法院不具备相应的审查能力。《强制执行法草案(第六稿)》也认同此种做法。[1] 直接重新评估这种方式简单明了、易于操作,但也会带来其他问题,如在评估阶段花费太多的人力、物力、财力,不仅增加当事人的负担,而且影响执行的效率,此外,重新评估依然无法完全避免评估结果不合理情形的出现。鉴于此,最高人民法院在《规定》(2004 年)中,就重新评估问题没有采取完全放开的做法。[2] 对当事人及其他利害关系人就评估结果提出的异议,法院不宜直接交由新的评估机构重新评估,而应进行审查。由于评估工作的专业性,决定了法院自身确实很难对评估报告作出实质性的审查。正如德国法学界所承认的,虽然由司法辅助官审核评估结果,但是其审查非常有限,无法仔细审查评估中的专业问题。[3] 为了有效审查评估结果异议,应当考虑成立司法评估审查委员会,由各专业领域的资深评估人员组成,辅助法院对评估报告予以审查。[4] 经审查,当事人及其他利害关系人异议不成立的,裁定驳回其异议;异议成立的,根据原评估报告的具体情况,责令评估机构限期补正评估报告,确需重新评估的,裁定原评估报告无效重新委托评估。

3. 建立评估报告公开制度。建立评估报告公开制度,将评估报告展示在"阳光下",是有力提升评估报告质量、减少评估机构违法错误评估现象的重要手段。不少国家对此作出了专门的规定。如据韩国《民事执行规则》(2002 年)第 55 条规定,评估报告的复印件,应在每次卖却期日的一周前,备置于法

---

[1] 参见《强制执行法草案(第六稿)》第 126 条。
[2] 参见"最高人民法院就《关于人民法院民事执行中拍卖、变卖财产的规定》答记者问",载中国法院网:http://old.chinacourt.org/public/detail.php?id=140283。
[3] Institut für Sachverständigenwesen, *Immobilienbewertung in der Zwangsversteigerung*, 2013, S. 94.
[4] 刘荣秀:《浅析法院执行资产评估存在的问题及对策》,载豆丁网:http://www.docin.com/p-636543720.html。

院;法院认为适当时,还可以在电子通讯媒体上公示该评估报告。德国《强制拍卖与强制管理法》第 42 条第 2 款也明确规定,不动产评估报告通过电子或其他方式公开,任何人均可查看。日本最高裁判所《民事执行规则》第 31 条也要求,裁判所书记官应当将评估书置于执行裁判所,并可以供一般民众在网络上阅览。在我国,现行司法解释仅要求评估结果(即评估价)须在有关的信息平台上公示,而非完整的评估报告。如此公示,无法充分发挥社会公众对评估报告的监督作用。因此,建议立法明确规定评估报告完整公开制度,以加强对评估工作的社会监督。

结　语

不动产评估是不动产强制拍卖程序中的重要环节,对强制拍卖的效果影响甚巨,牵涉债权人和债务人的实体权益。在我国,当前不动产评估的主要问题是评估结果严重失实。从根源上分析,不动产评估自身极为复杂,易受各种主客观因素的影响和制约,评估结果失实,也有多方面的原因。从法律层面分析,最主要的原因,是现行立法缺乏对不动产评估过程中参与主体的权利义务关系的梳理,没有构建起各方主体在评估过程中权利、义务、责任明确的法律规范体系。只有理顺各方主体在评估过程中的权利义务关系,分清各自应当承担的法律责任,才能从根源上解决当前评估实务中的难题。诚然,影响不动产评估的因素很多,仅仅从法律层面强化对不动产评估所涉各方主体的法律规范,并不能解决不动产评估中的一切问题。但无论如何,建构不动产评估各方主体的权利义务和责任体系,是系统地完善不动产评估制度必不可少的关键环节。

第四章　强制拍卖中的优先购买权

[引例]王某以抵押按揭贷款的方式购得一套房屋,并将该房屋出租给刘某使用,因王某未能及时偿还银行贷款,银行诉请法院拍卖该房屋。拍卖前10日,法院通知刘某办理竞拍手续参加竞买。刘某未予理会,后该房屋被赵某以320万元价格竞得。在拍卖程序结束后,刘某以其优先购买权受到侵害为由诉至法院,请求法院确认拍卖无效,要求按同等的320万元价格购买该房屋。

此案例涉及的关键问题,即强制拍卖中的优先购买权问题。在执行实务中,法院经常遇到案外第三人以承租人、共有人等名义,主张优先购买权,并以此为由要求确认强制拍卖无效的情形。然而,强制拍卖程序中究竟能否行使优先购买权?若允许行使优先购买权,行使优先购买权有无限制?优先购买权人应通过什么样的方式来行使优先购买权?若法院拍卖中侵害了权利人的优先购买权,权利人又有何救济?对于这些问题,不同执行法院、执行法官的理解不尽一致、做法不尽统一,理论界也存在分歧。鉴于此,这里对强制拍卖中的优先购买权问题展开分析,力求找出较为妥善的答案。

一、关于强制拍卖中应否保护优先购买权的争执

所谓优先购买权,是指特定的民事主体依照法律规定或约定,享有的优于他人购买特定标的物的权利。根据我国现行民事实体法的规定,对于共有财产、承租财产、公司股权、合伙财产份额等财产或财产性权利,共有人、承租人、有限责任公司股东、合伙人等权利人享有优先购买权。在自主交易的过程中,民事实体法承认相关权利人的优先购买权,意在解决社会资源利用与维护稳定利益之间的矛盾。法院强制拍卖作为依国家公权力执行债务人财产从而实

现债权人债权的制度,有别于普通的自主交易,在强制拍卖的过程中,是否仍有优先购买权的适用,我国理论界和实务界存在争议。

(一)理论上的分歧

就强制拍卖过程中是否仍存在优先购买权的问题,有否定说和肯定说两种截然相对立的观点。

持否定说者认为,民法上的优先购买权仅仅适用于市场经济中当事人双方自主交易的场合,不适用于强制拍卖程序。否定说的主要理由,概括起来,大致有五:(1)拍卖过程中奉行"价高者得"原则,"价高者得"是拍卖不可放弃的根据规则,只要采用拍卖方式处分财产,就不应存在优先购买权。[①](2)在强制拍卖中若允许行使优先购买权,"应买之人势必锐减,买价难免偏低,一方面不利于债权人及拍卖物之所有人,他方面亦不免造成偏惠优先承买人之结果"[②]。(3)对出价最高的竞买人不公平。"拍定人经过一系列烦琐之拍卖程序,力压众多其他应买者而一锤敲定,此中过程实属不易,如果此时赋予买受人以优先购买权,对拍定人显然不公,更是对社会资源的极大浪费。"[③](4)若允许强制拍卖中行使优先购买权,会促使债务人与第三人串通炮制"优先购买权",干扰执行工作,损害强制拍卖的公信力。[④](5)禁止强制拍卖过程中行使优先购买权,也不会过分损害优先购买权人的利益,若优先购买权人欲取得标的物,完全可以参加竞买,与他人一同竞争,并未丧失购买机会。[⑤]因此,在民事强制执行程序中,法院在强制拍卖被执行财产时,无需考虑优先购买权人的利益。[⑥]

持肯定说者则认为,在强制拍卖程序中,也应对优先购买权予以保护。其主要依据有:(1)优先购买权作为民事当事人享有的一种法定权利,无论在当

---

① 谭元满、彭长虹:《论优先购买权与拍卖规则的冲突》,载《中国律师》2006年第5期。

② 王泽鉴:《优先购买权之法律性质》,载《民法学说与判解研究(第一册)》,中国政法大学出版社1998年版,第511页。

③ 施琦:《房屋承租人优先购买权之若干法律问题》,2011年华东政法大学硕士学位论文,第27页。

④ 陈小明:《强制拍卖中承租人的优先购买权》,载《人民司法》2007年第15期。

⑤ 郭名宏:《对优先购买权的立法建议》,载《法制与社会》2008年第8期。

⑥ 王利明:《中国物权法草案建议稿及说明》,中国法制出版社2001年版,第53页。

事人的自主交易活动中还是在法院的强制拍卖程序中,都应当予以保护,不能随意剥夺。否则,优先购买权人的利益将受损。(2)强制拍卖的本质是一种特殊的买卖形式,既然是买卖,自然不影响对于拍卖物依法优先购买权人的权利。① (3)在强制拍卖中对优先购买权加以保护,也不会损害竞买人的利益。因为,执行法院可以通过拍卖前公开拍卖标的物瑕疵的办法,将标的物上存在优先购买权等事项事先告知竞买人,以便竞买人自我判断,最终作出是否参加竞买的决定;如无利益可得,竞买人自然不会参加竞买,也不会造成执行成本的浪费。② (4)因优先购买权的行使以同等条件为前提,在拍卖程序中保护优先购买权人的权利,并不会偏袒优先购买权人,也不会引发应买人积极性下降、价金减少的问题。(5)为防止串通炮制"优先购买权"也不足以成为反对保护优先购买权的理由,即使债务人与第三人串通炮制了"优先购买权",只要第三人能拿出足够的价款,让其取得所有权也是可行的,这对债权人债权的实现并无影响。③

(二)域外的立法例

关于优先购买权能否适用于强制拍卖程序的问题,不同国家及地区存在截然不同的两种立法例:

一种立法例是明确规定在强制拍卖程序中不能适用优先购买权。此种立法例以德国为代表。德国《民法典》第512条规定:"对于以强制执行方式或者破产管理人所为之出卖,不得行使优先购买权。"不过,虽然德国民法禁止在强制拍卖程序中行使优先购买权,但是规定应当通知优先购买权人参加竞买。

另一种立法例则是允许在强制拍卖程序中行使优先购买权。这种立法例以法国和瑞士为代表。法国《民法典》第815.15条规定:"如共有人之一在全部共有财产中或其中一项或数项财产中的权利全部或一部有必要进行拍卖,律师或公证人应当在预定的拍卖日前将此通知其他共有人,每一个共有人均可在拍卖竞标起一个月期限内通过向法院书记室提出声明,或者向公证人提出声明,取代在拍卖中取得这些财产的人的地位。"瑞士《破产与强制执行法》

---

① 杨与龄编著:《强制执行法论》,中国政法大学出版社2002年版,第407页;赖来焜:《强制执行法各论》,台湾元照出版公司2008年版,第319页。
② 陈小明:《强制拍卖中承租人的优先购买权》,载《人民司法》2007年第15期。
③ 高进勇:《浅析民事执行拍卖中优先购买权之保护》,载《法制与社会》2009年第2期。

也明确允许在法院拍卖中行使优先购买权。

我国台湾地区也明确承认强制拍卖程序中有优先购买权的行使。台湾地区"土地法"第104条规定:"房屋出卖时基地所有权人有依同样条件优先购买之权。……执行法院应于拍定后通知基地所有权人,基地所有权人接到通知后十日内可主张优先购买权……"台湾地区"最高法院"1960年台抗字第83号判决认为:"强制执行法上之拍卖,应解释为买卖之一种,……应将买卖条件以书面通知优先购买权之承租人,使其表示意愿等等。"

(三)我国的立法选择

在我国现行立法体系中,关于强制拍卖中能否行使优先购买权的规定,见于《公司法》《合伙企业法》和最高人民法院的司法解释之中。

《公司法》明确规定在强制执行有限责任公司股权时其他股东有有限购权。该法第72条规定:"人民法院依照法律规定的强制执行程序转让股东的股权时,应当通知公司及全体股东,其他股东在同等条件下有优先购买权。其他股东自人民法院通知之日起满20日不行使优先购买权的,视为放弃优先购买权。"《合伙企业法》第42条第2款和第74条第2款明确规定,人民法院在强制执行合伙人的财产份额时,应当通知其他全体合伙人,其他合伙人有优先购买权。

最高人民法院《关于人民法院民事执行中拍卖、变卖财产的规定》(2004年)明确承认所有优先购买权人在强制拍卖过程中享有优先购买权。该司法解释第14条规定:"人民法院应当在拍卖5日前以书面或者其他能够确认收悉的适当方式,通知当事人和已知的担保物权人、优先购买权人或者其他优先权人于拍卖日到场。优先购买权人经通知未到场的,视为放弃优先购买权。"第16条规定:"拍卖过程中,有最高应价时,优先购买权人可以表示以该最高价买受,如无更高应价,则拍归优先购买权人;如有更高应价,而优先购买权人不作表示的,则拍归该应价最高的竞买人。顺序相同的多个优先购买权人同时表示买受的,以抽签方式决定买受人。"最高人民法院《关于人民法院网络司法拍卖若干问题的规定》(2016年)再次承认优先购买权人在网络司法拍卖中可行使优先购买权,只不过在具体适用规则上略有差异。①

然而,事实上,就强制拍卖中应否允许优先购买权的适用,最高人民法院也曾存在犹疑。例如,最高人民法院《关于审理买卖合同案件若干问题的解释(征求意见稿第二稿)》就曾明确否定执行程序中对优先购买权的保护,其第52条规定:"在依据强制执行程序(拍卖程序)或者破产程序出卖标的物时,优先购买权人主张优先购买权的,人民法院不予支持。"不过,2012年3月31日通过该司法解释时,最终删除了该规定。总之,从现行的司法解释来看,我国承认和保护强制拍卖程序中优先购买权的行使。

此外,根据建设部《城市房地产抵押管理办法》第41条和第42条的规定,抵押权人通过拍卖方式处分抵押房地产时,抵押房地产为共有或者出租的,应当书面通知共有人或承租人;在同等条件下,共有人或承租人依法享有优先购买权。可见,建设部的该行政规章也允许在拍卖过程中行使优先购买权。

(四)强制拍卖中行使优先购买权的合理性

笔者认为,在强制拍卖的过程中,应当允许优先购买权的行使。不过,这并不意味着上述持肯定说者所依据的理由都是充分的、合理的。

首先,将强制拍卖视为一种特殊的买卖形式,并以此为据,论证强制拍卖中也应当保护优先购买权,是站不住脚的。这种观点实质上将强制拍卖等同于私法上的买卖。虽然强制拍卖与私法上的买卖具有一定的相似性,但是,在强制拍卖的情况下,即使债务人是拍卖标的物的所有权人,此时,其所有权已受到极大的限制,最能体现所有权价值的处分权能已被限制甚至剥夺,法院基于法律的授权取代债务人地位而处分其财产,这决定了强制拍卖与债务人的

---

① 该司法解释第16条:"网络司法拍卖的事项应当在拍卖公告发布三日前以书面或者其他能够确认收悉的合理方式,通知当事人、已知优先购买权人。权利人书面明确放弃权利的,可以不通知。无法通知的,应当在网络司法拍卖平台公示并说明无法通知的理由,公示满五日视为已经通知。优先购买权人经通知未参与竞买的,视为放弃优先购买权。"第19条:"优先购买权人经人民法院确认后,取得优先竞买资格以及优先竞买代码、参拍密码,并以优先竞买代码参与竞买;未经确认的,不得以优先购买权人身份参与竞买。顺序不同的优先购买权人申请参与竞买的,人民法院应当确认其顺序,赋予不同顺序的优先竞买代码。"第21条:"优先购买权人参与竞买的,可以与其他竞买人以相同的价格出价,没有更高出价的,拍卖财产由优先购买权人竞得。顺序不同的优先购买权人以相同价格出价的,拍卖财产由顺序在先的优先购买权人竞得。顺序相同的优先购买权人以相同价格出价的,拍卖财产由出价在先的优先购买权人竞得。"

自主出卖有着根本的区别。法院所为的强制拍卖行为，作为一种独立的公法行为，其效果异于私法上的买卖，这已成共识。因此，仍以强制拍卖为一种特殊的买卖为理由，论证强制拍卖中可行使优先购买权，并没有说服力。

其次，必须承认，从形式上看，"价高者得"的拍卖规则确实与"同等条件下"的优先购买权规则相冲突。因为，按照"价高者得"的拍卖规则，出价最高的竞买人应有权获得拍卖标的物的所有权，而按照优先购买权规则，此时，优先购买权人也有权获得拍卖标的物的所有权。若拍卖中允许行使优先购买权，竞买人的最高报价不一定使拍卖成交，而优先购买权人是否愿意以同等条件购买才是拍卖能否成交的决定性因素。若允许拍卖中行使优先购买权，竞买人出价最高而不能得，将使竞买人的目的落空，而且拍卖的公信力在一定程度上也失去保障。[①] 另外，应当看到，民法之所以设立同等条件下的优先购买权，是因为优先购买权自身承载着稳定既成的社会经济关系、避免社会关系过度变动的法律价值，值得保护。如果不允许在强制拍卖过程中行使优先购买权，那么，虽然优先购买权人可以直接参与竞买，以最高价竞得拍卖标的物，但是，这实质上将使优先购买权形同虚设，因为，本来优先购买权人可以通过行使优先购买权以与竞买人同等的价格取得拍卖标的物，但现在由于"价高者得"规则的限制，必须以高于其他竞买人的价格方能获得拍卖标的物。一言以概之，允许优先购买权人在强制拍卖中行使优先购买权，违背了拍卖"价高者得"的基本规则，可能损害竞买人的利益，但不允许优先购买权人在强制拍卖中行使优先购买权，则构成对优先购买权人利益的侵害，二者明显存在冲突。

正如利益法学派所言，利益及对利益的权衡决定着法律规则的构建。强制拍卖中牵涉众多的法律关系主体，主体间存在错综复杂的利益冲突，对不同利益的不同权衡将导致不同的制度设计。撇开上述肯定说或否定说所持的理由，仔细比较肯定说和否定说所持的其他针锋相对的论据，可以发现，所涉及的论据，无外乎为这样几个方面：(1)是否引发应买价金减少而影响债权人、债务人的利益；(2)是否侵害竞买人的利益；(3)是否侵害优先购买权人的利益；(4)是否影响拍卖的公信力(亦即作为拍卖主体的法院的权威)。换言之，是肯定强制拍卖中有优先购买权的行使，还是否定强制拍卖中存在优先购买权，不同的学说支持者都是各自衡量债权人、债务人、竞买人、优先购买权人、拍卖人

---

① 赖丽华：《房地产拍卖规则与承租人优先购买权冲突解决机制研究》，载《经济与法》2008年第4期。

之间的利益冲突而得出相应的结论。

在强制拍卖中,就优先购买权是否行使而言,会影响到的利益主体,包括债权人、债务人、竞买人、优先购买权人、作为拍卖人的法院。欲回答应否允许优先购买权的行使的问题,必须就这些主体之间的利益进行合理权衡。具体言之:(1)就债权人、债务人的利益保护而言,无论是排除优先购买权而由出价最高的竞买人获得拍卖标的物,还是允许优先购买权人行使优先购买权以同等条件获得拍卖标的物,对债权人和债务人而言,仅仅是拍定人的不同,并不因是否存在优先购买权而使拍卖标的物的价值受到影响,也就是说,债权人和债务人的利益得到绝对保障,不会因优先购买权的行使而遭受损害。上述持否定说者认为允许拍卖中行使优先购买权会导致竞买人减少、应价偏低从而损害债权人、债务人利益的理由,并不必然成立。因为,对竞买人而言,优先购买权人只不过是一个竞争对象,优先购买权人的存在并未绝对地剥夺竞买人的购买机会,只不过优先购买权的存在会赋予优先购买权人在同等条件下一个先买的机会。只要竞买人报价的条件优于优先购买权人,那么优先购买权人就没有行使权利的机会。执行实务表明,是否存在优先购买权人,对竞买人是否参加竞买的意愿而言,影响甚微。这样,所谓行使优先购买权导致竞买人减少、应价偏低的不良后果,可能更多的是理论上的推演。(2)就竞买人的利益保护而言,若强制拍卖中不允许优先购买权的行使,只要其出价最高,即可获得拍卖标的物所有权。若承认强制拍卖中可行使优先购买权,竞买人出价最高而不能得,其利益确实受损。毕竟,为了获得拍卖物所有权,竞买人不得不出更高的报价。(3)就优先购买权人而言,若强制拍卖中不允许优先购买权的行使,优先购买权人欲获得拍卖标的物,则必须以竞买人的身份参加竞买,且必须以高于其他竞买人的报价,方可获得拍卖标的物,如此,所谓优先购买权,即不具有任何实质意义,其利益自然可谓受损。若承认强制买卖中可行使优先购买权,则只要优先购买权人愿意以与其他竞买人的最高报价相同(而非更高)的报价承受,即可获得拍卖标的物。(4)就拍卖主体的权威、拍卖的公信力保护而言,若强制拍卖中不允许优先购买权的行使,竞买人依据拍卖公告参加竞买,根据"价高者得"的规则确定拍定人,自然不影响拍卖主体的权威和拍卖的公信力。若强制拍卖中允许优先购买权的行使,是否影响拍卖主体的权威和拍卖的公信力,不可一概而论。如果拍卖公告中已经明确拍卖标的物上存在优先购买权,拍卖过程中优先购买权人行使优先购买权,那么,也不存在影响拍卖主体的权威与拍卖的公信力问题,反之,如果拍卖公告中未明确告知优先购买权的存在,而优先购买权人在拍卖过程中搞"突袭"而行使优先购买权,则必然会影响拍卖主体的权威与拍卖的公信力。可见,即便承认拍卖中可行使优先购买权,是否导致拍卖主体权威和拍卖公信力减损的不利后果,取决于拍卖公告的内容。

综上所述,可以得出这样的结论:在利用利益权衡的方式评判强制拍卖中应否允许优先购买权的行使的情况下,最值得考虑的核心利益冲突问题,是竞买人与优先购买权人之间的利益冲突。从维护强制拍卖的公信力与拍卖主体的权威出发,应保护竞买人因信赖强制拍卖公信力而参加竞买的效力。但优先购买权作为一种法定优先权,也值得保护。因此,问题的关键在于:是否只能在竞买人利益保护与优先购买权人利益保护这二者之间选择其一?抑或在这二者之间进行一定的协调,在保护一种利益的前提下兼顾对另一种利益的保护?

"我们应当通过合理设计拍卖程序和规则,在充分实现被拍卖财产的价值最大化的同时,兼顾保护优先购买权人的优先购买权,均衡各方不同民事主体的利益诉求。"①具体而言,这两种利益之间的冲突可以通过赋予竞买人以知情权的方式予以协调。也就是说,在强制拍卖实施前,法院应将拍卖标的物上存在优先购买权的情况明确于拍卖公告之中,使竞买人知晓优先购买权的存在而自主评估决定是否参加竞买。在充分保障竞买人事先知情权的情况下,允许拍卖中优先购买权人行使优先购买权,尽管形式上违反"价高者得"的拍卖规则,但此时不能谓对竞买人的利益造成损害。如此,可有效协调竞买人和优先购买权人之间的利益。如果在强制拍卖实施前,法院若因过错而未将拍卖标的物上存在优先购买权的情况明确于拍卖公告之中,致使竞买人在未知晓优先购买权存在的情况下参加竞买,则不得允许优先购买权人在拍卖中行使优先购买权,否则,不仅构成对竞买人信赖利益的侵害,而且损及拍卖的公信力。②

此外,至于持否定说所担心的允许拍卖中行使优先购买权可能会带来债务人与第三人串通炮制"优先购买权"从而干扰执行工作的问题,也不足以成为反对优先购买权保护的理由。因为,就债务人与第三人是否炮制了"优先购买权",可通过加强法院拍卖前的执行调查权进行审查核实,在拍卖公告发布

---

① 刘敏、刘子平:《优先购买权在财产拍卖变价中的利益均衡及其程序设计》,载《民商事审判指导》2008年第3辑。
② 此时,若所谓优先购买权人以其权利受到侵害为由寻求救济,其救济途径如何,将在后文展开探讨。

前排除一些恶意炮制的优先购买权。另一方面,即使拍卖中行使的所谓"优先购买权"是炮制的,只要事先公告使竞买人知晓,也不能谓侵害竞买人利益,更谈不上侵害债权人、债务人利益的问题。

由上可见,现行《公司法》《合伙企业法》、最高人民法院司法解释和建设部行政规章承认和保护强制拍卖程序中优先购买权的行使,是合理的选择。我国《强制执行法草案(五)》[①]和《强制执行法草案(六)》[②]都明确了强制拍卖程序中对优先购买权的保护,这表明,赞成强制拍卖中可行使优先购买权的观点,已成为目前的主流观点。

二、强制拍卖中行使优先购买权的条件

优先购买权的行使,必须具有一定的条件。优先购买权在什么情况下可以行使、怎样判断是否具备行使条件,在理论和实务上莫衷一是,值得探讨。

通常认为,在自主买卖中,优先购买权作为一种形成权[③],其行使首先需要满足形成行为的一般要件,如主体有判断能力、相对人确定、意思表示明确、

---

① 《强制执行法草案(五)》第217条:"[拍卖程序中优先购买权的保护]:查封物有优先购买权人的,应当提示拍卖机构在拍卖公告中载明有关情况,并在拍卖三日前通知优先购买权人到场;经合法通知,优先购买权人不到场的,视为放弃优先购买权。拍卖日优先购买权人到场的,于最高出价时,优先购买权人可以表示以此价买受;优先购买权人不为表示的,视为放弃优先购买权。拍卖物有多个优先购买权人,且多个优先购买权人同时表示买受的,应在优先购买权人之间再进行竞价;无人增加出价的,用抽签的方法确定买受人。如多个优先购买权人表示可协商确定购买人,则应限期商定,到期未能确定购买人的,视为共同放弃优先购买权,将查封物拍定给原最高出价者。拍卖机构没有通知优先购买权人到场的,优先购买权人可向执行机构主张拍卖无效。"

② 《强制执行法草案(六)》第132条:"[招标、拍卖中优先购买权的保护]:拍卖进行中,有最高出价时,优先购买权人可以表示以该最高价接受,如无更高出价,则拍归优先购买权人;如有更高出价,而优先购买权人不为表示的,则拍归最高出价人。优先购买权人在开标日表示以投保人的最高出价购买标的物的,标的物由其购买。多个优先购买权人同时表示接受的,由优先购买权人进行竞价,标的物卖给出价最高者。如存在多个出价相同的优先购买权人,采取抽签方式决定买受人。"

③ 关于优先购买权的性质,民法理论上存在不同的认识,有附条件的形成权说、期待权说、请求权说、附双重条件的买卖合同说等,这里采主流观点。

不得附条件等。① 除此之外,优先购买权的行使还应具备与其自身规律相匹配的特殊要件。有民法学者在总结我国相关学理与实践、借鉴域外经验的基础上,认为这些特殊要件包括以下四个:(1)行使主体适格,即行使主体必须具有优先购买权;(2)基础事实具备,即出卖人将标的物有偿转让给第三人;(3)符合同等条件;(4)没有抗辩障碍,如没有存续障碍、没有行使障碍。② 虽然该学者探讨的是优先购买权在民商事自主交易中的特殊行使要件,但是对于理解和认识强制拍卖中优先购买权的行使条件,无疑具有明显的积极意义。不过,结合强制拍卖程序自身的特殊性,笔者认为,在强制拍卖程序中,强调优先购买权行使的特殊要件,可仅限于两个:一是行使主体具有优先购买权,二是符合同等条件。至于上述学者所谓的"基础事实具备"和"没有抗辩障碍"这两个要件,在强制拍卖中没有单独强调的必要。因为,作为普通的民商事自主交易行为,将出卖人转让行为的有偿性作为行使优先购买权的要件之一,有其必要性,但对于强制拍卖而言,"有偿"是其不证自明的一个基本特征,无需特别强调。该学者所谓的"没有抗辩障碍",或者是指当事人之间未特别约定排除优先购买权、优先购买权人未放弃优先购买权,或者是指优先购买权失去行使的意义、权利没有滥用,可见,所谓"没有抗辩障碍",实质上是指优先购买权依然有效存在或者是优先购买权需合法行使的问题,前者可归入优先购买权行使的第一个要件(行使主体适格),后者牵涉的则是优先购买权行使的具体规则,并非优先购买权能否行使的前提要件。因此,这里关于强制拍卖中优先购买权行使条件的分析,限于两个核心条件:一是行使主体适格,二是符合同等条件。

(一)行使主体适格

优先购买权行使的首要前提,是存在合法有效的优先购买权。换句话说,享有优先购买权是对行使主体最基本的资格要求。在民法上,根据优先购买权的来源不同,优先购买权可分为两大类:一类是法定优先购买权,另一类是约定优先购买权。我国现行法律未涉及约定的优先购买权,但学者通常认为,这并不意味着当事人不能基于特别安排和目的来约定优先购买权。③ 就约定

---

① 申海恩:《私法中的权力》,北京大学出版社2011年版,第195~219页。
② 常鹏翱:《论优先购买权的行使要件》,载《当代法学》2013年第6期。
③ 许尚豪、单明:《优先购买权制度研究》,中国法制出版社2006年版,第193~197页。

优先购买权而言,行使主体适格的判断标准即为有效的优先购买权约定,这里不再赘述。

在我国,关于法定优先购买权的规定散见于各项民事法律法规中。归纳起来,法定优先购买权主要有以下几种:

1. 房屋承租人的优先购买权

我国立法首次明确确立房屋承租人的优先购买权,见于最高人民法院《关于贯彻执行〈中华人民共和国民法通则〉若干问题的意见(试行)》第118条:"出租人出卖房屋,应提前三个月通知承租人,承租人在同等条件下,享有优先购买权;出租人未按此规定出卖房屋的,承租人可以请求人民法院宣告该房屋买卖无效。"虽然该条文因"与《物权法》有关规定冲突"而于2008年12月24日起被废止[①],但该条文确立的房屋承租人的优先购买权却一直被沿袭下来。《合同法》第230条规定:"出租人出卖租赁房屋的,应当在出卖之前的合理期限内通知承租人,承租人享有以同等条件优先购买的权利。"最高人民法院审判委员会2009年6月22日通过的《关于审理城镇房屋租赁合同纠纷案件具体应用法律若干问题的解释》第21条至第24条对房屋承租人享有的优先购买权的行使、效力、程序以及限制作了进一步的详细规定。通说认为,立法之所以赋予房屋承租人以优先购买权,是为了稳定承租人的居住和社会生活,保护其承租后的有关投资利益。

这里顺便探讨一下转租情况下次承租人的优先购买权问题。根据《合同法》第224条的规定,"承租人经出租人同意,可以将租赁物转租给第三人。承租人转租的,承租人与出租人之间的租赁合同继续有效,第三人对租赁物造成损失的,承租人应当赔偿损失。承租人未经出租人同意转租的,出租人可以解除合同"。那么,在法院强制拍卖租赁房屋时,次承租人是否享有优先购买权?对此,现行法没有明确的规定,理论上和实践中颇有争议。对于次承租人是否

---

① 最高人民法院认为,"依照物权法规定的'物权法定原则',在法律未规定承租人的优先购买权为物权情形下,该权利不应纳入物权保护的范畴,不具有排他性权利",而该条司法解释以"出租人未按此规定出卖房屋的,承租人可以请求人民法院宣告该房屋买卖无效"的方式赋予承租人优先购买权绝对效力,故"与《物权法》有关规定冲突"而予以删除。(详见关丽:《最高人民法院〈关于审理房屋租赁合同纠纷案件具体应用法律若干问题的解释〉涉及的若干问题解析》,载《法律适用》2009年第10期。)

享有优先购买权,理论界存在否定说与肯定说两种观点。① 从优先购买权制度的立法目的来看,立法赋予房屋承租人以优先购买权,是为了稳定承租人的居住和社会生活,保护其承租后的有关投资利益。在转租的情况下,承租人实质上成为出租人,而次承租人是真正意义上的实际承租人,次承租人虽然与出租人没有直接建立法律上的权利义务关系,但是,次承租人与租赁房屋形成密切的依赖关系,只有赋予次承租人以优先购买权,方可在一定程度上稳定次承租人对房屋的占有关系,减少对次承租人合法权益的损害。这也更合乎房屋承租人优先购买权制度设置的立法初衷。并且,在合法的转租关系中,转租行为须经出租人同意,不存在否定说所谓的"出租人可能不知最终的承租人而无法履行通知义务"的情形。因此,虽然我国现行立法没有明确赋予次承租人以优先购买权,但是因次承租人的承租地位与承租人一致,基于立法目的考虑,应当承认次承租人享有优先购买权。在肯定次承租人作为合法承租人应享有优先购买权的情况下,接下来的一个问题,就是:既然承租人和次承租人均享有优先购买权,那么,若二者的优先购买权发生竞合,是否有行使的先后顺序?有观点认为,次承租人的优先购买权与承租人的优先购买权竞合时,次承租人的优先购买权优先于承租人的优先购买权。② 也有不同观点,认为次承租人的优先购买权不得超越承租人优先购买权的范围,次承租人的优先购买权以承租人不主张优先购买权为前提。③ 从与租赁房屋的关系来看,承租人虽然

---

① 否定说不承认次承租人享有优先购买权的理由,主要有四:一是优先购买权作为一项法定权利,现行法并没有明确赋予次承租人;二是若承认次承租人的优先购买权,会带来很多的麻烦,如在多次转租的情况下,出租人可能不知最终的承租人而无法履行通知义务;三是出租人为了免除可能的麻烦,完全可能以不同意转租为由解除合同从而阻断转租,不利于房屋使用权的流转,自然谈不上次承租人的优先购买权;四是出租人与次承租人原则上没有任何权利义务关系,故次承租人不能向出租人主张优先购买权。(参见化国宇:《次承租人优先购买权问题探析》,载《学术纵横》2010年第2期。)

肯定说的理由,也主要有四个:一是转租须经出租人同意方受法律保护,故出租人与次承租人之间还存在一定的人身信赖关系;二是赋予次承租人优先购买权,有利于简化交易程序、降低交易成本、增进效率;三是保护次承租人的优先购买权,能避免其对租赁房屋投入的装修费等遭受无谓损失;四是在转租关系中,次承租人是真正的弱者,其权益更易受到损害,更应赋予其优先购买权。(陈小明:《强制拍卖中承租人的优先购买权》,载《人民司法》2007年第15期。)

② 陈小明:《强制拍卖中承租人的优先购买权》,载《人民司法》2007年第15期。
③ 黄海兵、柳春:《论房屋转租合同的效力——兼论次承租人的优先购买权》,载《湖州职业技术学院学报》2005年第1期。

仍存在于租赁关系之中,但是,实际上已与租赁房屋相脱离,房屋的使用价值对其意义不大,而次承租人直接占有、使用房屋,与房屋形成了更紧密的联系,①因此,次承租人的优先购买权应优先于承租人的优先购买权。

2. 共有人的优先购买权

《民法通则》第78条第3款规定:"按份共有财产的各个共有人有权将自己的份额分出或者转让。但在出售时,其他共有人在同等条件下,有优先购买的权利。"《物权法》第101条也规定:"按份共有人可以转让其享有的共有的不动产或者动产份额。其他共有人在同等条件下享有优先购买的权利。"《合同法》第340条第1款的规定也可视为共有人享有优先购买权的情形,即:"合作开发完成的发明创造,除当事人另有约定的以外,申请专利的权利属于合作开发的当事人共有。当事人一方转让其共有的专利申请权的,其他各方享有以同等条件优先受让的权利。"通常认为,共有人的优先购买权多适用于按份共有,在按份共有下,只要出现出卖人出卖其共有份额,其他按份共有人就有优先购买权②;而对于共同共有,只有在共同共有财产分割时,其他共有人才享有优先购买权。立法赋予共有人优先购买权的理由,在于稳定和简化物权关系,避免因共有财产的分割而造成社会财富的损耗。

3. 有限责任公司股东的优先购买权

关于有限责任公司股东优先购买权的立法体现在《公司法》第71条、第72条:"有限责任公司的股东之间可以相互转让其全部或者部分股权。股东向股东以外的人转让股权,应当经其他股东过半数同意。股东应就其股权转让事项书面通知其他股东征求同意,其他股东自接到书面通知之日起满三十日未答复的,视为同意转让。其他股东半数以上不同意转让的,不同意的股东应当购买该转让的股权;不购买的,视为同意转让。经股东同意转让的股权,在同等条件下,其他股东有优先购买权。两个以上股东主张行使优先购买权的,协商确定各自的购买比例;协商不成的,按照转让时各自的出资比例行使优先购买权。公司章程对股权转让另有规定的,从其规定。""人民法院依照法律规定的强制执行程序转让股东的股权时,应当通知公司及全体股东,其他股东在同等条件下有优先购买权。其他股东自人民法院通知之日起满二十日不

---

① 徐志红、郝守则:《房屋承租人优先购买权法律适用之研究》,载《安徽工业大学学报》2006年第4期。

② 附带一提的是,在建筑物区分所有的情况下,虽然区分所有包含了按份共有的形态,但是,区分所有并不是单纯的按份共有,因此,区分所有人之间不存在优先购买权。

行使优先购买权的,视为放弃优先购买权。"一般认为,立法赋予有限责任公司股东优先购买权的法理在于维护有限责任公司的人合性,维护共同投资者之间的信任关系,同时稳定有限责任公司的经营,避免有限责任公司的动荡。

4. 合伙人的优先购买权

《合伙企业法》多个法律条文规定了合伙人的优先购买权。其第23条规定:"合伙人向合伙人以外的人转让其在合伙企业中的财产份额的,在同等条件下,其他合伙人有优先购买权;但是,合伙协议另有约定的除外。"第42条第2款规定:"人民法院强制执行合伙人的财产份额时,应当通知全体合伙人,其他合伙人有优先购买权;其他合伙人未购买,又不同意将该财产份额转让给他人的,依照本法第五十一条的规定为该合伙人办理退伙结算,或者办理削减该合伙人相应财产份额的结算。"第74条第2款规定:"人民法院强制执行有限合伙人的财产份额时,应当通知全体合伙人。在同等条件下,其他合伙人有优先购买权。"立法赋予合伙人优先购买权的法理,与有限责任公司股东优先购买权的法理相似,在于维护合伙企业的人合性。

值得注意的是,并非所有房屋承租人、共有人、有限责任公司股东、合伙人均享有优先购买权,如《公司法》第71条第4款明确规定,"公司章程对股权转让另有规定的,从其规定";《合伙企业法》第23条也规定,"合伙协议另有约定的除外"。可见,在公司章程或者合伙协议排除有限责任公司股东、合伙企业合伙人优先购买权的情况下,该有限责任公司股东、合伙人也不享有优先购买权。应当看到,除了《公司法》第71条第4款和《合伙企业法》第23条关于排除优先购买权的规定外,其他规范并没有就房屋承租人和共有人优先购买权的排除设明确规定。这是否意味着不允许出租人与承租人之间、共有人之间就优先购买权的排除作出约定呢?从优先购买权的功能来看,优先购买权作为一种私权,主要是赋予权利人一定的优待地位,当事人之间约定排除优先购买权,是对私人利益的自我调解,不会妨碍社会公众的利益,因此,应当承认当事人约定排除优先购买权的效力。①

(二)符合同等条件

虽然立法应当承认优先购买权人在强制拍卖中有权行使优先购买权,但是,应当看到,优先购买权强调的不是"优"的权利,而是"先"的权利,先而优,

---

① 常鹏翱:《论优先购买权的行使要件》,载《当代法学》2013年第6期。

在同等条件下,优先购买权人比竞买人更有机会获得拍卖标的物。符合同等条件是优先购买权行使的必备要件,优先购买权人只有在同等条件下方享有优先购买权。强调同等条件为行使优先购买权的必备要件,在于限制优先购买权的滥用,维护标的物所有权人和第三人(如竞买人)的合法权益。

鉴于优先购买权是民商事立法赋予相关主体在同等条件下行使的一项权利,因此,这里就先从民商事立法与理论的角度来分析同等条件的内涵和外延。在此基础上,再探讨强制拍卖中优先购买权行使时须具备的同等条件是否有其特殊性。

1. 对"同等条件"的理论分歧

何谓"同等条件",《民法通则》、《合同法》、《物权法》、《公司法》等民商事立法在赋予相关主体"同等条件"下的优先购买权时,并没有进一步明确"同等条件"的内涵和外延。在民法理论上和司法实践中,对"同等条件"的理解和认识存在较大的分歧。

就"同等条件"的认识分歧,可归结为两大方面:一是对"同等"的内涵的理解差异。对此,存在绝对同等说与相对同等说的对立。绝对同等说认为,优先购买权人与第三人买受的条件绝对相同和完全一致。[①] 而相对同等说则主张,优先购买权人的购买条件与其他买受人的条件大致相等,即符合同等条件。[②] 二是对"条件"的外延的理解差异。有观点将同等条件中的"条件"仅理解为价格条件,认为同等条件即同一价格。[③] 有的则将条件的外延理解得较为宽泛,认为同等的条件不仅包括价格条件,而且包括其他交易条件,[④]甚至包括其他的程序规则(如其他竞买人须遵守的拍卖规则),[⑤]即使仅就价格条件而言,也不仅仅指价格同等(即金额相同),还包括付款期限、支付方式等价

---

① 许尚豪、单明:《优先购买权制度研究》,中国法制出版社 2006 年版,第 328～329 页;李远纯、廖长青:《房屋承租人优先购买权中的同等条件的认定》,载《甘肃政法成人教育学院学报》2003 年第 2 期。

② 刘育林:《论审判实践中股东优先购买权的行使问题——以"同等条件"为讨论核心》,载吉林市法院网:http://jlzy.chinacourt.org/public/detail.php?id=59;徐志红、郝守则:《房屋承租人优先购买权法律适用之研究》,载《安徽工业大学学报》2006 年第 4 期。

③ 谢在全:《民法物权论》(上),中国政法大学出版社 1999 年版,第 282 页。

④ 王利明:《物权法研究》(上),中国人民大学出版社 2007 年版,第 747～748 页。

⑤ 肖建国:《强制拍卖中优先购买权人的保护》,载《人民法院报》2005 年 3 月 30 日 B02 版。

格因素。①

2. 关于"同等条件"的域外立法

虽然域外其他国家和地区的民法典中没有直接使用如我国民法上"同等条件"这一术语,但是仍有相关立法规定值得我们参考。

法国《民法典》第815.14条规定,优先购买权人按照让与人向其通知的"价格及条件"行使优先购买权。这种"价格及条件"虽不能完全等同于我国法律中优先购买权行使须具备的"同等条件",但仍不失其具有一致性。

日本《民法典》第269条规定,地上权人收取工作物时,土地所有权人通知"愿以时价买取时,地上权人无正当理由,不得拒绝"。这里的"时价",既可以理解为市场价格,也可以理解为第三人与出卖人协商的价格。

德国《民法典》第505条第2款规定,"一经行使先买权,先买权人与先卖义务人之间的买卖即按照先卖义务人与第三人约定的相同的条款而成立"。该条款将"同等条件"严格限定为"相同的条款",过于严苛,故德国《民法典》随后在第507条、第508条、第509条②中就存在从给付、先买标的物与其他标的物同时出卖以及存在延期付款的优惠条件的情况作了一些变通规定,不要求绝对的"相同的条款"。

3. 对"同等条件"的合理界定

对优先购买权制度中的"同等条件"的界定,若要求过严,则不利于优先购买权的行使;若要求过宽,则实践中易生纠纷,甚至人为地扩大法官的自由裁量权。在比较各种学说、借鉴域外立法的基础上,笔者认为,应当从两个方面来合理界定优先购买权行使的"同等条件":

其一,所谓的"同等",应当是相对的同等,而非绝对的同等。绝对同等说

---

① 刘俊海:《论有限责任公司股权转让合同的效力》,载《法学家》2007年第6期。
② 德国《民法典》第507条:"[从给付]第三人对合同中先买权人不能履行的从给付负有义务的,先买权人可以支付从给付的价金代替从给付。从给付不能以金钱估价时,不得行使先买权;但无此从给付,与第三人的合同亦能成立的,对此种从给付的约定不予考虑。"第508条:"[总价金]第三人将设有先买权的标的物与其他标的物一起,以总价金买受的,先买权人应按比例支付总价金的部分。先买权人因部分标的物在分离时使其显受损失时,可以要求先买权扩及全部标的物。"第509条:"[延期支付价金](1)如果在合同中允许第三人延期支付价金,先买权人只能在为延期支付的价金提供担保时,始得请求延期付款。(2)土地为先买权标的物的,只有在约定就土地上为延期付款设定抵押权,或者因抵充部分价金而承担在该土地上设有抵押物的债务时,才无需提供担保。注册的船舶或者建造中的船舶为先买权标的物的,准用上述规定。"

虽然具有操作简单的优点,但是,过于严苛,也不利于优先购买权的保护。例如,在实践中,出卖人与第三人达成的合同往往较为复杂,除转让价格外还包括其他的诸多合作条件,即使优先购买权人因不能满足某特别条件而愿意多支付金钱以弥补特别条件的欠缺,按绝对同等说,优先购买权人的优先购买权也无法实现。相对于绝对同等说,相对同等说更为可取,更符合生活实际,也最能体现优先购买权制度保护优先购买权人的初衷。德国《民法典》第505条第2款规定优先购买权行使须具备的同等条件为"相同的条款",可谓要求绝对同等,但随后立法者也意识到"绝对同等"过于严苛,而在第507条、第508条和第509条中作了一些变通的规定。这也印证了绝对同等说的不足。

其二,所谓的"条件",不应当仅理解为价格自身,还应当包括其他付款期限、支付方式以及其他交易条件等。若将同等条件严格限制为同一价格,虽然有利于评判标准的客观化,有利于法律的实践操作,避免就同等条件的认定而产生争执,但是,应当看到,价格条款尽管是判断是否符合同等条件的必不可少的一个因素,但是,从客观实际来看,在标的物所有权人与第三人达成的转让合同中,除了约定标的物的价格,往往还约定了付款期限、支付方式、提供担保、从给付等其他交易条件,而这些条件,毫无疑问,与价格条款一样,也属于转让合同的主要条款。换句话说,标的物转让人在选择第三人作为交易对象时,除了考虑价格因素外,也要考虑其他因素。因此,对主要优先购买权人是否符合同等条件的判断,应以第三人的对待给付义务为基本标准,不能仅限于价格问题,否则,在保护优先购买权的同时,将损害标的物转让人的利益。从上述域外关于"同等条件"的立法例也可以看出,各国在强调价格因素的同时,无不承认价格以外的其他条件,如:根据法国《民法典》第815.14条的规定,同等的条件包括价格"及条件"。据日本《民法典》第269条规定,虽然优先购买权人(土地所有权人)的同等条件为"时价",但是,该条同时要求在地上权人"无正当理由"的情况下,方不得拒绝优先购买权的行使。这就意味着,即使优先购买权人愿以同样的"时价"购买,但是,若地上权人具有正当理由,也不能行使优先购买权。换句话说,根据该条的规定,除了价格因素,有无正当理由也成为判断是否符合同等要件的重要因素。而德国《民法典》第505条第2款规定的"相同的条款",也明显不限于价格条款。可见,对优先购买权符合"同等条件"的判断,将价格和其他条件综合起来判断,也是各国的通例。

应当承认,将同等条件理解为包括价格在内的多条件的相对同等,也并非十全十美。这种理解的明显缺陷,就是标准弹性过大,不易把握,在适用上会使司法人员的裁量权过大,甚至可能导致司法的不公。但是,"两害相权取其轻",与绝对同等说、同一价格说相比,这种理解更切合实际,更有利于优先购买权的保护,更符合优先购买权制度的设立初衷。

目前,我国理论界的学者和实务部门的法官越来越愿意采纳相对同等说,并且建议在将价格作为考量同等条件的主要因素的同时,综合考虑付款期限、付款方式以及其他交易条件。有的实务部门甚至将该标准明确成文,贯彻于有关司法实践之中。例如,上海市高级人民法院在其于2004年9月16日印发的《关于审理股东请求对公司股份行使优先购买权引发纠纷案件的研讨意见》第4条中就指出,股东对拟出让的股份享有优先购买权的,"对于同等条件的认定,一般应以出让股东与受让人之间合同确定的转让价格为标准。但该转让价格明显是基于出让股东与受让人之间存在的合法关系(如双方之间存在投资关系、业务关系或经济利益关系)、特别约定(如承诺承担公司债务、引进项目、对公司进行增资等)等因素而确定的相对优惠的转让价格,这些转让价格以外的因素应当作为价格条件一并予以考虑。如请求行使优先购买权的股东仅单纯要求按照出让股东与受让人之间的转让价格行使优先购买权,其本身又不能提供或接受相应的价格以外的条件,则不能认定属于同等条件。"2008年3月25日,上海市高级人民法院在《关于审理涉及有限责任公司股东优先购买权案件若干问题的意见》中也重申了此观点。该意见第3条规定:"其他股东主张优先购买权的同等条件,是指出让股东与股东以外的第三人之间合同确定的主要转让条件。出让股东与受让人约定的投资、业务合作、债务承担等条件,应认定为主要条件。"[①]值得庆幸的是,2016年最新颁布实施的最高人民法院《关于适用〈中华人民共和国物权法〉若干问题的解释(一)》第10条在就《物权法》第101条规定的按份共有人行使优先购买权的"同等条件"作出解释时,明确"物权法第一百零一条所称的'同等条件',应当综合共有份额的转让价格、价款履行方式及期限等因素确定。"可见,也采纳了此观点。

4. 强制拍卖中"同等条件"的界定

上述关于"同等条件"的研讨和界定,限于民商事活动中的自主交易行为。在界定民商事自主交易中优先购买权行使时须符合的"同等条件"的内涵和外

[①] 在该意见实施后,虽然上海市高级人民法院明确2004年9月16日下发的《审理股东请求对公司股份行使优先购买权引发纠纷案件的研讨意见》不再适用,但二者在对股东优先购买权行使时具备的同等条件的界定是一脉相承的。

延的基础上,这里仍有一个疑问:对"同等条件"的上述界定,能否直接作为强制拍卖中优先购买权行使时同等条件的认定标准？虽然强制拍卖中的优先购买权来源于民商事立法,但是,毕竟强制拍卖作为一种强制执行措施,有其自身的特殊性,具有明显不同于自主交易的特点。因此,这里不得不单独考虑强制拍卖中"同等条件"的界定问题。

在执行实践中,不少实务人员认为,在拍卖中,选择拍定人的标准只有价格因素,拍卖中仅根据价格来决定谁是买受人。因此,拍卖中的同等条件仅指同等价格。持此观点者的又一个关键论据,是最高人民法院《关于人民法院民事执行中拍卖、变卖财产的规定》第 16 条的规定:"拍卖过程中,有最高应价时,优先购买权人可以表示以该最高价买受,如无更高应价,则拍归优先购买权人;如有更高应价,而优先购买权人不作表示的,则拍归该应价最高的竞买人。"①根据该规定,"最高应价"似为行使优先购买权的"同等条件"。

也有持不同看法者,认为强制拍卖中行使优先购买权的同等条件,包括所出价金、付款期限和付款方式的同等。在所出价金相同的情况下,执行机关应综合考察付款期限、付款方式等,从而最终决定拍卖物的归属。② 还有观点在赞同同等条件包括价格同等、付款期限同等、付款方式同等的基础上,认为其他竞买人须遵守的拍卖程序规则也属于同等条件的范畴。③

首先必须承认,强制拍卖奉行"价高者得"的拍卖原理。也就是说,在强制拍卖中,最终决定竞买人能否成为拍定人的关键因素,其出价是否最高。通常情况下,根据拍卖公告,对所有竞买人而言,付款期限和付款方式,包括拍卖程序规则,都是相同的。因此,出价最高即决定着竞买人成为拍定人而获得拍卖标的物。强制拍卖作为执行中的一种换价措施,重在"价格",价格决定能否拍定。与民商事活动中的自主交易不同,在强制拍卖中,只要竞买人符合相应的资质条件,除依法仍存续在拍卖标的物上的权利负担之外,作为拍卖主体的执行法院不再对竞买人设置其他的交易条件。由此可见,强制拍卖中优先购买权行使的"同等条件",确实与民商事活动中自主交易时

---

① 最高人民法院《关于人民法院网络司法拍卖若干问题的规定》第 21 条第 1 款作出了同样的规定。

② 高进勇:《浅析民事执行拍卖中优先购买权之保护》,载《法制与社会》2009 年第 2 期。

③ 肖建国:《强制拍卖中优先购买权的保护》,载《人民法院报》2005 年 3 月 30 日 B02 版。

优先购买权行使的"同等条件"有所不同,至少不存在考虑出让人与受让人之间担保、从给付义务以及其他特别约定的价格以外的因素,而主要考虑拍卖中的价格因素。

不过,从强制拍卖实践来看,对拍卖中同等条件的认定,也不宜将同等条件完全等同于价格同一。假设没有优先购买权人行使优先购买权,出价最高的竞买人成为拍定人,按照法律的规定,该拍定人通常应于拍定后立即提出现款,交付价金(目前,部分地区法院在不动产拍卖中允许拍定人按揭贷款);如果执行法院事先对价金的交付定有期限的,拍定人应于该期限内交付价金。如果拍定人逾期未支付价款而使拍卖的目的难以实现的,法院可以裁定重新拍卖。可见,对拍定人而言,欲最终获得拍卖标的物,除了足额缴纳所出价金,还需遵守付款方式(是现金还是按揭贷款)和付款期限的限制,否则,会导致重新拍卖的不良后果。因此,对主张行使优先购买权的优先购买权人而言,其须符合的同等条件,就不能仅限于价格的同等,还应包括付款方式和付款期限的同等。

至于有学者主张的其他竞买人须遵守的拍卖程序规则也应纳入同等条件范畴的观点,有商榷的余地。首先,通常认为,优先购买权人行使优先购买权时须符合的同等条件,指的是实质条件,而非程序条件。其次,如下文所述,强制拍卖中行使优先购买权的方式有"跟价法"与"询价法"之分,在采取后一种方式的情况下,优先购买权人无需完全遵循其他竞买人遵守的拍卖程序规则。虽然按我国现行法的规定,优先购买权人如果不遵循竞买人遵守的拍卖程序规则,如不及时缴纳保证金、不参与竞买,则无法行使优先购买权,但是,应当看到,在这样的情况下,是视为优先购买权人放弃优先购买权,而非认定优先购买权人不符合"同等条件"。因此,不宜将竞买人须遵守的拍卖程序规则也纳入强制拍卖中"同等条件"的范畴。

三、强制拍卖中优先购买权的行使程序

(一)优先购买权行使的方式

从域外立法与实践来看,在强制拍卖程序中,优先购买权的行使方式大致有两种:

一是跟价法。所谓跟价法,是指优先购买权人直接参与竞买,以竞买人的身份举牌应价,在出现最高应价后,主动要求以最高价购买拍卖房屋,在同等条件下享有优先购买权。按照"跟价法",优先购买权人必须积极、主动应价,其优先购买权才能获得保护。按照跟价法,优先购买权人被视同为一般的竞买人,优先购买权人必须与其他竞买人一样,按照拍卖公告的要求,进行竞买登记,缴纳拍卖保证金,举牌竞买,否者,其优先购买权就不可能实现。

二是询价法。所谓询价法,是指优先购买权人不直接参与竞价,待经过竞价产生最高应价者后,由拍卖师询问优先购买权人是否愿意购买。如果其不愿购买,则拍卖标的即由最高应价者购得。如果其愿意购买,则拍卖师询问最高应价者是否愿意再加价,如果其不愿加价,则拍卖物由优先购买权人购得,如果其表示愿意,则在加价后再询问优先购买权人。如此反复,直至其中一人退出,拍卖才成交。法国采纳了询价法。根据法国《民法典》第815.15条的规定,优先购买权人可以在拍卖后一个月内向法院声明行使优先购买权,取代在拍卖中竞价最高的竞买人的地位。我国台湾地区也采纳了询价法,只不过与传统的询价法稍有不同。根据台湾地区"土地法"第104条的规定,"……执行法院应于拍定后通知基地所有权人,基地所有权人接到通知后十日内可主张优先购买权",优先购买权人表示以最高应价购买后,不再询问最高应价者是否愿意再加价,拍卖标的即归优先购买权人购得。

根据最高人民法院《关于人民法院民事执行中拍卖、变卖财产的规定》第14条、第16条第1款的规定,法院在拍卖5日前应当通知优先购买权人于拍卖日到场,"优先购买权人经通知未到场的,视为放弃优先购买权";"拍卖过程中,有最高应价时,优先购买权人可以表示以该最高价买受,如无更高应价,则拍归优先购买权人;如有更高应价,而优先购买权人不作表示的,则拍归该应价最高的竞买人"。最高人民法院《关于人民法院网络司法拍卖若干问题的规定》第16条、第19条、第21条也规定,"优先购买权人经通知未参与竞买的,视为放弃优先购买权";"优先购买权人经人民法院确认后,取得优先竞买资格以及优先竞买代码、参拍密码,并以优先竞买代码参与竞买;未经确认的,不得以优先购买权人身份参与竞买";"优先购买权人参与竞买的,可以与其他竞买人以相同的价格出价,没有更高出价的,拍卖财产由优先购买权人竞得"。优先购买权人必须到场参与竞买、必须在竞买人提出最高应价时作出是否愿意买受的表示,或者必须参与网络竞买、必须考虑是否以与其他竞买人最高价格相同的价格出价,可见,这种实现优先购买权的方式为跟价法。

有观点认为,按照询价法,优先购买权人不是作为一般竞买人参与竞价,而是等竞买人竞出最高价之后通过询问优先购买权人,再根据其意愿行使优先权,体现了优先购买权的特殊性,更符合优先购买权的行使模式;并且,在一般竞买人拍得了最高价后再询问优先购买权人是否愿意以最高价购买的询价法简便易行,而让优先购买权人同一般竞买人一同参与竞价或投标的跟价法则使竞价过程复杂化。①

比较一下跟价法与询价法,可以发现,无论是跟价法,还是传统的询价法,从实质上看,优先购买权人最终得以购得拍卖标的的根本原因,均在于其是最终的最高应价人,而非基于其是优先购买权的享有人。可见,以优先购买权人不以一般竞买人参与竞价为由而主张询价法更体现优先购买权的特殊性的见解,其依据并不充分。而根据传统的询价法,经竞价产生最高应价后,要询问优先购买权人是否愿意购买,如果其不愿购买,则拍卖标的即由最高应价者购得,如果其愿意购买,则拍卖师还须询问最高应价者是否愿意再加价,如果其不愿加价,则拍卖物由优先购买权人购得,如果其表示愿意,则在加价后再询问优先购买权人,如此反复,直至其中一人退出,拍卖才成交。简言之,经竞价产生最高应价后,还须在优先购买权人和最高应价者之间进行竞价。② 可见,询价法并没有那么"简便易行"。如果采纳台湾式的询价法,在优先购买权人表示以最高应价购买后,即不再询问最高应价者是否愿意再加价而直接确定拍卖标的归优先购买权人购得,那么,确实可能实现程序的"简便易行",提高程序效率,但是,另外,应当看到,这种方式否定了优先购买权人与最高应价者进一步竞价的可能,不利于拍卖标的的价值的最大化,损害了债权人、债务人的利益。以损害债权人、债务人利益的方式保护优先购买权,显然是不合理的。

跟价法与询价法的根本区别,不在于谁更体现优先购买权的特殊性,而在于是否将优先购买权人视同为一般的竞买人参与竞价程序。从这一区别来看,跟价法将拍卖中优先购买权的行使时间局限在拍卖过程之中,充分考虑了拍卖的特殊性,如果优先购买权人想要获得拍卖标的,必须在其他竞买人提出最高应价时积极跟价,否则应视为放弃优先购买权。而询价法是在拍卖之后再询问优先购买权人是否愿意购买,不仅导致程序的延滞,而且增加了竞买人地位的不稳定性,此外,最高应价的竞买人须花费更多的时间和精力去等待,且不知道最终能否购得拍卖标的,这可能将降低竞买人参与竞买的积极性。

---

① 高进勇:《浅析民事执行拍卖中优先购买权之保护》,载《法制与社会》2009 年第 2 期。

② 正因为如此,在不少著述中,这种传统的询价法也被称为询价竞价法。

在保护优先购买权的同时,也应当注意竞买人权益的维护。因此,两相比较,在强制拍卖中,采纳跟价法实现优先购买权的方式更为可取。我国最高人民法院《关于人民法院民事执行中拍卖、变卖财产的规定》和《关于人民法院网络司法拍卖若干问题的规定》将跟价法作为法院强制拍卖中保护优先购买权的统一方式,是合理的选择。

(二)优先购买权行使的程序保障

按照跟价法,在强制拍卖中,优先购买权人必须同一般竞买人一样直接参与竞买,方可能实现其优先购买权。因此,在强制拍卖前,执行法院必须向优先购买权人履行通知义务。如果执行法院没有履行通知义务,优先购买权人不知晓标的物被拍卖的信息,也就无法行使自己的优先购买权。因此,确立执行法院在强制拍卖前对优先购买权人的通知义务,是对优先购买权人行使优先购买权的最为重要的程序保障。正如有学者所言,"在执行拍卖程序中,对优先购买权的保护,其重点应放在保证优先购买权人有知情权"[1]。

最高人民法院《关于人民法院民事执行中拍卖、变卖财产的规定》(2004年)第14条规定:"人民法院应当在拍卖五日前以书面或者其他能够确认收悉的适当方式,通知当事人和已知的担保物权人、优先购买权人或者其他优先权人于拍卖日到场。优先购买权人经通知未到场的,视为放弃优先购买权。"据此,为保障优先购买权人行使优先购买权,该司法解释明确法院对优先购买权人负有通知的义务,并明确通知时间为"拍卖五日前"、通知方式为"书面或者其他能够确认收悉的适当方式"。最高人民法院《关于人民法院网络司法拍卖若干问题的规定》(2016年)在对优先购买权人的通知时间要求上,作出了不同的规定。根据该规定第16条,"网络司法拍卖的事项应当在拍卖公告发布三日前以书面或者其他能够确认收悉的合理方式,通知当事人、已知优先购买权人。权利人书面明确放弃权利的,可以不通知。无法通知的,应当在网络司法拍卖平台公示并说明无法通知的理由,公示满五日视为已经通知。优先购买权人经通知未参与竞买的,视为放弃优先购买权"。据此,在网络司法拍卖中,法院对优先购买权人履行通知义务的时间为"拍卖公告发布三日前"。而发布拍卖公告的时间,根据该规定第12条的规定,"拍卖动产的,应当在拍卖十五日前公告;拍卖不动产或者其他财产权的,应当在拍卖三十日前公告"。

---

[1] 潘勇锋:《论股东优先购买权在司法拍卖中的实现》,载《法律适用》2012年第5期。

第四章
强制拍卖中的优先购买权

由此可以推算,在网络司法拍卖中,法院通知优先购买权人的时间应为"十八日前"(拍卖动产时)或者"三十三日前(拍卖不动产或者其他财产权时)"。

就通知时间而言,最高人民法院《关于人民法院民事执行中拍卖、变卖财产的规定》将法院对优先购买权人的通知义务限于"拍卖五日前",这样的通知时间可能太短,适当延长通知的时间,更为合理。因为,在目前的强制执行拍卖中,大多数拍卖案件的标的价值较大,如不动产,而优先购买权人在收到拍卖通知前不一定知悉有关标的即将被拍卖的事实,也就未进行购买的准备,若通知的时间过短,优先购买权人可能因临时准备不充分而无法行使优先购买权。而最高人民法院《关于人民法院网络司法拍卖若干问题的规定》将通知的时间设置过长,也会造成执行程序的迟滞。那么,具体应当规定多长的通知时间更为合理呢?笔者认为,首先,通知时间的设置应当体现程序的公平原则。既然我国优先购买权的行使为跟价法,优先购买权人必须同一般竞买人一样直接参与竞买,那么,为公平起见,对优先购买权人而言,理应有与竞买人大致相同的期间以了解拍卖内容。其次,设置的通知时间不宜过短,也不宜过长,以达到方便优先购买权人作出是否行使优先购买权决策的合理程度即可。据此,将通知时间设置为拍卖十五日前较为合理。这主要是基于两点考虑:其一,根据最高人民法院《关于人民法院民事执行中拍卖、变卖财产的规定》第11条第2款的规定,"拍卖不动产或者其他财产权的,应当在拍卖十五日前公告"。如此,竞买人将于拍卖十五日前知晓拍卖不动产或者其他财产权的情形,基于对竞买人和优先购买权人公平对待的原则,也应于拍卖十五日前通知优先购买权人。其二,最高人民法院《关于审理城镇房屋租赁合同纠纷案件具体应用法律若干问题的解释》①和《关于适用〈中华人民共和国物权法〉若干问题的解释(一)》②将优先购买权的一般行使期间,规定为十五日。虽然这些规定适用于自主交易的场合,但是在强制拍卖中可作参照,以实现实体法与程序法的统一。

---

① 最高人民法院《关于审理城镇房屋租赁合同纠纷案件具体应用法律若干问题的解释》第24条:"具有下列情形之一,承租人主张优先购买房屋的,人民法院不予支持:……(三)出租人履行通知义务后,承租人在十五日内未明确表示购买的;……"

② 最高人民法院《关于适用〈中华人民共和国物权法〉若干问题的解释(一)》第11条:"优先购买权的行使期间,按份共有人之间有约定的,按照约定处理;没有约定或者约定不明的,按照下列情形确定:……(二)通知中未载明行使期间,或者载明的期间短于通知送达之日起15日的,为15日;……"

值得一提的是,关于有限拍卖责任公司股权的强制拍卖,《公司法》就法院的通知时间作出了不同的规定。《公司法》第 72 条规定:"人民法院依照法律规定的强制执行程序转让股东的股权时,应当通知公司及全体股东,其他股东在同等条件下有优先购买权。其他股东自人民法院通知之日起满二十日不行使优先购买权的,视为放弃优先购买权。"可见,在法院拍卖有限责任公司股权时,法院应当在拍卖二十日前通知其他股东。这显然与最高人民法院《关于人民法院民事执行中拍卖、变卖财产的规定》的规定相冲突。从法的效力等级来看,最高人民法院《关于人民法院民事执行中拍卖、变卖财产的规定》是属于司法解释,而《公司法》属于基本法律,二者出现冲突时应以基本法律为准。也就是说,在涉及有限责任公司股权强制拍卖时,法院应当适用《公司法》第 72 条的规定,在拍卖二十日前通知其他股东。

关于通知的方式,最高人民法院《关于人民法院民事执行中拍卖、变卖财产的规定》并没有强制要求法院必须以书面方式通知优先购买权人。但是,将通知优先购买权人的方式限为书面方式,是有必要的。因为,以书面方式通知优先购买权人,一方面,可以保证优先购买权人能够准确收到法院拍卖通知;另一方面,若事后出现优先购买权人就法院是否履行通知义务而提起相关诉讼,也易于查证。

另外,值得注意的是,根据现行法律法规的规定,不动产或者其他财产权可能经过三次强制拍卖才能成交,动产也可能经过两次拍卖,[①]那么,问题在于:是否每次拍卖前均应通知优先购买权人?还是在第一次拍卖前通知优先

[①] 值得注意的是,最高人民法院《关于人民法院网络司法拍卖若干问题的规定》将网络司法拍卖的次数统一规定为两次,两次拍卖流拍的,可以依法变卖。详见其第 26 条规定:"网络司法拍卖竞价期间无人出价的,本次拍卖流拍。流拍后应当在三十日内在同一网络司法拍卖平台再次拍卖,拍卖动产的应当在拍卖七日前公告;拍卖不动产或者其他财产权的应当在拍卖十五日前公告。再次拍卖的起拍价降价幅度不得超过前次起拍价的百分之二十。再次拍卖流拍的,可以依法在同一网络司法拍卖平台变卖。"

购买权人即可？① 笔者认为,在多次拍卖的情况下,每次拍卖程序具有相对独立性,每次拍卖的时间也有所不同,从保护优先购买权的角度出发,每次拍卖前均宜通知优先购买权人,不应因履行了第一次拍卖通知义务而否认法院在后续拍卖中的通知义务。即使优先购买权人在第一次拍卖通知后未参与竞买,也不宜据此否定其在后续拍卖中的优先购买权。

(三)优先购买权竞合时的处理

当民事实体法规定的多种优先购买权并存于同一拍卖标的之上时,就产生了多种优先购买权竞合的问题。例如,共有人的优先购买权与承租人的优先购买权并存于同一房屋上;不同股东对于同一欲拍卖的有限责任公司股权的优先购买权并存等。当不同主体的优先购买权产生竞合时,必须确定一定的优先购买权行使规则。

不同类型的优先购买权是否存在不同的保护顺位,我国现行法律没有作出明确的规定。一般认为,优先购买权可分为具有物权效力的优先购买权和具有债权效力的优先购买权,根据物权优于债权的原理,具有物权效力的优先购买权应当优先于具有债权效力的优先购买权,如共有人的优先购买权应优先于承租人的优先购买权。如果不同类型的优先购买权人顺位不同,那么,应当由顺位在先的优先购买权人作为买受人。②

相同顺位的优先购买权竞合时,应如何处理?法律和司法解释之间存在不同的规定。最高人民法院《关于人民法院民事执行中拍卖、变卖财产的规

---

① 实务中就出现了这样的案例:刘某在县商业街有房屋一间,租赁给汪某居住。后刘某因多起债务纠纷,被债权人诉至法院,诉讼期间其拥有的房屋被法院依法查封。判决生效后,债权人向法院申请强制执行,因刘某无其他可供执行财产,其拥有的房屋由法院委托拍卖公司予以公告拍卖,其标的房屋经两次拍卖程序均未成交,后标的房屋在第二次降价拍卖程序中拍出成功。在第一次拍卖程序中,法院依法向房屋租赁人汪某送达了拍卖通知,但汪某未到场参加竞拍。后在第二次、第三次拍卖程序中未再通知其参加竞拍,汪某也未参加竞拍。在标的房屋交付程序中,汪某向法院提出书面申请,主张标的房屋拍卖无效,自己对标的房屋享有优先购买权,法院未依法通知参加竞拍,自己愿意以拍卖价格优先购买标的房屋。(案例来源于孔繁灵、赖见兴:《强制执行拍卖中房屋承租人的优先购买权应否保护?》,载江西法院网:http://jxfy.chinacourt.org/public/detail.php?id=105619.)

② 最高人民法院《关于审理城镇房屋租赁合同纠纷案件具体应用法律若干问题的解释》第24条也体现了这一点。根据该司法解释第24条的规定,在房屋共有人行使优先购买权的情况下,承租人主张优先购买房屋的,人民法院不予支持。

定》第16条第2款规定:"顺序相同的多个优先购买权人同时表示买受的,以抽签方式决定买受人。"而《公司法》第71条第3款则规定:"两个以上股东主张行使优先购买权的,协商确定各自的购买比例;协商不成的,按照转让时各自的出资比例行使优先购买权。"最高人民法院《关于适用〈中华人民共和国物权法〉若干问题的解释(一)》第14条也作出了类似《公司法》的规定,"两个以上按份共有人主张优先购买且协商不成时,请求按照转让时各自份额比例行使优先购买权的,应予支持"。最高人民法院《关于人民法院网络司法拍卖若干问题的规定》第20条第3款则另行规定了相同顺位的优先购买权竞合时的一种新的处理方式:"顺序相同的优先购买权人以相同价格出价的,拍卖财产由出价在先的优先购买权人竞得。"在执行实践中,有的法院采用继续加价拍卖的办法,由多个优先购买权人为竞买人、以现有的出价为起拍价,让多个优先购买权人继续竞拍,价高者得。[①] 笔者认为,在存在多个相同顺位的优先购买权人的情况下,优先购买权的行使方式,须根据现场司法拍卖与网络司法拍卖的不同而分别确定:在现场司法拍卖中,采纳优先购买权人协商确定、协商不成时按比例行使优先购买权的做法更为合理,这一方面尊重了优先购买权人的意思自治,另一方面也符合顺位相同的优先购买权应平等保护的原则。事实上,《法国民法典》也采纳了类似的做法,其第815.14条规定:"如数个共有人行使其先买权,除有相反约定外,该数个共有人被视为按各自在共有财产中所占的比例取得出卖部分。"在网络司法拍卖中,基于网络的特殊性和网络拍卖及时性的要求,不可能再实行优先购买权人协商确定买受人的方式,也无法再仔细划定优先购买权的行使比例,而以相同价格的出价顺序来确定买受人,是合理的选择。

四、优先购买权受侵害时权利人的救济

在执行实践中,有时会出现这样的情形:执行法院未调查拍卖标的上是否有优先购买权人,或者调查时未发现有优先购买权人,或者在拍卖前未及时通

[①] 有观点认为,这样的办法既符合拍卖的基本原则又保障了执行当事人的利益,更使执行财产达到最高价值,同时,又符合优先权的同等竞买条件(详见方昀:《强制拍卖新论》,武汉出版社2006年版,第258页)。

第四章
强制拍卖中的优先购买权

知优先购买权人参加竞买,即将拍卖标的拍定给买受人。此时,一些优先购买权人以优先购买权在强制拍卖中未得到保护为由,向法院主张拍卖无效。①那么,优先购买权人拍卖无效的主张应否得到法院的支持呢?

有观点认为,优先购买权作为一种法定权利,不能随意剥夺。若法院未依法向优先购买权人送达通知或存在其他侵害优先购买权行使的情形,应当认定拍卖无效。②另一种观点则认为,强制拍卖系公法行为,拍定人因强制拍卖而取得标的物属原始取得,为维护强制拍卖的公信力和拍卖结果的安定性,优先购买权人关于拍卖无效的主张不应支持。③

现行法律和司法解释并未就强制拍卖中优先购买权受到侵害的法律后果作出明确的规定。最高人民法院就民商事自主交易过程中优先购买权受到侵害的情形作出了一些司法解释。最高人民法院《关于贯彻执行〈中华人民共和国民法通则〉若干问题的意见(试行)》第118条曾规定:"出租人出卖房屋,应提前三个月通知承租人,承租人在同等条件下,享有优先购买权;出租人未按此规定出卖房屋的,承租人可以请求人民法院宣告该房屋买卖无效。"据此,承租人优先购买权受到侵害的,承租人可以请求确认房屋买卖合同无效。但是,2008年12月18日,依据最高人民法院发布的公告,该条因与《物权法》有关规定冲突而从2008年12月24日起被废止。2009年7月最高人民法院颁布的《关于审理城镇房屋租赁合同纠纷案件具体应用法律若干问题的解释》第21条也涉及了优先购买权受侵害的法律后果。该条规定:"出租人出卖租赁房屋未在合理期限内通知承租人或者存在其他侵害承租人优先购买权情形,承租人请求出租人承担赔偿责任的,人民法院应予支持。但请求确认出租人与第三人签订的房屋买卖合同无效的,人民法院不予支持。"根据该规定,如果

---

① 一起典型的强制拍卖案例:某拍卖行受法院委托,拍卖某地一至二层厂房,厂房有人租赁使用。拍卖行按照《拍卖法》的有关规定,发布拍卖公告,领人实地看样,并对人承诺成交后可清场交付厂房。拍卖会上,郑先生通过竞价买受该厂房,但郑先生依协议付完房款后,在厂房交接过程中,该厂房的承租人向法院提出异议,主张该厂房其在同等条件下有优先购买权,而法院在强制拍卖过程中未书面通知其本人,侵害了其合法权益,要求法院宣告该次拍卖无效,重新进行拍卖。(案例来源于拍房网:http://cz.paifun.net/news/2012-1-21/16727.html。)

② 孔繁灵、赖见兴:《强制执行拍卖中房屋承租人的优先购买权应否保护?》,载江西法院网:http://jxfy.chinacourt.org/public/detail.php?id=105619。

③ 陈小明:《强制拍卖中承租人的优先购买权》,载《人民司法》2007年第15期。

出租人与第三人达成买卖协议,但未向承租人履行通知义务,在完成买卖交易后,承租人不得向法院申请确认该买卖合同无效,对于承租人由此而遭受的损失,只能依法向出租人要求赔偿。可见,根据该条的规定,承租人优先购买权受到侵害的,其法律后果与《关于贯彻执行〈中华人民共和国民法通则〉若干问题的意见(试行)》第 118 条规定的法律后果完全不同。最高人民法院《关于适用〈中华人民共和国物权法〉若干问题的解释(一)》也采纳了同样的做法。该解释第 12 条第 2 款规定,按份共有人向共有人之外的人转让其份额,其他按份共有人仅请求撤销共有份额转让合同或者认定该合同无效的,法院不予支持。① 在优先购买权受到侵害的情形下,否定优先购买权人买卖合同无效的主张,有利于保护善意的第三人,促进交易的安全。

由上可见,根据现行的司法解释,在自主交易过程中,通常情况下,优先购买权人不得以优先购买权受到侵害为由而主张转让合同无效。在强制拍卖中,若优先购买权人以优先购买权受到侵害为由主张拍卖无效,法院更不宜予以支持。与自主交易行为相比,强制拍卖作为一种公法行为,必须维护自身的公信力和拍卖结果的安定性。基于对强制拍卖的信赖而参与竞买的拍定人的法律地位必须得到维护。如果仅以竞买人不知情的优先购买权的存在而否定已经拍定的法律状态,最终将会颠覆强制拍卖得以存续的制度根基,甚至损害法院的权威。至于优先购买权人,其因法院过错而致使优先购买权无法行使的,则可依法向法院申请国家赔偿。

结　语

在执行实务中,案外人主张优先购买权并据此请求确认强制拍卖无效的情形极为常见。在理论上,优先购买权人能否在强制拍卖程序中行使优先购

---

① 诚然,这并不意味着承租人绝对不能主张出租人与第三人签订的买卖合同无效。如果"出租人与第三人恶意串通签订买卖合同损害承租人优先购买权时,承租人可以依照《民法通则》第 58 条第 1 款第(4)项规定和《合同法》第 52 条第(2)项规定,主张认定出租人与第三人签订的买卖合同无效"(参见《最高人民法院民一庭负责人就〈关于审理房屋租赁合同纠纷案件具体应用法律若干问题的解释〉答记者问》)。但是,在这种情形下,优先购买权人要求宣告合同无效的根据,是民法上第三人与出卖人恶意串通的侵权行为,与优先购买权的效力并没有直接关系。

买权,素有争议。优先购买权能否行使,实质上牵涉债权人、债务人、竞买人、优先购买权人、法院等多方主体的利益。经过对这些主体之间的利益权衡,可以得出结论,承认和保护强制拍卖程序中优先购买权的行使,是合理的立法选择。在强制拍卖程序中行使优先购买权,必须受制于两大核心条件:一是行使主体适格,即须存在合法有效的优先购买权;二是符合同等条件。在强制拍卖中,优先购买权行使的"同等条件",虽然与民商事活动中自主交易时优先购买权行使的"同等条件"有所不同,但是,对强制拍卖中同等条件的认定,也不宜将同等条件完全限于价格的同等,还应包括付款方式和付款期限的同等。就强制拍卖中优先购买权行使的方式而言,跟价法更有利于竞买人地位的稳定,有利于执行程序的顺利进行,因而更为可取。为了保障优先购买权人的优先购买权,法院必须在强制拍卖实施前向优先购买权人履行通知义务。不过,如果优先购买权人以优先购买权受到侵害为由主张拍卖无效,法院不应予以支持,以维护强制拍卖的公信力和拍卖结果的安定性。至于优先购买权人由此而遭受的损失,可依法请求国家赔偿。

第五章 强制拍卖无效

一、由一则案例引发的思考

据郑州《大河报》于 2014 年 11 月 15 日报道,平顶山市民王先生于 2014 年 8 月通过淘宝司法拍卖平台,成功拍得宝丰县人民法院拍卖的一处别墅。在交付 200 多万元的购房款后,却被组织拍卖的宝丰县人民法院告知,当初资产评估有误,拍卖无效。更让他感到离奇的是,宝丰县人民法院在起拍价上涨 80 多万元后,将该栋别墅再次进行拍卖。对此,宝丰县人民法院相关人士表示,王先生可以起诉评估公司和宝丰县人民法院,进行维权。[①]

该案在社会舆论中引发了轩然大波。时评作者兵临发表了题为《司法拍卖法院岂能"一悔了之"》的文章,尖锐地指出:"整个拍卖在法律效力上并无瑕疵,法院基于维护被执行人利益而反悔事实上构成了违约。市场经济社会,法院应当更加尊重民事交易的外部安定性,只要拍卖是按照法定程序进行的,也不存在法定的可撤销情形,就不能擅自反悔。否则,看似是为被执行人权益着想,伤害的不仅是买受人的利益,更有民事交易的安定性,同时也将法院自身的诚信降至零点。""宝丰县法院称王先生可以起诉评估公司和宝丰县法院,这种以法院为被告的官司叫当事人如何去打?"[②]甚至有论者对执行法院提出严厉批评,认为法院"视诚信为儿戏","司法拍卖平台的严肃性不容置疑,更不容亵渎,法院岂能无节操而失信于民,宝丰县法院相关人士建议王先生可以起诉

---

① 详见《网拍别墅成交后,法院说不算了》,载《大河报》2014 年 11 月 15 日 A14 版。
② 详见兵临:《司法拍卖法院岂能"一悔了之"》,载腾讯网:http://view.news.qq.com/a/20141116/005174.htm。

评估公司和宝丰县法院,其脸皮我看比城墙还厚,政府部门的形象与公信力就是这样受到损害的",并建议王先生"将维权进行到底"。该论者认为,"从某种意义上说,打这场官司意义深远,其输赢事关司法公正,事关老百姓的正当权益能否得到维护。"[1]还有评论指出,在此案中,整个拍卖程序没有任何瑕疵,应当认为有效,"法院拍卖别墅反悔并非是评估失误而是他们把法律法规视为儿戏当成约束别人的工具,法律法规成为他们手中的泥团想怎么捏就怎么捏,这与依法治国的要求是背道而驰的"。并进一步指出,"如果连法院这最后一道防线都失守,还怎么让人相信法律依靠法律?"[2]

这些评论或者是为买受人叫屈,或者是批评执行法院,或者是支持买受人维权,总而言之,均认为法院不得随意确认该拍卖程序无效。客观来看,这些评论更多的是从感性的角度来评析此案。从法律自身的角度来看,该案的前一拍卖程序是否应当确认为无效呢?如果认为不应属无效,那么,判断是否无效的标准又是什么呢?如果认为某拍卖程序应当被确认为无效,那么,为了避免法院司法的随意性,应当遵循什么样的程序?再者,假设某拍卖程序最终被确认无效,那么,对有关的利害关系人而言,会产生何种法律后果?若客观评论此案,这些问题是无法避免的必须回答的问题。而上述评论虽然言辞犀利、批评尖锐,但是仍然无法为这些问题提供直接的答案。

关于强制拍卖无效的问题,目前我国执行理论研究关注较少,而实践中却困惑较多。有鉴于此,这里根据强制拍卖立法与理论,结合司法实践,围绕此主题展开探讨,尝试着寻找上述问题的合理的答案。

二、强制拍卖无效的事由

因强制拍卖程序存在某种瑕疵,使已经完成的拍卖程序并不产生拍定的效力,此即强制拍卖无效。导致强制拍卖无效的瑕疵(事由)包括哪些,理论界和实务界争议很大。

---

[1] 李忠卿:《司法拍卖反悔,要将维权进行到底》,载《中国日报》2014年11月16日。
[2] 李方向:《事关法律威严,司法拍卖必须拒绝"权力反悔"》,载《扬子晚报》2014年11月17日A9版。

(一)关于强制拍卖无效事由的立法与实践

关于强制拍卖无效的法定事由,无论是我国现行《民事诉讼法》,还是最高人民法院关于强制执行的司法解释,均未对此作出明确的规定。最高人民法院《关于人民法院办理执行异议和复议案件若干问题的规定》(2015年)第21条规定了当事人、利害关系人可以提出异议请求撤销拍卖的5种情形,于2017年1月1日起施行的最高人民法院《关于人民法院网络司法拍卖若干问题的规定》(2016年)第31条也规定了当事人、利害关系人可以提出异议请求撤销网络司法拍卖的6种情形,但是,应当注意的是,这两个条文规定的是可以"撤销"拍卖的情形,而非拍卖"无效"。如后文所述,可撤销的拍卖与无效的拍卖有着本质的区别。因此,这两个条文不能直接被视为关于拍卖无效情形的规定。当然,这两个条文规定的当事人、利害关系人可请求撤销拍卖的情形,是否合理,另当别论。

最高人民法院在于2014年12月18日发布的第35号指导案例《广东龙正投资发展有限公司与广东景茂拍卖行有限公司委托拍卖执行复议案》中明确指出:"受人民法院委托进行的拍卖属于司法强制拍卖,其与公民、法人和其他组织自行委托拍卖机构进行的拍卖不同,人民法院有权对拍卖程序及拍卖结果的合法性进行审查。因此,即使拍卖已经成交,人民法院发现其所委托的拍卖行为违法,仍可以根据《民法通则》第五十八条、《拍卖法》第六十五条等法律规定,对在拍卖过程中恶意串通,导致拍卖不能公平竞价、损害他人合法权益的,裁定该拍卖无效。"①而从《拍卖法》来看,仅于其第 65 条规定了拍卖无效的一种事由,即"竞买人之间、竞买人与拍卖人之间恶意串通,给他人造成损害的,拍卖无效"。至于任意拍卖中的其他瑕疵,无论是标的物本身存在瑕疵,抑或是竞买人资格不符等,《拍卖法》并未将其明确列入拍卖无效的范畴。

从我国目前的执行实践来看,毫无疑问是将强制拍卖无效的事由予以扩大化,并不局限于恶意串通竞买这一种情形。例如,有的法院以拍卖公告内容存在瑕疵为由裁定拍卖无效;②有的法院以拍卖机构未向竞买人说明标的物上的瑕疵及拍卖其他法院查封之物为由确认拍卖无效;③有的法院以未通知申请执行人参加拍卖会、未告知须报名参与竞买为由裁定拍卖无效④有的法

---

① 理论上,通常认为,强制拍卖不同于任意拍卖,不适用调整任意拍卖的《拍卖法》。早在《拍卖法》立法过程中,时任国内贸易部部长的陈邦柱在向全国人大常委会所作的《关于〈中华人民共和国拍卖法(草案)〉的说明》中就明确指出,法院的强制拍卖不纳入《拍卖法》的调整范围。但是,最高人民法院认为:"在执行案件审查过程中,对于程序法中尚无具体专门规定的事项,可以运用实体法的精神来处理执行程序中出现的问题。虽然执行中的委托拍卖应当主要遵守专门调整司法拍卖的法律规范(目前主要是最高人民法院制定的专门司法解释),但拍卖法作为规范拍卖机构拍卖行为的一般性法律,拍卖机构在受法院委托的拍卖活动中,也应当遵守。对于尚无司法解释专门规定的一些司法拍卖事项和问题,则应当适用普通拍卖的一般原则及具体规则。在这个意义上说,拍卖法的相关规定,在与有关执行程序的法律和司法解释规定的目的和原则不相冲突的前提下,也构成司法拍卖的补充性法律规范。对于宣布拍卖无效的问题,目前司法解释尚无具体规定,但不等于司法拍卖不存在无效的问题,对于确实具有无效因素的司法拍卖,就应当引用民法通则和拍卖法的相关规定予以处理。"(参见最高人民法院执行局、案例指导工作办公室:《〈广东龙正投资发展有限公司与广东景茂拍卖行有限公司委托拍卖执行复议案〉的理解与参照》,载《人民司法》2015 年第 18 期。)

② 尚杰:《拍卖公司有问题,竞拍人"埋单"?》,载《大河报》2012 年 8 月 29 日 A13 版。在该案中,法院执行裁定上说明的拍卖无效的原因是:经法院审查查明,拍卖公司在拍卖公告上公布的联系电话系另一参加竞买人的手机,其行为直接影响了本案拍卖的合法性和公正性,故最终裁定本次拍卖无效。

③ 厦门中级人民法院:"陈卫东竞得法院委托拍卖的标的物后获知该物为另一法院查封之物诉厦门拍卖中心拍卖无效案",载司法库:http://sifaku.com/falvanjian/66/zf0beba3z0dw.html。

④ 详见《当事人要求确认司法拍卖无效》,载法务在线:http://www.fawuzaixian.com/news/info/123694.html。

院以拍卖未经公告为由认定拍卖无效;①有的法院以拍定人未能按照拍卖公告约定的时间支付拍卖款而确认拍卖无效;②有的法院以违反竞买秩序为由裁定拍卖无效;③等等。当然,这些情形是否构成强制拍卖无效,有关的当事人、利害关系人、拍卖机构以及执行机构之间存在争执。

(二)关于强制拍卖无效事由的理论纷争

关于强制拍卖无效的事由,理论上因对强制拍卖性质的认识不同而有明显的差异,即使是采相同的强制拍卖性质学说者,相互之间对强制拍卖无效事由的见解也有所不同。

主张强制拍卖系私法行为的最高人民检察院的孙加瑞先生认为,强制拍卖因下列事由之一而无效:(1)拍卖人自行应买或者使他人为其应买;(2)拍卖物未经查封、扣押,或者查封、扣押为无效,拍卖缺乏存在条件;(3)拍卖物为第三人所有;(4)拍卖物为违禁物、禁止流通物;(5)其他事由。④ 同样采强制拍卖私法说的台湾地区学者陈计男先生则认为,强制拍卖无效的事由包括:(1)执行名义不存在;(2)执行名义无效或丧失效力;(3)拍卖物未经查封或查封无效;(4)拍卖之动产系违禁物,或拍卖物系第三人所有。他认为,买受人受善意取得的保护或系关于拍卖程序的规定,如拍卖公告或拍卖场所等规定有所违反时,利害关系人仅可在拍卖程序终结前申请或声明异议,以求纠正。如拍卖程序业经终结,则对于拍定的效力不生影响。⑤ 台湾学者赖来焜先生则主张,执行名义不存在或自始无效,拍卖标的物为第三人所有的,强制拍卖无效;执行名义经废弃或撤销的,或者执行法院未依不动产拍卖程序规定具有瑕疵所为的违法拍卖,并非拍卖无效,当事人或利害关系人可依法声明异议或撤销拍卖行为。⑥

主张强制拍卖系公法行为的李浩教授认为,强制拍卖无效的情形包括:

---

① 详见《拍卖车辆未经公告,法院认定拍卖无效》,载腾讯网:http://auto.qq.com/a/20111122/000080.htm。
② 详见《青浦法院执行局就房地产违规拍卖导致拍卖无效提出三点建议》,载上海法院网:http://shfy.chinacourt.org/article/detail/2015/02/id/1555140.shtml。
③ 详见《吴中法院对一场裁定无效的拍卖组织重拍,挽回当事人合法权益》,载苏州市吴中区人民法院网:http://www.szwzfy.gov.cn/news_show.php?id=547。
④ 孙加瑞:《执行拍卖制度检讨》,载《执行工作指导》2004年第1辑,第171~172页。
⑤ 陈计男:《强制执行法释论》,台湾元照出版公司2002年版,第364页。
⑥ 赖来焜:《强制执行法各论》,台湾元照出版公司2008年版,第367~370页。

(1)执行名义不存在;(2)拍卖物未经查封、扣押或者查封、扣押无效;(3)拍卖物为违禁物。关于拍卖程序瑕疵能否导致拍卖无效的问题,李浩教授认为,强制拍卖中如有违反拍卖程序的,利害关系人可以在程序终结前提出异议以求纠正,但如果拍卖程序终结,拍卖效力不受影响。① 换言之,对拍卖程序本身的违反,并不导致强制拍卖的无效。同样主张强制拍卖公法说的最高人民法院范向阳法官则认为,强制拍卖程序必须符合法律的规定,违反拍卖程序的行为均应为无效行为。具体而言,他认为,导致强制拍卖无效的程序瑕疵包括:(1)处分权瑕疵,如拍卖标的物未经查封的;(2)标的物流通性瑕疵;(3)执行名义瑕疵;(4)公告程序瑕疵;(5)竞买人竞买资格瑕疵;(6)不遵守执行机关的中止、暂缓拍卖指令而进行的拍卖;(7)恶意串通。② 西南政法大学的毋爱斌博士则认为,对于绝大部分违法拍卖行为,应尽量在执行拍卖程序中消化,仅有少数行为能够导致拍卖无效,具体包括:(1)拍卖欠缺基本前提行为,如标的物未经查封或者查封无效、拍卖标的物为法律法规禁止查封或禁止流通的;(2)拍定人竞买资格瑕疵;(3)拍卖违反基本原则,有损公正、公开、公平原则的,如恶意串通竞买、串标围标等;(4)拍卖前未发布拍卖公告的、拍卖物以低于底价的价格拍定的、拍卖人或者执行债务人故意隐瞒拍卖物的重大瑕疵的等严重违反程序规定,且给他人造成损害的。③

我国《强制执行法草案(五)》第233条将强制拍卖无效的事由限为以下六种:(1)竞买人之间、竞买人与拍卖人之间恶意串通,给他人造成损害的;(2)拍卖前未发布拍卖公告的;(3)拍卖日期距公告日期不足法定期限的;(4)拍卖物以低于底价的价格拍定的;(5)拍卖人或者债务人故意隐瞒拍卖物的重大瑕疵的;(6)其他违反拍卖程序给利害关系人造成损害的情形。《强制执行法草案(六)》在《强制执行法草案(五)》的基础上,删除了第三种无效事由(即删除"拍卖日期距公告日期不足法定期限的"),仍保留了其余五种情形。④

(三)关于强制拍卖无效事由的比较法考察

从比较法的角度来看,域外立法更多的是从执行救济的角度来统一布局

---

① 李浩:《强制执行法》,厦门大学出版社2004年版,第347页。
② 范向阳、范欣珂:《试论强制拍卖无效》,载《人民司法·应用》2009年第7期。
③ 毋爱斌:《民事执行拍卖制度研究》,2013年西南政法大学博士学位论文,第125页。
④ 详见《强制执行法草案(六)》第149条。

执行行为的效力问题,极少就强制拍卖无效的事由作出直接的规定。这里就选择法国、德国和日本三个大陆法系典型国家来考察强制拍卖的无效事由。

从法国法来看,法国仅在其《民法典》第1596条明确规定了一种强制拍卖无效的情形:"下列各人,不得以自己的名义或假借他人的名义,对下列财产为公卖竞买人;如有违反,其竞买无效:监护人,对于其被监护人的财产;受任人,对于其受委托出卖的财产;公有财产管理人,对于其管理的区、乡财产及公共团体财产;官吏,对于职权上归其出卖的国家财产。"法国法理论认为,不动产扣押和拍卖无效的情形,可分为两种:一是实质性无效,包括由执行名义产生的无效事由(如债权并无法律存在、执行名义无效)和由受到扣押的不动产产生的无效事由(如不动产为不可扣押的财产、债权人扣押的不动产并不在用于对其作为担保的财产的整体之内)。二是形式上的无效,即程序上的缺陷以及因没有遵守法国《民事诉讼法典》第715条所规定的期间而产生的无效,如催告令的形式有缺陷、没有遵守有关竞卖细则、催告通知书的期间与手续。如由丈夫的债权人针对夫妻共有的不动产实施扣押,该扣押即属无效。① 不过,从当事人、利害关系人可提出无效事由的期间来看,无效原因产生于"可能的开庭"②之前的,应当在确定可能开庭的期日前5日通过在竞卖细则上作出申明意见提出;无效原因(只能是形式上的缺陷)产生于可能的开庭之后,最迟应当在拍卖竞标前5日提出(最常见的是拍卖公告的缺陷);针对开庭之时和开庭之后进行的程序提出的无效申请,最迟应当在竞标之日后5日内提出,否则,丧失权利。就当事人或利害关系人丧失权利这一后果来看,可见,法国法理论上所谓的上述无效事由,并非真正的无效,而属于可撤销的事由,因为,真正的完全意义上的拍卖无效,如后文所述,应当是绝对的当然无效。本文探讨的强制拍卖无效,亦非拍卖程序期间内提起的无效申请,而是拍卖程序终结后确认拍卖无效的问题。在这个意义上,法国法上当事人或利害关系人可提出的拍卖无效的事由,限于民法上的无效事由,因为,在法国,得标判决被视为"经司

---

① [法]让·文森、雅克·普雷沃:《法国民事执行程序法要义》,罗结珍译,中国法制出版社2005年版,第336~337页。

② 根据法国法的规定,竞卖细则提交法院后,法院应向利害关系人送达催告通知书,催促利害关系人阅知竞卖细则,了解拍卖条件,对竞卖细则申明意见或异议。在最后一份催告通知书送达之后第30天,法院要开庭对可能提出的申明意见或异议作出裁判。这是竞价开庭之前可能进行的一次开庭,学理上称之为"可能的开庭"。

法裁判的合同",可以针对其提出无效之诉。① 法国法之所以将民法上的无效事由作为当事人或利害关系人主张拍卖无效的事由,源于法国法将强制拍卖理解为纯粹的私法行为,采纳的是强制拍卖私法说。

在德国,因奉行绝对的强制执行公法说,一项执行行为(包括强制拍卖)即使在实体法上被证明是不正当的,如欠缺可执行的请求权或被扣押的标的物不属于债务人财产,并不会导致执行行为瑕疵。当执行机构违法执行时,法律上仅规定了借助于相应的救济措施对已经实施的执行措施声明不服,主张撤销。至于执行瑕疵是否同时也导致执行行为无效,法律上并未作出一般性的回答。在具体的情况下,法律上才强调,违反法律将影响执行行为的效力。因此,在德国法上,并不存在区分执行行为无效与可撤销的一般标准。② 就强制拍卖而言,德国《强制拍卖与强制管理法》第 96 条以下规定,对于拍卖成交裁判,当事人、利害关系人可以提出抗告。但是,抗告的理由是拍卖自始无效事由还是拍卖可撤销事由,立法并未明确。德国法理论认为,在具体的案件中,执行瑕疵何时导致无效,何时导致撤销,必须结合所适用的程序法规范具体分析,判断其在何种程度上对所涉执行行为的效力发生影响。他们认为,可以参照有关瑕疵国家行为的"瑕疵严重且显著"的司法标准作为执行行为无效的标准。③ 若据此标准,那么,仅在少数情况下才会出现无效的拍卖行为,如欠缺执行名义的拍卖。

日本《民事执行法》也未就强制拍卖无效的事由作出明确的规定。在日本的执行实践中,就执行裁判所的执行处分而言,具有能称为完全无视明确规定而构成当然无效的处分的,从来没有被认可过。就执行官的执行处分而言,除特别重要的要件,例如欠缺执行的本质要件(如具有执行力的债权名义的正本欠缺)或者欠缺保护债务人或其他利害关系人的绝对要件(如对绝对禁止扣押物的扣押)之外,也没有被认为是绝对无效的。之所以有这样的实践结果,根源在于日本民事执行法理论坚持认为,作为国家权力作用结果的执行处分,执行机关只要实施了被认为是"外观上执行处分"的行为就可以成立。而执行裁判所或者执行官一般行为过程中积极主动追求违法的情况是极为罕见的,通

---

① [法]让·文森、雅克·普雷沃:《法国民事执行程序法要义》,罗结珍译,中国法制出版社 2005 年版,第 338～339 页。
② 江必新主编:《比较强制执行法》,中国法制出版社 2014 年版,第 155 页。
③ 江必新主编:《比较强制执行法》,中国法制出版社 2014 年版,第 156 页。

常都遵循了法律对程序的要求。① 日本学界认为,在欠缺执行名义或者明确知道存在执行障碍事由的情况下,会导致执行行为当然无效。②

(四)强制拍卖无效事由的判断标准

就强制拍卖无效而言,立法的缺失、理论的分歧,直接导致了执行实践的混乱。那么,究竟应当将哪些瑕疵拍卖行为认定为无效呢? 这涉及强制拍卖无效事由的判断标准问题。

在探讨强制拍卖无效事由的判断标准之前,这里首先有必要区分无效拍卖与可撤销拍卖两个概念。因强制拍卖系执行行为之一种,故无效拍卖与可撤销拍卖的区分,可以回溯到无效执行行为与可撤销执行行为的区别问题。在强制执行理论上,瑕疵执行行为可以根据违法程度的不同,分为无效执行行为与可撤销执行行为。③ 所谓无效执行行为,是指执行机关所实施的严重违反法律规定,欠缺强制执行的本质要件,无法被认为是有法律效力的执行行为。所谓可撤销执行行为,是指虽有瑕疵,但仍有执行程序法上的效力,须经撤销始丧失其效力的执行行为。无效执行行为因严重违反法律规定,具有重大瑕疵,因而自始不发生任何法律效力,执行机关应依当事人、利害关系人请求或者依职权宣告无效。而可撤销的执行行为可以通过消除瑕疵,尤其是通过事后满足所欠缺的要件或因当事人、利害关系人放弃其责问权而具备完全的法律效力,并且,在被撤销之前,可撤销的执行行为仍属有效,只有在被依法撤销后,方丧失法律效力。瑕疵拍卖亦然:若瑕疵拍卖属于无效拍卖,则拍卖自始无效,执行机构应根据利害关系人的请求或者依职权宣告无效;若瑕疵拍卖属于可撤销拍卖,那么,当事人或利害关系人没有申请撤销的,则拍卖有效,当事人或利害关系人申请撤销的,被撤销后方归于无效,执行机构不得依职权撤销此类拍卖。

在区分无效拍卖与可撤销拍卖的基础上,笔者认为,根据强制拍卖的性质和无效拍卖的后果,在确定强制拍卖无效事由范围的时候,应当着重考虑以下

---

① 江必新主编:《比较强制执行法》,中国法制出版社 2014 年版,第 249~250 页。
② 江必新主编:《比较强制执行法》,中国法制出版社 2014 年版,第 212 页。
③ 有学者认为,根据违法程度的不同,瑕疵执行行为应当分为三类,即除无效执行行为和可撤销执行行为以外,尚包括表见执行行为(详见赖来焜:《强制执行法总论》,台湾元照出版公司 2007 年版,第 518~520 页)。但是,正如该学者所承认的,所谓表见执行行为,并不具备执行行为的概念要素,在外观上也不能认为是执行机关的执行行为,因此,这里不将表见执行行为作为瑕疵执行行为的一种分类。

第五章 强制拍卖无效

三个方面的因素：

(1)不宜将民事法律行为的效力标准作为强制拍卖效力的评判标准。关于强制拍卖的性质，理论上存在私法说、公法说以及折中说之争，实践中也有相应的不同立法例。私法说认为强制拍卖系私法行为，属于买卖契约的一种。公法说则认为强制拍卖系公法上的处分行为。折中说一方面承认强制拍卖系公法处分，另一方面又认为强制拍卖具有私法买卖的法律效果。随着执行理论的发展，公法说作为最具说服力的学说，逐渐成为执行理论发展的主流学说。我国目前通说也采纳了公法说。强制拍卖作为一种公法行为，在本质上明显区别于私法上的民事法律行为，因此，私法中关于民事法律行为的效力判断标准，无论是立法规定还是理论论证，都不能直接引入强制拍卖领域。鉴于此，前述有关学者基于强制拍卖私法说而据民事法律行为的效力评判标准提出的强制拍卖无效事由，就值得商榷。法国法上允许当事人、利害关系人基于民法上的无效事由提起拍卖无效之诉，也不值得借鉴。我国最高人民法院在尚无司法解释专门规定强制拍卖无效事由的情况下，作为权宜之计，适用《拍卖法》关于任意拍卖无效的规定，其合理性并不充足。

(2)严格限缩强制拍卖的无效事由。强制拍卖的公法性，决定了强制拍卖必须具有公信力，拍卖结果必须具有高度安定性，以维护国家权威、保护利害关系人的信赖利益。如果任意认定瑕疵拍卖的无效，因"执行拍卖是一组动态演进的行为链，其中任何一个环节的行为存在瑕疵而被认定无效，都会直接导致行为链的断裂，从而导致后续行为失去合法性根基，影响执行程序的稳定性、经济性"[1]，所以，对于瑕疵拍卖行为，也应像其他瑕疵执行行为一样，"原则上不能采取当然无效模式，而宜以撤销模式为主"[2]。也就是说，除非存在重大的违法行为，瑕疵拍卖原则上仅可撤销，而不得随意认定当然无效。德国和日本的执行理论也表达了同样的观点，即主张仅应在极少数情况下认定强制拍卖无效。

(3)将可通过执行救济制度补正的瑕疵排除在拍卖无效事由之外。为了保障强制拍卖结果的安定性，应避免随意认定拍卖无效。同时，考虑到认定拍卖无效后可能引发的复杂的后续问题，对于强制拍卖中的瑕疵，应当尽可能地

---

[1] 毋爱斌：《民事执行拍卖制度研究》，2013年西南政法大学博士学位论文，第123页。

[2] 江必新主编：《强制执行法理论与实务》，中国法制出版社2014年版，第29页。

在拍卖程序中予以消化,即尽量通过执行救济程序以治愈瑕疵。如果法律对有关瑕疵拍卖行为提供了相应的救济措施,当事人、利害关系人应当善用这些救济,以及时补正瑕疵行为。如果当事人、利害关系人有机会寻求这些救济而放弃了这些救济,则不得随意在事后请求确认拍卖无效。用台湾学者陈荣宗教授的话说,"得为执行救济之拍卖行为,属于得撤销之拍卖行为"①,非无效的拍卖行为。德国法和日本法未就强制拍卖无效作出一般性的规定,而在执行机构违法执行时,规定了相应的执行救济措施,即体现了此种执行理念。法国法理论在宽泛界定扣押和拍卖无效事由的同时,限定当事人、利害关系人提出无效事由的期间,可见也受此种观念的影响。

上述因素仅限缩了强制拍卖无效事由的外延,表明强制拍卖无效事由的范围应当"尽可能地小",但依然没有从正面回答强制拍卖无效事由的判断标准是什么的问题。从前述关于强制拍卖无效事由的不同理论观点来看,各观点大多仅是罗列了各自认为应当属于强制拍卖无效的具体事由,并没有直接表明其罗列这些事由的评判标准。那么,在考虑上述因素的情况下,究竟应当将何标准作为强制拍卖无效事由的评判标准呢?

最高人民法院范向阳法官认为,强制拍卖作为公法行为,具有高度的公信力,其拍卖程序必须符合法律的规定,因此,"违反拍卖程序的行为"应为无效行为。② 然而,违法拍卖行为多样,不同的违法拍卖行为违法的程度有所不同,实在不宜将所有的违法拍卖行为均视为无效拍卖行为。如前所述,根据拍卖行为的违法程度,绝大多数违法拍卖行为应属于可撤销的拍卖行为,而少数违法拍卖行为才属于无效行为。仅以是否违法为标准判断拍卖是否无效,无疑会导致强制拍卖无效事由的不当扩大化。

既然强制拍卖作为执行行为之一种,那么,执行行为无效的标准,对强制拍卖依然适用。基于执行行为的公法属性,通常认为,对其效力评判不能采取私法属性的民事行为效力评判标准,也不宜采取审判行为效力评判标准,而宜采取国家行政行为的效力评判标准。③ 而根据行政行为的效力评判标准,只有在具有"重大而显著的瑕疵"的情况下,执行行为才能被认定为自始无效。这一评判标准虽未通过立法形式予以明确,但事实上已在执行理论中得以确

---

① 陈荣宗:《强制执行法》,台湾三民书局1999年版,第422页。
② 范向阳、范欣珂:《试论强制拍卖无效》,载《人民司法·应用》2009年第7期。
③ 江必新主编:《强制执行法理论与实务》,中国法制出版社2014年版,第29页。

立。例如,台湾地区学者杨与龄先生就认为,执行行为的无效,是指执行行为虽已成立,但具有"重大而明显之瑕疵"而不生执行程序上的效力者而言。①德国法理论也认为,宜将"瑕疵严重且显著"作为执行行为无效的标准。②而"重大而显著的瑕疵",应当是指欠缺强制执行本质要件,根本无法被解释为有法律效力的执行行为而言。

"重大而显著的瑕疵"作为执行行为无效的标准,适用于强制拍卖行为。不过,强制拍卖作为个别执行行为,有其区别于其他执行行为的一些特殊性。因此,在判断强制拍卖是否具有"重大而显著的瑕疵"时,有结合强制拍卖的具体情形展开进一步探讨的必要。因此,下文将对此展开进一步的研析。

(五)强制拍卖无效事由的类型化分析

根据"重大而显著的瑕疵"拍卖行为无效的评判标准,哪些情形下的瑕疵拍卖应当被认定为无效呢?这里结合实务中常见的瑕疵拍卖情形,分别展开相应的论述。为避免论述的瑕疵拍卖情形过于分散,这里将其归结为以下三类予以分析。

1. 关于执行名义的瑕疵拍卖

在强制拍卖中,有关执行名义存在瑕疵的情形,大致可以分为以下四种具体情形:一是执行名义不存在;二是执行名义自始无效;三是执行名义所载实体请求权不存在;四是执行名义被撤销。

关于执行名义不存在的瑕疵拍卖。因执行名义的存在是强制执行最重要的基础性绝对要件,债权人的执行请求权、国家的执行权及执行义务,均根据执行名义而发生,所以,没有执行名义所为的执行行为,具有"重大而显著的瑕疵",应绝对无效。相应地,自始无执行名义所为的强制拍卖当为无效拍卖。这是各国执行理论的共识,无须赘言。

关于执行名义自始无效的瑕疵拍卖。所谓执行名义自始无效,是指形式上存在执行名义,但该执行名义实质上是无效的,如债权人依公证书申请强制执行,但该公证书系伪造的情形。关于执行名义自始无效的执行行为的效力,执行理论上有肯定说、否定说与折中说三种观点:肯定说认为,执行行为的有效要件,并非存在有效的执行名义,而是有法定形式的执行名义正本存在。因

---

① 杨与龄:《强制执行法论》,中国政法大学出版社2002年版,第8页。
② 江必新主编:《比较强制执行法》,中国法制出版社2014年版,第156页。

此，尽管执行名义无效，但并不当然导致执行行为无效，买受人自得基于强制拍卖取得标的物所有权。① 否定说则认为，基于无效执行名义所为的强制拍卖，也属无效，买受人不能取得标的物所有权。② 折中说则主张，既然执行名义无效，债务人似无忍受其财产被执行的义务，故原则上基于无效执行名义所为的拍卖，买受人不能取得标的物所有权，但是，如果买受人系属善意，基于交易安全的理念，应有实体法保护善意第三人规定的适用。③ 笔者认为，理论上，强制执行程序的启动应有有效的执行名义，但是，基于现代审执分离的原理，执行机构对执行名义有效性的审查，仅限于形式审查，为避免执行程序的迟滞，执行机构并无进一步核实执行名义有效性的权限，而应依形式上合法的执行名义实施执行。④ 因此，即使据以强制拍卖的执行名义无效，因执行程序上不存在"重大而显著的瑕疵"，并不当然导致拍卖行为无效，买受人基于对强制拍卖公信力的信赖而可取得标的物所有权。如果执行名义事后被确认无效，债务人可依法向申请执行的债权人请求侵权损害赔偿。

关于执行名义所载实体请求权不存在的情形。所谓执行名义所载实体请求权不存在，是指执行名义已经成立并生效，但其所确定的实体权利可能因为抵销、清偿而灭失等情形。此种情形下强制执行行为的效力问题，依对强制执行请求权性质的不同认识而有不同观点。关于强制执行请求权的性质，有具体请求权说与抽象请求权说之分。根据具体请求权说，强制执行制度在于满足债权人实体上的请求权，故债权人的强制执行请求权，除须有执行名义外，尚须存在实体上的请求权。如果实体上的请求权不存在，强制执行请求权也不存在。依具体请求权说，基于无实体请求权的执行名义所为的强制拍卖当然无效。根据抽象请求权说，即使债权人执行名义所载的实体上请求权不存

---

① ［日］中田淳一：《执行行为の瑕疵》，载民事诉讼法学会编：《民事诉讼法讲座》第4卷，第1013页。
② 陈计男：《强制执行法释论》，台湾元照出版公司2002年版，第441页；杨与龄编著：《强制执行法论》，中国政法大学出版社2002年版，第365页；范向阳、范欣珂：《试论强制拍卖无效》，载《人民司法·应用》2009年第7期。
③ 张登科：《强制执行法》，台湾三民书局2012年版，第374～375页。
④ 最高人民法院《关于适用〈中华人民共和国民事诉讼法〉的解释》（2015年）第463条第1款规定："当事人申请人民法院执行的生效法律文书应当具备下列条件：（一）权利义务主体明确；（二）给付内容明确。"可见，执行法院对执行名义的审查要求，仅是形式审查。

在,也依然可请求强制执行。反过来,若债权人仅享有实体上请求权,但无执行名义,仍不得申请强制执行。① 基于审执分离的法理,执行机关无权对实体上请求权的存否进行审查,故执行理论通说采抽象的执行请求权说。如此,即使执行名义所载的实体请求权不存在,并不构成执行上的"重大而显著的瑕疵",据此执行名义所实施的拍卖行为也非当然无效。若债务人认为执行名义所载实体请求权不存在,可在执行程序中提起异议或异议之诉,在执行拍卖程序终结后,主张相应的执行救济,而不得请求确认拍卖无效。

关于执行名义被撤销的情形。强制拍卖程序终结后,若作为执行名义的确定判决等经再审撤销,或因执行异议之诉而被宣告不予强制执行,执行名义失其效力,此时,是否构成强制拍卖无效呢?有学者认为,执行名义被撤销后,执行行为属于"执行不当",债务人在买受人取得权利移转证书前,执行法院应停止执行,并撤销已为的拍卖和查封行为;但若在买受人取得权利移转证书后,已取得的所有权不因此而受影响,执行法院不得撤销执行处分,债务人也不得请求撤销拍卖,而仅可请求相应的损害赔偿。② 总之,用一句话概括,即执行名义被撤销的,强制拍卖不属无效,是否可撤销,则视执行的程序阶段而定。在我国的执行实务中,有两种处理意见:一是认为执行名义被撤销的,依据原执行名义所为的拍卖程序也应当无效;二是认为执行名义被撤销的,因原拍卖程序并不存在违法情形,因而拍卖依然有效。笔者认为,执行名义被撤销后,原来的拍卖行为属于"不当执行行为",其执行结果虽然与实体法上的权利义务关系不符,但是因执行程序本身合法,不存在瑕疵,更谈不上"重大而显著的瑕疵",故不得因执行名义的撤销而裁定拍卖无效。至于债务人由此而遭受的损失,则只能寻求相应的执行救济。

2. 关于拍卖程序的瑕疵拍卖

违反拍卖程序而形成的瑕疵拍卖,其表现形式可能多种多样。例如,查封瑕疵,被拍卖标的物未经查封或查封无效;评估瑕疵,强制拍卖应践行评估程序而未践行,或者评估程序违法;公告瑕疵,执行机构未依法先期发布拍卖公告,或者公告内容有遗漏或错误,或者未依法定方式予以公告,或者不按法定期限公告;竞买瑕疵,竞买人不符合法定的资格条件,或者竞买人事先未交付

---

① 张登科:《强制执行法》,台湾三民书局2012年版,第5页。
② 陈计男:《强制执行法释论》,台湾元照出版公司2002年版,第441~442页;张登科:《强制执行法》,台湾三民书局2012年版,第375页;赖来焜:《强制执行法各论》,台湾元照出版公司2008年版,第369页。

足够的保证金,或者为竞买人非法设置门槛,或者竞买人之间、竞买人与拍卖人之间恶意串通竞买;保留价瑕疵,执行机构未定保留价给予拍卖,或者低于保留价拍定;价金支付瑕疵,拍定人逾期未足额支付拍卖价金;以及其他违反拍卖程序的瑕疵拍卖,如执行机构应通知债权人、债务人、优先购买权人于拍卖期日到场而未通知,违反中止拍卖、暂缓拍卖规制而继续拍卖等,无益拍卖,超额拍卖等情形。

拍卖程序存在瑕疵的,就其拍卖的效力而言,大致有三种不同的观点:第一种观点认为,执行法院未依拍卖程序规定具有瑕疵所为的违法拍卖,并非拍卖无效,当事人或者利害关系人可依法提出异议或者撤销拍卖行为。至于拍卖行为能否被撤销,应视拍卖程序的进行阶段程度及具体情况而定,有尚可撤销者,有已不得撤销者,不能一概而论。[①] 第二种观点认为,只要违反拍卖程序法律法规,强制拍卖就属无效。[②] 第三种观点认为,一般的违反拍卖程序的瑕疵拍卖,通常属于可撤销的拍卖行为,而严重违反拍卖程序的瑕疵拍卖则属于无效拍卖。不过,就哪些属于严重违反拍卖程序构成无效拍卖的具体情形,存在不同的看法:有的主张,标的物未经查封或查封无效的,拍卖无效;[③]有的主张,竞买人不具有法定资格的,拍卖无效;[④]有的主张,拍卖未先期公告的,拍卖无效;[⑤]还有的主张,恶意竞买的,拍卖无效;[⑥]等等。

从执行程序法规的类型化来分析,执行程序法规可分为训示规范与效力规范。违反仅具有倡导意义的训示规范,并不会对行为效果产生影响,如法律要求执行法院应通知债权人、债务人与拍卖期日到场,但未通知的,不会影响强制拍卖的效力。而效力规范可进一步类型化为强行规范和任意规范。强行规范以执行制度的维持、运营所不可或缺的公益的保护为目的,而任意规范主

[①] 赖来焜:《强制执行法各论》,台湾元照出版公司2008年版,第369~370页。
[②] 范向阳、范欣珂:《试论强制拍卖无效》,载《人民司法·应用》2009年第7期。
[③] 杨与龄编著:《强制执行法论》,中国政法大学出版社2002年版,第365页;陈计男:《强制执行法释论》,台湾元照出版公司2002年版,第364页。
[④] 吴光陆:《强制执行法》,台湾三民书局2012年版,第324页。
[⑤] 详见《强制执行法草案(五)》和《强制执行法草案(六)》关于拍卖无效的规定。不过,也有观点认为,尽管拍卖公告为强制执行应遵守的程序,未先期公告的,拍卖仍非当然无效(详见杨与龄编著:《强制执行法论》,中国政法大学出版社2002年版,第353页)。
[⑥] 最高人民法院执行局、案例指导工作办公室:《〈广东龙正投资发展有限公司与广东景茂拍卖行有限公司委托拍卖执行复议案〉的理解与参照》,载《人民司法》2015年第18期。

要以保护当事人、利害关系人的私的利益为目的且允许其放弃该利益。① 违背任意规范的执行行为仅为可撤销行为。只有在违反效力规范的执行行为才有进一步探讨其是否无效的必要。强制拍卖程序规范亦然,也有训示规范、任意规范与强行规范之分。因此,以违反拍卖程序法规为由一概认定相应的拍卖行为无效的观点,显然站不住脚。

问题的焦点,在于对违反强行规范的拍卖行为的效力认定。有观点认为,违背强行规范的执行行为均为无效。② 对此,笔者有不同的认识。尽管拍卖强行规范是以保护公益为目的,但根据其保护的特定公益的重要性不同,其强制性程度也有差异,如强行规范可进一步分为义务性规范和禁止性规范。况且,在拍卖程序中,尚有执行异议等执行救济制度可供纠正执行机构违反强行规范的行为。从强制拍卖公信力的维护、保障拍卖结果的安定性考虑,对于可通过执行救济纠正的违反强行规范的瑕疵拍卖行为,应归于可撤销行为而非无效行为。如前所述,只有在具有"重大而显著的瑕疵"的情况下,瑕疵拍卖行为才能被认定为自始无效。根据强行规范的强制程度划分,笔者以为,宜将违反拍卖程序禁止性规定的瑕疵拍卖归为无效拍卖。因为,对拍卖禁止性规范的违背,已经表明拍卖程序具有"重大而显著的瑕疵"。

根据以上标准,结合我国现有的强制拍卖执行程序规范,目前应归于无效拍卖的程序瑕疵拍卖包括:(1)未经查封或查封无效的拍卖行为。执行机构因查封行为而取得对标的物的执行拍卖权,查封是拍卖的基本前提行为。我国最高人民法院《关于适用〈中华人民共和国民事诉讼法〉的解释》(2015 年)第 486 条规定:"对被执行的财产,人民法院非经查封、扣押、冻结不得处分。"未经查封的拍卖,其程序具有"重大而显著的瑕疵",应当无效。基于无效查封所为的拍卖,③ 其法理亦同。(2)拍定人竞买资格瑕疵。我国最高人民法院《关于人民法院民事执行中拍卖、变卖财产的规定》(2004 年)第 15 条规定:"法律、行政法规对买受人的资格或者条件有特殊规定的,竞买人应当具备规定的资格或者条件。"该条文虽非禁止性规定,但法律、行政法规对特殊执行标的物

---

① 骆永家:《执行行为之瑕疵》,载《民事法研究Ⅱ》,台湾三民书局 1986 年版,第 7~8 页。

② 骆永家:《执行行为之瑕疵》,载《民事法研究Ⅱ》,台湾三民书局 1986 年版,第 8 页。

③ 如据最高人民法院《关于人民法院民事执行中查封、扣押、冻结财产的规定》(2004 年)第 5 条的规定,被执行人及其所扶养家属生活所必需的衣服、家具、炊具、餐具及其他家庭生活必需的物品等不得查封、扣押,违法对这些物品查封、扣押的,即属查封无效。

的竞买人资格有特殊限制,如烟草设备的拍卖只能由烟草经营企业有竞买资格,这属于国家对宏观经济秩序的强制性管理规定,属于公共秩序范畴,强制拍卖必须遵守。此外,我国应当借鉴域外立法,明确规定法院、受托拍卖公司及其工作人员不得自行或以其他名义竞买,否者拍卖无效。①

至于拍卖未先期公告、恶意串通竞买、拍卖物低于底价拍定等瑕疵拍卖行为,虽然有损拍卖公正、公开、公平原则,损害当事人利益,但是,笔者认为,不宜将这些程序瑕疵拍卖定为无效拍卖。其理由有三:其一,这些程序瑕疵并不影响"外观上强制拍卖行为"的成立,因而无法从"外观"上直接对强制拍卖的效力作出判断。其二,这些程序瑕疵的危害后果,是直接损害当事人、利害关系人的"私"的利益,因此,其效力应由当事人、利害关系人来决定。换句话说,这些瑕疵拍卖行为应归入可撤销拍卖行为,当事人、利害关系人利用执行救济程序申请撤销的,其拍定结果不产生法律效力,如当事人、利害关系人不申请撤销的而认可拍卖结果的,执行机构也没有必要依职权确认这些瑕疵拍卖无效。其三,反过来,假设将这些瑕疵拍卖行为定为无效拍卖行为,那么,执行机构应当依职权确认拍卖无效。但事实上,对这些拍卖行为的瑕疵认定,往往需要进一步的调查取证,这不仅加重执行机构的工作负担,而且有时甚至是无法做到的。并且,即使执行机构依职权确认这些瑕疵拍卖无效,可能并不符合执行当事人的利益。例如,拍卖物低于底价拍定的,债权人没有意见,债务人也认可该结果以清偿债务的,确认拍卖无效的裁定反而会侵害债权人和债务人的利益。值得注意的是,最高人民法院《关于人民法院办理执行异议和复议案件若干问题的规定》(2015 年)第 21 条已经明确将"竞买人之间、竞买人与拍卖机构之间恶意串通,损害当事人或者其他竞买人利益的"、"违法限制竞买人参加竞买或者对不同的竞买人规定不同竞买条件的"、"未按照法律、司法解释的规定对拍卖标的物进行公告的"以及"其他严重违反拍卖程序且损害当事人

---

① 值得注意的是,于 2017 年 1 月 1 日起施行的最高人民法院《关于人民法院网络司法拍卖若干问题的规定》(2016 年)第 34 条明确规定:"实施网络司法拍卖的,下列机构和人员不得竞买并不得委托他人代为竞买与其行为相关的拍卖财产:(一)负责执行的人民法院;(二)网络服务提供者;(三)承担拍卖辅助工作的社会机构或者组织;(四)第(一)至(三)项规定主体的工作人员及其近亲属。"该规定为禁止性规定,违反该规定所为的瑕疵拍卖,应为无效拍卖。

或者竞买人利益的情形"规定为当事人、利害关系人可以提出异议请求撤销拍卖的情形,①据此规定,这些严重违反拍卖程序的瑕疵拍卖已被明确归属为可撤销的拍卖行为,而非无效拍卖行为。②

这里附带说明一下实务中争议很大的"一人竞买"时强制拍卖的效力问题。有观点认为,一人竞买强制拍卖无效;也有观点认为,强制拍卖不因只有一人竞买而无效,如果拍卖程序并无其他瑕疵,则拍卖依然有效。笔者认为,现行执行法律法规并未对竞买人数作出强行性规定,故一人竞买时的强制拍卖并不必然构成瑕疵拍卖。如果拍卖程序没有其他瑕疵,该拍卖应当被认定为有效。③ 如果拍卖程序存在其他瑕疵,则应根据其违法程度而确定其属于无效拍卖或者可撤销拍卖。单纯地从竞买人数是否单一来认定强制拍卖的效力,并无实质的意义。

3. 关于拍卖标的物的瑕疵拍卖

关于拍卖标的物存在瑕疵的情形,可分为三种:一是拍卖标的物具有流通

---

① 最高人民法院《关于人民法院网络司法拍卖若干问题的规定》(2016年)第31条也作出了类似的规定,只不过具体措辞有细微差异。具体而言,根据该条文,当事人、利害关系人可提出异议请求撤销网络司法拍卖的情形包括:"(一)由于拍卖财产的文字说明、视频或者照片展示以及瑕疵说明严重失实,致使买受人产生重大误解,购买目的无法实现的,但拍卖时的技术水平不能发现或者已经就相关瑕疵以及责任承担予以公示说明的除外;(二)由于系统故障、病毒入侵、黑客攻击、数据错误等原因致使拍卖结果错误,严重损害当事人或者其他竞买人利益的;(三)竞买人之间,竞买人与网络司法拍卖服务提供者之间恶意串通,损害当事人或者其他竞买人利益的;(四)买受人不具备法律、行政法规和司法解释规定的竞买资格的;(五)违法限制竞买人参加竞买或者对享有同等权利的竞买人规定不同竞买条件的;(六)其他严重违反网络司法拍卖程序且损害当事人或者竞买人利益的情形。"

② 附带说明的是,根据最高人民法院《关于人民法院办理执行异议和复议案件若干问题的规定》(2015年)第21条以及最高人民法院《关于人民法院网络司法拍卖若干问题的规定》(2016年)第31条的规定,买受人不具备法律规定的竞买资格的情形,也属于可撤销的拍卖行为。笔者认为此规定有所不妥。因为,作为可撤销的拍卖行为,在当事人、利害关系人请求撤销之前,该行为依然有效。据此原理,只要当事人、利害关系人未主张撤销,不具备法律规定的竞买资格的竞买人依然可以成为最终的买受人,而这显然与法律法规的特殊规定相违背,不具有合法性。因此,买受人不具备法律规定的竞买资格的情形不应归为可撤销的拍卖,而应属无效的拍卖。

③ 最高人民法院《关于人民法院网络司法拍卖若干问题的规定》(2016年)第11条明确规定,"网络司法拍卖不限制竞买人数量。一人参与竞拍,出价不低于起拍价的,拍卖成交"。

性瑕疵;二是拍卖标的物本身具有瑕疵;三是错误拍卖第三人财产的情形。

关于拍卖标的物具有流通性瑕疵的情形。所谓拍卖标的物具有流通性瑕疵,是指拍卖标的物为禁止流通的物品,如毒品、枪支、弹药等。此类物品基于社会公共利益的保护而被法律明令禁止流通,不得转让(包括不得拍卖),因此,拍卖标的物为此类物品的,拍卖当然无效。

关于拍卖标的物本身具有瑕疵的情形。在强制拍卖中,如果拍卖标的物本身有瑕疵,尤其是拍卖人或者债务人故意隐瞒拍卖物的重大瑕疵的情况下,拍定人能否主张拍卖无效呢?我国《强制执行法草案(五)》和《强制执行法草案(六)》均将"拍卖人或者债务人故意隐瞒拍卖物的重大瑕疵的"的情形纳入拍卖无效的情形之一。虽然在民法上的买卖之中,出卖人负有物的瑕疵担保责任,如果出卖标的物存在瑕疵的,买受人可以请求解除合同、减少价金或者请求损害赔偿,但是,在强制拍卖中,无论是采私法说抑或是采公法说的国家和地区,基本上都明确排除了拍定人的物的瑕疵担保请求权。[①] 通常认为,"拍卖作为执行程序中的一种变价措施,只不过是达成执行目的的手段而已,自应尽量避免因此而导致法律关系复杂化,如果仍然如一般的买卖那样允许应买人行使物之瑕疵担保请求权,势必难以避免引发新的纠纷,执行程序的效率将会因此而受到影响。所以,比较明智的做法应该是拍卖拍定人的物之瑕疵担保请求权,以确保拍卖结果的安定性"[②]。笔者认为,各国及地区一致排除拍定人对拍卖标的物的瑕疵担保请求权,更重要的原因在于强制拍卖制度的两个重要的程序规则,即拍卖公告程序和拍卖标的物展示程序。各国及地区一般均设专门规定,要求执行机构在拍卖期日前发布公告,公告的内容必须包括拍卖标的物的种类、数量、质量等基本状况(包括物的瑕疵状况),竞买人可据此作出选择。无论竞买人是否确实知晓标的物上的瑕疵,经公告程序,均推定其已经知晓,没有必要赋予拍定人事后就标的物瑕疵主张相应的救济。即使拍卖人或者债务人故意隐瞒拍卖物的重大瑕疵,应当将瑕疵予以公告而未公告,也无需为拍定人提供救济,因为,除了拍卖公告程序,各国及地区法律通常还规定了拍卖标的物展示程序。据此,竞买人在拍卖期日之前,可亲自实

[①] 如德国《民事诉讼法》第 806 条、德国《强制拍卖和强制管理法》第 56 条、瑞士《联邦债务执行与破产法》第 234 条第 1 款、日本《民法典》第 570 条、台湾地区"强制执行法"第 69 条、第 113 条。

[②] 江必新主编:《强制执行法理论与实务》,中国法制出版社 2014 年版,第 578~579 页。

地详细查看拍卖标的物,根据实地查看的结果作出自己的判断和选择。这样,即使拍卖人或者债务人故意隐瞒拍卖物的重大瑕疵,也可因拍卖标的物展示程序给予了竞买人充足的程序保障而排除了拍定人据此主张拍卖无效的合理性和必要性。

关于错误拍卖第三人财产的情形。通常情况下,执行机构只能就债务人的财产进行执行,不得执行第三人财产。但是,在执行实务中,执行机构有时无法确切辨认财产的所有权归属,从而出现对债务人以外的第三人的财产误为强制拍卖的情形。在错误拍卖第三人财产的情况下,该拍卖是否无效?从域外立法来看,有两种完全不同的立法例。例如,在德国,根据德国《强制拍卖与强制管理法》第 90 条第 1 款的规定,拍定人因拍卖而取得所有权,据此,即使拍卖的不动产为第三人所有,不问拍定人是否善恶,均取得标的物所有权。换句话说,依据德国法,错误拍卖第三人财产的,拍卖依然有效。而在台湾地区,台湾"强制执行法"虽未明文规定,但实务上通常认为,强制执行中拍卖的不动产为第三人所有的,其拍卖无效,拍定人不能自债务人处取得拍卖物所有权。第三人于执行程序终结后,可基于所有权对拍定人提起回复所有权之诉,请求返还拍卖物。但是,拍定人如系善意,则有善意取得制度的运用,该第三人丧失所有权,不得再主张拍卖无效,请求回复其所有权。[1] 我国大陆立法未明确规定错误拍卖第三人财产的法律效力,在执行实务中,有第三人起诉请求确认拍卖无效且法院予以支持的案例。[2] 从本质上看,之所以对错误拍卖第三人财产是否无效的问题有两种截然不同的做法,根源于对强制拍卖性质的不同认识。德国法采公法说,认为强制拍卖系公法行为,故拍定人取得拍卖物系原始取得。如此,在拍卖标的物不属于债务人所有的情况下,拍卖依然有效,拍定人仍能取得拍卖物所有权。台湾地区实务以私法说为主流观点,故认为拍定人通过拍卖而取得的拍卖物所有权属于继受取得。因此,在第三人财产被拍卖的情况下,除非拍定人系善意,故拍卖无效,拍定人原则上不能取得拍卖物所有权。目前,公法说因其足够的说服力,已成我国执行理论的通说。因此,根据公法说,执行机构错误拍卖第三人财产的,因拍定人属原始取得,其拍卖不存在"重大而显著的瑕疵",故依然有效。至于第三人所有损失,则是有

---

[1] 杨与龄编著:《强制执行法论》,中国政法大学出版社 2002 年版,第 365 页。
[2] 详见《甲地人民法院能否通过诉讼程序确认乙地人民法院的拍卖行为无效?》,载最高人民法院执行局编:《执行工作指导》2008 年第 4 辑,第 201 页。

关其他救济的问题。不过,考虑到我国目前对第三人权益的"事前保障"不足的具体国情,一律承认拍定人可原始取得拍卖物所有权,绝对不允许第三人追回拍卖物,未免对第三人过于苛刻,不符合公平原则。在拍定人系恶意的情况下,应例外允许第三人请求撤销拍卖,追回拍卖物。① 换言之,通常情况下,错误拍卖第三人财产的,拍卖依然有效,而在拍定人系恶意的情况下,则属可撤销拍卖行为,也非无效拍卖行为。

经由上述研讨,根据强制拍卖无效事由的判断标准——"重大而显著的瑕疵",导致强制拍卖无效的事由,可总结如下:(1)执行名义不存在的;(2)拍卖物未经查封或者查封无效的;(3)拍定人不具备法律规定的竞买资格的;(4)拍卖标的物系禁止流通的。至于其他瑕疵拍卖,或者有效,或者可撤销,应视具体情况而定。

三、强制拍卖无效的确认程序

当事人、利害关系人请求确认强制拍卖无效的,是直接通过执行程序予以确认,还是由当事人、利害关系人另行提起民事诉讼予以确认呢?我国法律对此没有明确的规定。在实务中,有不同的做法,而在理论上,则有不同的认识。

(一)实践中的两种做法

在我国的执行实务中,就当事人、利害关系人主张强制拍卖无效的情形,法院有两种处理方式:

其一,民事诉讼。有的法院受理当事人、利害关系人以强制拍卖无效为由提起的民事诉讼,经过审理后,认为强制拍卖无效事由成立的,裁判强制拍卖无效。②

其二,执行异议或执行监督。法院不受理当事人、利害关系人提起的所谓强制拍卖无效之诉,认为应当通过执行监督程序或者执行异议程序来确认拍

---

① 卢正敏、齐树洁:《论错误拍卖第三人财产的法律效力》,载《现代法学》2010 年第 1 期。

② 例如,在"陈卫东竞得法院委托拍卖的标的物后获知该物为另一法院查封之物诉厦门拍卖中心拍卖无效案"中,厦门市中级人民法院就是通过民事诉讼的方式认定强制拍卖无效(载司法库:http://sifaku.com/falvanjian/66/zf0beba3z0dw.html.)。

卖无效以回复权利的初始状态。①

(二)理论上的争执

理论上,是通过执行程序确认强制拍卖无效,还是通过民事诉讼程序确认强制拍卖无效,也存在几种不同的观点:

一种观点认为,强制拍卖行为不具有可诉性,只能由上级法院或者原法院通过执行监督程序或执行异议程序认定拍卖无效,不得通过民事诉讼程序来认定拍卖无效。其主要理由是:第一,强制拍卖法律关系主体之间的不平等性,决定了强制拍卖无效纠纷不能成为民事案件的受案范围。第二,民事诉讼法并未授予民事审判程序对执行程序的审查权,如果将强制拍卖无效等纠纷纳入诉讼程序审理判决,等于法院在民事审判程序中对执行行为进行审查,这违背民事诉讼程序设置的基本逻辑,造成民事审判权与民事执行权的循环审判,导致司法行为程序的复杂化。第三,如果通过民事诉讼程序确认强制拍卖的效力,必然会造成法院审级关系上的逻辑混乱,为地方保护打开制度缺口,可能会发生债务人串通案外人通过当地法院确认外地法院拍卖无效的情况。②

另一种观点认为,强制拍卖行为具有可诉性。在委托拍卖下,拍卖行为虽因法院的委托而发生,但该行为的运作是依照拍卖法进行的,与一般的民事拍卖行为无异,本身属于民事行为,此类纠纷完全符合民事诉讼法关于受理民事案件的规定。在法律没有明确规定禁止起诉的情况下,当事人即有提起民事诉讼的权利,否则,就有任意剥夺当事人诉权之嫌。此外,强制拍卖行为具有可诉性的另一个重要理由,在于执行程序自身的监督和纠错功能失灵。他们认为,拍卖行为的违规常常与法院执行人员不规范的司法行为交织在一起,导致法院的相关人员在遇到问题时敷衍塞责,知错不纠,使得本来可以在原执行程序中解决的问题复杂化,逼迫当事人不得不另行提起民事诉讼。③

---

① 例如,在"上海仪电控股(集团)公司不服上海市虹口区人民法院不予受理民事裁定上诉案"中,上海市第二中级人民法院认为当事人要求确认司法拍卖无效的,不能作为民事诉讼(载法律咨询:http://www.110.com/falv/paimaifa/paimaidangshiren/2010/0717/126752.html.)。

② 范向阳、范欣河:《试论强制拍卖无效》,载《人民司法·应用》2009年第7期;苏成友、袁爱华:《论司法拍卖行为的不可诉性》,载《山东审判》2014年第5期。

③ 刘仁海:《民事执行程序中拍卖行为的可诉性》,载《人民司法·应用》2010年第11期。

折中的观点则认为,应当允许当事人在执行程序和诉讼程序之间进行自由选择。一方面,不完全放弃原执行程序的救济功能。原执行程序对拍卖的监督和纠正功能是司法行政性的,具有便捷、高效的程序价值,若能在执行程序中解决问题,则避免了程序的繁琐。另一方面,也应当允许当事人另行提起民事诉讼。如此,可通过审判来检查和监督执行权的行使情况。①

《强制执行法草案(五)》采纳了通过诉讼确认强制拍卖无效的程序模式。根据其第 233 条的规定,当事人或者第三人可以在拍卖结束 6 个月内,向执行法院起诉,请求宣告拍卖无效,该诉讼程序适用民事诉讼法普通程序的规定审理。而《强制执行法草案(六)》则采取了另一种模式。根据其第 149 条的规定,当事人或者利害关系人认为拍卖程序无效的,可以在拍卖结束后 6 个月内,向执行法院提出,由执行法院组成合议庭审查核实后裁定拍卖无效;当事人或者利害关系人对执行法院的裁定不服的,可以上诉。

(三)域外的模式

从域外立法和实务来看,就强制拍卖无效的确认程序,有两种模式:

一是民事诉讼模式。法国即采取了民事诉讼模式。在法国,强制拍卖结束后,因得标判决被视为"经司法裁判的合同",故当事人、利害关系人主张拍卖无效的,可以针对该"合同"提起无效之诉。② 我国台湾地区也采纳了该模式,实务中通常认为,如强制拍卖行为无效,实体上拍定人不能取得所有权,债务人可主张拍卖无效,对拍定人另行起诉确认所有权存在。③

二是执行抗告模式。在德国,根据其《强制拍卖与强制管理法》第 96 条以下的规定,对拍卖成交裁判,可以抗告。据此,倘若当事人、利害关系人主张强制拍卖无效,只能提起抗告,而不得在执行程序之外另行提起诉讼。日本也采纳了同样的做法。根据日本《民事执行法》的规定,因许可竞卖裁定而使自己利益受到损害的人,可以依据《民事执行法》第 71 条所列理由等在决定宣告之日起一周的不变期间内,向执行裁判所提出执行抗告。

---

① 刘仁海:《民事执行程序中拍卖行为的可诉性》,载《人民司法·应用》2010 年第 11 期。
② [法]让·文森、雅克·普雷沃:《法国民事执行程序法要义》,罗结珍译,中国法制出版社 2005 年版,第 338~339 页。
③ 吴光陆:《强制执行法》,台湾三民书局 2007 年版,第 188 页。

(四)强制拍卖无效确认程序的选择

强制拍卖无效的确认程序,是采诉讼模式,还是采执行程序内部解决模式,都有相应的理论支持,存在相应的立法例。从根源上分析,两种模式的分歧,源于对强制拍卖性质的不同认识。主张强制拍卖行为具有可诉性的最主要的理由,是认为强制拍卖与一般的拍卖行为无异,换言之,采强制拍卖私法说,将强制拍卖等同于私法行为,如此,当事人主张强制拍卖无效的,自然可通过民事诉讼方式解决。而否认强制拍卖行为不具有可诉性、只能通过执行程序本身来确认其效力的观点,其最根本的理论依据,在于采信强制拍卖公法说,认为强制拍卖作为一种执行措施,属于公法行为,而公法关系中的主体之间具有不平等性,故其相关纠纷不可能通过民事诉讼程序予以解决。① 而主张允许当事人在执行程序和诉讼程序之间进行自由选择的折中说,其理论依据,则认为强制拍卖同时兼具私法行为和公法行为的性质。法国和台湾地区强制执行立法和实务采纳强制拍卖私法说,故就强制拍卖无效的确认程序,实行民事诉讼模式。而德国强制执行立法和理论对强制拍卖采取绝对的公法说,故实行执行抗告模式,排除了民事诉讼模式。日本早期采纯粹的强制拍卖私法说,早期实务中允许当事人以诉讼方式确认强制拍卖无效,而后逐渐向公法说靠近,虽然其理论通说采强制拍卖折中说,但是立法上就强制拍卖纠纷的处理采纳了德国的执行抗告模式。

在强制拍卖公法说已成当前执行理论通说的现实潮流下,理应摒弃通过民事诉讼来确认强制拍卖无效的模式。强制拍卖是法院在执行程序中采取的一种执行措施,即使在委托拍卖的场合,法院对整个拍卖程序仍享有主导性的监督权力,受托拍卖机构实施的具体拍卖行为,只不过是对法院的协助执行行为,并不具有独立性。因此,以法院委托拍卖与一般民事拍卖行为的相似性为由主张强制拍卖行为具有可诉性的观点,其理论依据似是而非。而根据《民事诉讼法》第3条的规定,人民法院受理民事案件的范围为"公民之间、法人之间、其他组织之间以及他们相互之间因财产关系和人身关系提起的民事诉讼",换言之,属于平等主体之间的民事纠纷。而强制拍卖法律关系属于公法

---

① 如前所述,关于强制拍卖行为是否具有可诉性的问题,肯定说和否定说还有其他理论依据,但最根本的理论依据,在于对强制拍卖性质的不同认识。至于其他的理论依据,只不过是在对强制拍卖性质认识的基础上,延伸出来的假设采取相应模式而可能引发的具体问题。

关系，法律关系主体之间的地位并不平等，因瑕疵拍卖产生的纠纷（包括强制拍卖无效纠纷）不属于平等主体之间的法律纠纷，因而不应纳入法院民事诉讼的受案范围。

假设通过民事诉讼程序来确认强制拍卖无效，那么，"从程序角度讲，执行程序是审判程序之后的程序，是依据公权力实现法院生效裁判所界定的私权利的程序。如果将此程序中出现的纠纷重新纳入诉讼程序，重新进行审理并判决，等于法院在民事程序中审判自己的执行行为，这是违反民事诉讼程序设置的基本逻辑的。而且，也不利于生效判决的及时实现"[1]。具体言之，在法院自行拍卖的场合，法院将在民事诉讼中直接审判自己的强制拍卖行为的合法性，这明显违背程序正义的基本要求。即使在法院委托拍卖的场合，虽然法院自身不直接实施拍卖行为，但是拍卖机构的拍卖行为系协助执行行为，也就是说，在委托拍卖的情况下，若法院在民事诉讼程序中审查拍卖机构的拍卖行为的合法性，实质上也是审查自己行为的合法性，法院仍然摆脱不了"既当运动员又当裁判员"的违法程序正义的嫌疑。在我国，根据民事诉讼管辖与执行管辖的不同规定，如果通过民事诉讼确认强制拍卖的无效，实务中也易造成审级关系混乱、助长地方保护主义的问题。

主张强制拍卖行为具有可诉性的一个重要理论依据，在于执行程序自身的监督和纠错功能失灵。那么，否定通过民事诉讼程序确认强制拍卖无效，是否会因执行程序自身监督和纠错功能的失灵而使相应的严重的瑕疵拍卖行为得不到纠正呢？笔者认为，这混淆了立法的完善与执法的监督问题。实务中，部分执行人员对当事人或利害关系人主张拍卖无效的执行异议或复议请求置之不理或者敷衍塞责、知错不纠的行为，属于不依法履行职责的行为。我们不能因存在这些不依法履行职责的行为，就否认通过执行程序确认强制拍卖无效模式的合理性。因为，一方面，这些不依法履行职责的行为，可以通过相应的监督机制的完善来解决；另一方面，显而易见，即使采纳民事诉讼模式来确认强制拍卖无效，同样存在审理法院为维护执行法院而违规不确认拍卖无效的可能，尤其在受理诉讼的法院与执行法院为同一法院的情形下，这种可能性更是大大增加。因此，以执行人员不依法履行职责的行为来论证通过民事诉讼确认强制拍卖无效模式的合理性，其依据并不充分。

值得注意的是，我国现行执行立法和相关司法解释虽未明确强制拍卖无

---

[1] 张国明：《论执行拍卖合同的非民事可诉性》，载《人民司法》2006 年第 5 期。

效的确认程序,但是,最高人民法院在处理"河北峰峰矿区法院与辽宁营口中院执行中煤沈阳公司争议协调案"时,已经明确表态:"人民法院的强制拍卖属于公法意义上的拍卖,如果竞买人或者相关利害关系人对强制拍卖的效力存在异议,可以依法向执行法院或者执行法院的上级法院提出,其他任何机构和个人均无权认定。……法院无权通过民事诉讼程序判定……法院的强制拍卖无效。"[1]

四、强制拍卖无效的法律后果

通常认为,强制拍卖一经执行法院裁定无效,则强制拍卖行为自始无效,将产生以下一系列的法律后果:

1. 拍卖标的物所有权不转移。拍定人不能取得拍卖标的物的所有权。

2. 拍定人负有返还拍卖标的物的义务。如果拍卖标的物已经交付给拍定人,则拍定人负有返还标的物的义务。如果拍定人拒绝返还,则执行机构可裁定强制返还。如果拍卖标的物已经办理过户登记的,执行机构应当通知登记机关注销登记后方可强制返还。值得注意的是,如果拍定人已经将拍卖标的物转让或者抵押给善意的第三人,则应当保护善意第三人的权利,不能强制返还拍卖标的物。拍定人返还拍卖标的物后,可视其情形向债权人、债务人或者执行机构请求返还已支付的价金或者赔偿其损害。

3. 国家赔偿。由前述强制拍卖无效的标准和具体事由可以看出,导致强制拍卖无效的原因,在于执行机构的拍卖行为具有"重大而显著的瑕疵",因此,因强制拍卖无效而给当事人或者其他利害关系人(包括债权人、债务人、拍定人)造成损害的,国家应当承担赔偿责任。[2]

4. 侵权损害赔偿。若因债权人、拍卖机构、拍定人等的故意或者过失而

---

[1] 详见最高人民法院〔2006〕执协字第 15-1 号函。

[2] 因执行人员执行行为违法给执行当事人或其他利害关系人造成损害的,国家承担赔偿责任是国际上的通行做法。例如,在德国,当执行机构违反程序法的规定实施了瑕疵执行行为,从而负有过错地违背了其针对债权人、债务人乃至第三人的职务义务时,就产生了因违反职务义务的国家赔偿责任。在日本,在因违法执行遭受损害的情况下,也可以对国家提出国家赔偿请求。我国《国家赔偿法》第 38 条也明确规定,法院对判决、裁定及其他生效法律文书执行错误,造成损害的,受害人有权要求赔偿损失。

造成强制拍卖无效,侵害债务人或其他利害关系人利益的,如债权人无执行名义仍申请强制执行、拍卖机构或拍定人伪造竞买资格等情形,则应依法承担侵权损害赔偿责任。诚然,若债权人或拍卖机构或拍定人等不存在故意或者过失、没有造成实际损害,则无相应的侵权损害赔偿责任。[①]

5. 重新拍卖。强制拍卖被确认无效后,如果符合拍卖条件的,执行机构应当裁定对拍卖标的物重新拍卖,此拍卖为新的拍卖程序。反之,如果不符合拍卖条件,如标的物系禁止流通物,则不得重新拍卖。

结 语

强制拍卖的公法性,决定了强制拍卖必须具有公信力,拍卖结果必须具有高度安定性。强制拍卖的无效,会引发一系列严重的法律后果,因此,对强制拍卖无效的认定,必须慎重,不能随意确认强制拍卖无效。对于强制拍卖行为效力的判断,需区分无效的拍卖行为与可撤销的拍卖行为。并且,强制拍卖作为一种公法行为,在本质上明显区别于民事法律行为,因而也不能直接将民事法律行为的效力判断标准引入强制拍卖领域。强制拍卖无效的情形,应限于强制拍卖具有"重大而显著的瑕疵"的情形。强制拍卖行为不具有可诉性,当事人、利害关系人不得通过民事诉讼方式来请求确认强制拍卖无效。

---

① 吴光陆:《强制执行法》,台湾三民书局2007年版,第188页。

第六章　法院错误拍卖第三人财产的法律效力

一、问题的提出

假设甲基于对乙的执行名义申请强制执行,执行机构误认丙的财产为乙所有,拍卖给丁。在此情形下,丁是否取得拍卖物之所有权?应否因丁系善意或恶意而有所不同?如丁未能取得所有权,可对谁主张何种权利?就作为真正所有权人的丙而言,其是否丧失拍卖物之所有权?若丙曾在拍卖程序中提起异议之诉而被驳回,是否会产生不同的效果?如丙丧失所有权,可对谁主张何种权利,以资救济?

以上问题均涉及错误拍卖第三人财产的法律效力。强制拍卖是执行机构基于公权力,对债务人的财产予以变价分配,以实现债权人债权的一种方式。强制拍卖的对象应是债务人已经被查封扣押的责任财产,对于债务人以外的第三人的财产,原则上不得强制拍卖。执行机构在实施执行时,需审查判断执行标的物是否确为债务人所有。对此,最高人民法院2004年《关于人民法院民事执行中拍卖、变卖财产的规定》(以下简称《执行拍卖规定》)第10条明确要求,"执行人员应当对拍卖财产的权属状况、占有使用情况等进行必要的调查,制作拍卖财产现状的调查笔录或者收集其他有关资料",以避免对债务人以外的第三人的财产权利造成损害。

然而,执行标的物是否确为债务人所有,执行机构只能做"必要的调查"。这里的"必要的调查",仅是一种形式上的审查,即从外观上判断执行标的物大致属债务人所有,即可执行。① 一般情况下,执行机构是依据物权法上的物权公示原则来进行审查的,即按照动产的占有状态,或者不动产、特定动产的权利登记状态,判断执行标的物的所有权归属。但是,在执行实务中,执行机构有时无法确切辨认财产的所有权归属,从而出现对债务人以外的第三人的财产误为执行的情形。这是因为:一般动产无登记制度,只能根据动产的占有状态来确定动产的权利归属,有时不易判断动产为何人所有,如有些放在债务人处的财产是以所有权保留方式进行买卖,所有权尚未转移给债务人;在债务人下落不明的情况下,更无法准确作出判断。就不动产而言,虽然有不动产登记制度为其权利公示方式,但是,不动产登记本身也可能因当事人伪造资料或者登记机关遗漏等原因而出现登记错误的情形,这也难免发生执行机构将第三人所有的不动产误为债务人财产予以强制拍卖的情形。②

为了保护第三人的合法权益,2007年修改后的我国《民事诉讼法》赋予第三人(案外人)在执行过程中提出执行异议与执行异议之诉的权利③,这在一定程度上降低了第三人财产被错误拍卖的可能性。但是,该条文本身尚存在不少亟待解决的疑问,无法完全避免执行机构错误拍卖第三人财产的情形出现。

若执行机构误将第三人财产予以拍卖,将会产生何种法律效力呢?我国

---

① 本文系在本人与齐树洁教授共同撰写的论文《论错误拍卖第三人财产的法律效力》(发表于《现代法学》2010年第1期)的基础上修改补充而成。在审执分离的基本构造下,某项财产在实体上属于债务人所有抑或是第三人所有,执行人员没有从实体关系上予以调查的职责和权限。若在执行程序开始之初即要求执行人员对执行标的物的适格性作实质性审查,实际上几乎不可能或者难以开展执行工作。由执行人员依权利外观对执行标的物作形式审查,符合执行效率的要求。

② 我国《物权法》第19条赋予了权利人、利害关系人就不动产登记错误进行救济的途径,"权利人、利害关系人认为不动产登记簿记载的事项错误的,可以申请更正登记。不动产登记簿记载的权利人书面同意更正或者有证据证明登记确有错误的,登记机构应当予以更正。不动产登记簿记载的权利人不同意更正的,利害关系人可以申请异议登记。登记机构予以异议登记的,申请人在异议登记之日起十五日内不起诉,异议登记失效。异议登记不当,造成权利人损害的,权利人可以向申请人请求损害赔偿"。如此规定,虽然可以减少登记错误的情形,但是并不能从根本上杜绝登记错误的问题。

③ 2007年《民事诉讼法》修改时,关于案外人执行异议和异议之诉的规定见于其第204条,2012年《民事诉讼法》第二次修改后该条文序号调整为第227条。

现行法律、法规对此缺乏明确的具体规定,执行实务中对此存在认识上的分歧[①],由此引发的违法违纪现象也时有发生,对第三人的权益保护尤为不利,给执行工作带来了诸多负面的影响。

从理论研究的角度来看,执行机构误将第三人财产予以拍卖,其法律效力如何,是强制拍卖理论中的一个核心问题。它不仅与强制拍卖的性质紧密相关,而且涉及债权人、债务人、拍定人、第三人等多方主体之间的利益调整。依据不同的强制拍卖性质学说,错误拍卖第三人财产的法律效力相去甚远。[②]本文拟对此核心问题展开分析检讨,以拍定人与第三人的利益保护为中心,就如何认识强制拍卖的性质、如何平衡拍定人与第三人的利益,尝试提出合乎程序法和实体法基本要求的解决方式。

二、私法说下错误拍卖第三人财产的法律效力

私法说认为,强制拍卖系私法行为,属于买卖合同的一种,拍卖公告为买卖的要约邀请,应买申请为买卖要约,拍定表示则为买卖承诺,应买申请与拍定表示合致而成立买卖合同。依私法说,强制拍卖的效力与私法上买卖合同的效力完全相同。

(一)拍定人的法律地位

依私法说,强制拍卖为私法上的买卖,买卖中继受取得的原理即适用于强

---

① 执行实务中大致有两种观点:一种观点认为,拍卖行为已经终结的,法院应当保护善意买受人通过拍卖取得的财产权利,维持司法拍卖的公信力,对已经进行的拍卖行为不再否定其效力,买受人取得拍卖物的所有权或其他物权。该观点站在买受人的立场,强调保护善意买受人的利益。另一种观点则认为,法院原则上对强制拍卖中的错误应予纠正,已经进行的拍卖行为可认定为无效或予以撤销;买受人利益受损的,可向有管辖权的法院申请国家赔偿,或者提起民事诉讼。该观点站在第三人的立场上,倾向于保护第三人的利益。(参见乔宇:《强制拍卖中买受人的权利保护——以法院错误拍卖第三人财产为视角》,载《法律适用》2011年第3期)。

② 关于强制拍卖的性质,主要有私法说、公法说和折中说三种学说。折中说一方面认为强制拍卖系公法上的处分,另一方面又认为强制拍卖的法律效果与私法上的买卖相同,就错误拍卖第三人财产的效力而言,折中说与私法说的见解相同。因此,下文仅阐释和对比私法说下和公法说下错误拍卖第三人财产的不同效力。

制拍卖,拍定人通过拍卖而取得的拍卖物所有权属于继受取得。基于"无论何人,亦不能将大于自己所有的权利移转他人"的原则,被继受人并不享有的权利,继受人不能取得。因此,在第三人财产被强制拍卖的情况下,第三人并不丧失拍卖物的所有权,拍定人原则上不能取得拍卖物的所有权。依私法说,拍定人能否取得拍卖物所有权,关键在于拍卖物是否为债务人所有。若拍卖物属于第三人所有,不论该第三人在执行程序中是否提起异议之诉,提起异议之诉是否申请停止拍卖程序,法院就其申请是否准许,其拍定原则上均失去效力,拍定人不因执行法院发给权利移转证书而取得该拍卖物的所有权。在拍卖程序终结后,第三人可基于对拍卖物的所有权而对拍定人提起回复所有权之诉,以追回被拍卖的财产。

诚然,在私法说下,若被拍卖的财产属于第三人所有时,拍定人并非一律不能取得拍卖物的所有权。因为,就私法上的买卖而言,即使出卖人对标的物不享有所有权,其所为的出卖行为构成无权处分,在买受人系善意的情况下,尚有善意取得制度的适用。在私法说下,既然认为强制拍卖与私法上的买卖无异,则也应有善意取得制度的适用。换言之,在拍定人为善意的情况下,尽管拍卖标的物非债务人所有,基于善意取得制度的适用,拍定人可取得拍卖物的所有权,从而有助于增进拍卖的效果,促进拍定人地位的安定。①

依私法说,若被拍卖的财产属于第三人所有时,拍定人原则上不能取得拍卖物的所有权。在拍定人不能取得拍卖物的所有权时,如何对拍定人的合法权益予以救济,则是一个极富争议的焦点问题。在私法说下,就如何救济不能取得拍卖物所有权的拍定人,有如下不同见解:

其一,主张拍定人享有权利瑕疵担保请求权。根据私法上的买卖规则,若标的物不属于出卖人所有,而为第三人所有时,形成权利瑕疵,买受人可以向出卖人主张权利瑕疵担保责任。若将强制拍卖视为私法上的一种买卖,处于买受人地位的拍定人即可向出卖人主张权利瑕疵担保。但是,在强制拍卖法律关系中,谁是出卖人?是执行机构?还是债务人?抑或是债权人?对此,也

---

① 杨与龄编著:《强制执行法论》,中国政法大学出版社 2002 年版,第 365 页。

第六章
法院错误拍卖第三人财产的法律效力

有各种观点。① 执行机构系国家机关,其若承担责任,应当属于国家赔偿的范围,而国家赔偿责任有其特殊的构成要件,与私法上的权利瑕疵担保责任有着质的区别,故由执行机构承担权利瑕疵担保责任的见解难以成立。私法说的主流观点,是将债务人视为出卖人,认为拍定人可以向债务人主张权利瑕疵担保责任。但是,这也存在诸多问题:强制拍卖为执行程序中的一部分,无法离开执行程序而独立存在,若将债务人视为出卖人,强制拍卖与民法上的拍卖究竟有何差异?被拍卖的财产并不属债务人所有,为何仍以债务人为出卖人?即使强令债务人承担权利瑕疵担保责任,也不符合当事人的利益:就债权人而言,其可以因拍卖第三人财产而受清偿,显非合理,并且可能造成债权人随意申请查封拍卖第三人财产的有违公平正义的现象大量出现;就债务人而言,因第三人的行为而强迫其对拍定人负债务不履行的责任,并因发生清偿效力,导致其丧失对债权人原可主张的各种抗辩,亦属不利;就拍定人而言,即便认可其可以向债务人行使权利瑕疵担保请求权,但债务人既已被强制执行,资力有限,此项请求权行使的结果,很可能仅为一纸债权凭证,并无实益,这显然对拍定人也太不公平。有鉴于此,有论者认为,若私法说的基本理论正确,在坚持私法说的前提下,似可将债权人视为强制拍卖的出卖人,在执行机构错误拍卖第三人财产的情形下,由债权人承担权利瑕疵担保责任,将使问题较易解决,

---

① 由此而形成了几种不同的学说:一是债务人为出卖人说。该说认为,经拍卖程序成立的买卖契约,因拍定前拍卖标的物的所有权仍属于债务人所有,拍卖效果及于债务人,故债务人应为强制拍卖法律关系中的出卖人。日本有不少学者采此观点。二是债权人为出卖人说。该说认为,拍卖成立系因债权人基于强制执行请求权发动,经变价程序而成立的买卖合同,即系以债权人可以处分债务人的财产为理论依据,故应将债权人视为强制拍卖法律关系中的出卖人。德国早期在采私法说时,当时的多数学者将债权人视为出卖人,认为执行官为执行债权人的代理人,基于执行债权人的委托,代理其为买卖行为。三是执行机构为出卖人说。该说认为,执行机构既不是债权人的代理人,也不是债务人的代理人,强制拍卖是执行机构基于法律赋予的独立权限所为的买卖,所以应当将执行机构视为出卖人。此外,还有担保物的所有人为出卖人说。该说反对将执行机构作为出卖人,认为执行机构只不过是拍卖手续的实行者,如果将执行机构作为出卖人,势必由国家来负瑕疵担保责任,这与民法中的买卖由债务人负瑕疵担保责任的规定不符。担保物的所有人通常是债务人,但也可能是债务人之外的第三人,因此,将担保物的所有人视为拍卖的出卖人更为妥当。(详见吴光陆:《强制执行法拍卖性质之研究》,台湾五南图书出版公司1987年版,第20~35页。)

并符合事理。① 但是,如此解释,也有不能自圆其说之处:此见解的前提,是认为债权人系出卖人,但在拍卖程序中,拍定前后债权人可以参与分配,如有多个债权人时,到底以谁为出卖人? 拍定后参与分配的债权人为何也成为出卖人? 况且,在强制拍卖程序中,债权人也可以应买和承受,如认其为出卖人,将使出卖人与买受人成为同一,理论上也难以说明买卖合同的成立。

其二,主张拍定人享有不当得利返还请求权。然而,此不当得利返还请求权,是向债务人主张,还是向债权人主张,也有争议。② 但是,无论如何,依据民法,不当得利返还请求权的成立,必须基于"无法律上的原因",致使一方受损害一方获利益。③ 依私法说,强制拍卖为私法上买卖之一种,如此,无论是将债务人视为出卖人还是将债权人视为出卖人,在拍卖的买卖合同尚未解除之前,并非"无法律上的原因",即使解除,也仅发生恢复原状的问题,并不产生不当得利返还请求权的问题。

其三,主张拍定人享有侵权损害赔偿请求权。有观点认为,如果拍定人受损害是因债权人错误申请查封造成的,若债权人就查封错误存在故意或者过失,则债权人应对拍定人负侵权损害赔偿责任。④ 然而,依据民法,侵权责任的成立,须以侵害他人权利为前提条件。而一般财产上的不利益,并不属于权利受到侵害的情形,即使因他人故意或者过失行为所致,原则上也不得请求损害赔偿。债权人错误申请查封债务人以外的第三人的财产,侵害了该第三人的权利,应构成侵权行为;但对拍定人而言,拍定人支付了价金却无法取得拍

---

① 王泽鉴:《民法学说与判例研究(第一册)》(修订版),中国政法大学出版社 2005 年版,第 442 页。

② 主张向债务人请求不当得利返还者的主要依据是:虽然强制拍卖的财产并非债务人所有,但是,因债权人自拍定人处取得价金,债务人据此而使自己的债务得以清偿,债务人为此错误拍卖的直接受益者,故负有返还其利益的责任。主张向债权人请求不当得利返还者的主要理由是:债权人以错误查封的方式,将第三人的财产拍卖,并自拍定人处取得价金,以满足自己的债权,而债权人取得此项价金利益,缺乏法律上的原因,因为法律并未赋予债权人查封债务人以外的第三人财产以满足自己债权的权利,故债权人应对拍定人负担不当得利返还的责任。

③ 不当得利作为债的发生原因之一,其请求权的成立,必须具备三个法律要件:一是受有利益,包括积极的得利和消极的得利,前者如权利的取得、扩张、债务的免除,后者如应负担的债务未负担、应支出的费用未支出等。二是致他人受损害,通常认为,一方受益与他方受损,须具有因果关系。三是无法律上的原因。这是不当得利得以成立的关键,并使之与其他债的发生原因区别开来。

④ 陈计男:《强制执行法释论》,自版,2002 年版,第 363 页。

第六章
法院错误拍卖第三人财产的法律效力

卖物的所有权,其财产损害,尚未构成侵权责任意义上的权利侵害,故拍定人对债权人主张侵权损害赔偿,缺乏法律依据。① 退一步讲,假设认可成立侵权行为,若有其他债权人参与分配,各债权人均受分配,仍由申请查封的债权人负侵权损害赔偿责任,也有失公平。

采私法说(或者折中说)的国家及地区,就拍定人的权益救济问题,具体做法有异,但总体而言,基本上是综合运用了上述几种救济方式。例如,在法国,强制拍卖的效果基本上类似于私法上的买卖,在拍卖物属于第三人所有时,拍定人不能取得拍卖物的所有权。依法国判例及多数学者的意见,债务人为拍卖程序中的出卖人,认为在本来意义上应由债务人对拍定人负权利瑕疵担保责任。但是,由于很多情形下债务人处于无资力状态,仅此不足以保护拍定人,为此,承认拍定人可采取下述三种救济手段:(1)尚未支付拍卖价金时,可拒绝支付价金;(2)如已支付价金,对受价金分配的债权人可依不当得利请求返还所分配的价金。但受领者的抵押权等登记因受领而被涂销的,不得请求返还;(3)债权人就有瑕疵的标的物进行拍卖程序有过失的,拍定人可依侵权对其请求损害赔偿。在日本,其《民事执行法》虽然没有明确规定拍定人的权利瑕疵担保请求权,但是,日本《民法典》对此持肯定态度。根据日本《民法典》第568条规定,在强制拍卖情形下,如拍卖物上存在权利瑕疵,债务人应负第一次权利瑕疵担保责任,拍定人可以对债务人主张解除合同或者请求减少价金。但如债务人无资力时,则受价金分配的债权人负第二次担保责任,拍定人可以请求其返还所受分配价金的全部或者部分。如果债务人知道有权利瑕疵但未声明,或者债权人知道存在该瑕疵而请求拍卖的,拍定人可以对该过失人请求损害赔偿。我国台湾地区"强制执行法"虽未明确规定拍定人是否享有权利瑕疵担保请求权,但实务解释通常承认拍定人享有该权利。然而,该请求权如何行使,拍定人如何得到救济,强制执行法和民法均未明文规定,实务界立场也不一致。实务界起初认为,拍定人可以向债务人主张权利瑕疵担保;后来却认为可以向债务人依不当得利请求返还价金;再后来又另辟蹊径,认为如果债权人申请查封错误系出于故意或者过失的,拍定人也可以对其不法行为请

---

① 王泽鉴:《民法学说与判例研究(第一册)》(修订版),中国政法大学出版社2005年版,第440页。附带一提的是,台湾地区"最高法院"1971年台上字第2777号判决称:"应视债权人之指封系基于误认,抑或基于故意或过失,不法侵害得标人之权利,而断定该债权人应否对得标人负损害赔偿责任。"该判决理由将债权人对第三人权利的侵害混淆为对拍定人权利的侵害,显然是不合理的。

求损害赔偿。

(二)第三人的权益保护

在执行程序中,第三人如遇执行机构错误拍卖自己所有物的情形,可以提起执行异议之诉,以排斥对该财产的强制执行。在执行程序终结后,因拍定人取得拍卖物所有权为继受取得,在拍卖物属于第三人所有的情况下,构成权利瑕疵,第三人可以拍定人(买受人)为被告,提起回复所有权之诉,请求返还拍卖物。执行机构在第三人回复所有权之诉胜诉确定后,应当将权利移转证书予以撤销。显然,就拍定人与第三人的利益保护而言,私法说有利于保护第三人。

依私法说,在某些情形下,因善意取得制度的适用,拍定人也可以取得拍卖物的所有权而致第三人丧失所有权。此时,该第三人仅可请求返还价金或者损害赔偿,不得请求撤销已经终结的拍卖程序。在这种情况下,第三人应当向何人请求返还价金或者损害赔偿呢?通常认为,原则上第三人不得以侵权为由向债权人或者债务人请求损害赔偿。除非债权人或者债务人在执行机构执行第三人财产时,就该程序的开始或能阻止而不加阻止有过错时,可向其请求侵权损害赔偿。依私法说,此时第三人仅可依不当得利提出请求。但是,此不当得利返还请求,第三人应是向债务人主张?抑或是向债权人主张?有论者谓,债权人依其对债务人的债权而受领拍卖价金,发生清偿效力,无"得利"可言,而债务人在此受领范围内享有债务消灭的利益,故第三人仅可依不当得利规定,向债务人请求返还所受利益,而不能对债权人主张不当得利。但从利益衡量来看,若第三人只能向债务人主张不当得利返还,极不公平。其理由在于,债务人既受强制执行,大多处于无资力状态,即使第三人对债务人起诉请求返还不当得利,最后可能得不到任何实益;并且,就强制执行的目的而言,债权人只能就债务人的责任财产受偿,并无就拍卖债务人以外的第三人财产而受偿的权利,承认债权人可就第三人财产的拍卖价金受偿,也不合理。因此,有学者转而主张,第三人就其所受损害,可以向受领价金的债权人请求不当得利返还。也有采折中观点者,认为在通常情况下,受强制执行的债务人固然处于无资力状态,但未必全然如此,也有可能债权人较无资力,或者其受领价金后第三人实际上难以向其求偿,因而认为赋予第三人对债务人请求不当得利返还也有必要。故主张,究竟是向债权人请求还是向债务人请求,可由第三人选择。[1]

三、公法说下错误拍卖第三人财产的法律效力

公法说认为,强制拍卖系执行机构基于国家公权力所为的执行行为,其外在形式虽似私法上的买卖,但实质上与买卖有显著区别,应属公法行为。[2] 在公法说下,执行机构误将第三人财产拍卖后,其法律效力明显异于私法说下的法律效力。

(一) 拍定人的法律地位

依公法说,拍定人取得拍卖物属原始取得。即使执行机构拍卖的标的物不属于债务人所有,拍卖依然有效,拍定人仍能取得拍卖物的所有权。其主要依据有二:一是强制拍卖属于公法行为,拍定人是因此公法行为而由执行机构原始的、直接的给予其拍卖物的所有权,而非继受拍卖物前所有人的所有权;二是强制拍卖为国家执行机构凭其公权力所为的拍卖行为,具有公信力,凡因

---

[1] 许士宦:《执行力扩张与不动产执行》,台湾学林文化事业有限公司2003年版,第297~298页。

[2] 公法说又可具体细分为三种学说:一是类似公用征收之公法处分说。该说主张,强制拍卖虽然采取了买卖的形式,但是,其是执行机构基于职权征收债务人的处分权出卖债务人财产,其实质类似于公用征收的公法上处分。大多数主张公法说的学者采此说。二是公法契约说。该说认为,强制拍卖是公法上的买卖,拍卖结果实质上仅是免除债务人的债务而已,与私法上买卖的实体效果不同,强制拍卖系竞买人的要约与执行机构的拍定行为成立类似买卖的公法契约,该公法契约构成转移所有权的法律原因。三是裁判上的形成手续(行为)说。该说主张,强制拍卖是与审判上的调解、和解等并列的一种裁判上的形成手续(行为)。因为无法期待债务人与拍定人之间达成买卖契约,所以只能由执行机构以拍定许可决定来补充执行债务人对所有权移转所欠缺的意思,拍卖自身属于纯粹的形式上的诉讼行为,对于拍定许可决定应该承认所有权取得的形成效力及既判力(详见吴光陆:《强制执行法拍卖性质之研究》,台湾五南图书出版公司1987年版,第79~87页)。虽然这几种学说对强制拍卖作为公法行为的具体性质的阐释有所差异,但是从对强制拍卖的法律效果的理解而言,这几种学说并无实质区别,故这里不再仔细分析这几种学说之间的差异。

信赖执行机构拍卖行为之人,无论其为拍定人抑或是一般人,均应受到公信力的保护。纵使拍卖物不属于债务人所有,拍定人也能因信赖拍卖的公法上的效力,而原始取得拍卖物的所有权。

在公法说下,没有善意取得制度的适用余地。不论拍卖物是否为债务人所有,也不论拍定人系善意或者恶意,均不因此而导致拍卖无效,拍定人均可信赖拍卖的公法效力,而因执行机构发给权利移转证书而取得拍卖物的所有权。①

在公法说下,拍定人也不享有权利瑕疵担保请求权。这是因为,瑕疵担保责任仅存在于买卖合同及私法上的其他有偿合同,而强制拍卖属公法行为而非私法行为,自无瑕疵担保责任可言。由于拍定人系原始取得拍卖物的所有权,无论拍卖物上有无瑕疵,包括权利瑕疵,均不影响拍定人取得拍卖物的所有权,故拍定人也无需权利瑕疵担保请求权以资救济。采公法说的一些国家对此作出了明确的规定。例如,德国《民事诉讼法》第868条规定,查封物买受人就权利之瑕疵或就物之瑕疵,无担保请求权。瑞士《债务法》第234条第1款规定,在强制拍卖,除有特别保证或故意诈欺应买人等情形外,不发生瑕疵担保责任。

(二)第三人的权益保护

在公法说下,拍定人系原始取得,纵使执行机构误将第三人的财产拍卖,仍不影响拍定人取得物的所有权。因此,在执行程序终结后,第三人不得基于所有人地位或者以不当得利为由请求拍定人返还拍卖物。这样,拍定人的利益得到充分保护,需要救济的则是第三人。此时,若拍卖价金尚在执行机构,第三人可向执行机构请求返还。因为第三人的所有权虽因拍卖而消灭,但其拍卖价金即成为物上代位关系,第三人自可请求返还。但是,若执行机构已将拍卖价金交付于债权人以清偿债务,则第三人可向谁主张何种救济权利?通常认为,受损害的第三人,可视其情形向债权人、债务人或者执行机构请求偿还其利益或者赔偿其损害。

其一,向债权人主张不当得利或者侵权损害赔偿。执行机构误将第三人财产予以拍卖的,依公法说,债权人因拍卖的结果而使其债权受到清偿,但因第三人与债权人之间并无任何合同关系,债权人没有从第三人财产中受偿的

---

① 黄建荣:《法院拍卖第三人财产之效力》,载《法学丛刊》1990年第2期。

第六章
法院错误拍卖第三人财产的法律效力

权利,债权人获得清偿并无法律上的原因,故第三人可以向债权人主张不当得利返还。若债权人就申请查封第三人财产存有故意或者过失,致使执行机构误将第三人财产予以拍卖的,因此时债权人与第三人之间成立侵权关系,故第三人可以向债权人请求侵权损害赔偿。

其二,向债务人主张不当得利。在公法说下,第三人与债务人之间并无任何合同关系,债务人因强制执行的结果而得以清偿债务,而第三人却因财产所有权的丧失遭受损害,两者之间具有因果关系,故理论上,第三人可以向债务人主张不当得利返还。然而,这也产生与私法说同样的问题:债务人因受强制执行而大多处于无资力状态,第三人向债务人主张不当得利返还,可能劳而无功,徒增争议。因此,通常情况下,第三人向债务人主张不当得利的情形,发生在执行机构将拍卖价金交付给债权人并将余款交付给债务人的场合,此时,第三人除了请求债权人返还不当得利,也可一并请求债务人返还不当得利。应当注意的是,第三人不得请求债务人承担侵权责任。这是因为,行为人承担侵权责任的前提,必须是其主观上具有过错,而在强制拍卖程序中,债务人处于完全被动的立场,其对于第三人财产所有权的丧失,并无故意或者过失,亦即欠缺可归责事由,因此不构成侵权行为。[①]

其三,向执行机构主张国家赔偿。在执行程序中,如果执行人员故意或者过失违背其职责,而将第三人财产予以拍卖的,此时符合国家赔偿责任的构成要件,第三人可以向执行机构请求国家赔偿。

四、拍定人与第三人之间的利益协调:对公法说的局部修正

私法说从私法上的公平来考虑,在第三人的财产被错误拍卖的情况下,允许第三人追回拍卖物,有力地保护了作为真正所有权人的第三人,纵然因善意取得制度的适用而致第三人丧失拍卖物所有权的,第三人也可得到有效的救济。而拍定人虽可向出卖人行使权利瑕疵担保请求权,但何为出卖人,存有诸多争执。采私法说的多数国家和地区均将债务人视为出卖人,令其直接对拍

[①] 丁亮华:《错误执行他人财产的权利救济》,载《人民法院报》2006年10月26日第6版。

定人承担权利瑕疵担保责任。但债务人因受强制执行而大多资力有限,此项请求权可能并无实益。尽管有的立法和实践转而要求债权人承担权利瑕疵担保责任,似乎更有利于对拍定人利益的保护,但在理论和实践中总是面临这样那样难以克服的问题而遭到质疑。若赋予拍定人不当得利返还请求权或者侵权损害赔偿请求权,如前所述,在理论上也难以自圆其说。如此,在私法说下,拍定人可能成为牺牲品。这对信赖强制拍卖公信力而积极应买的拍定人而言,有失公平。

与之相反,公法说从维护公益的角度出发,考虑强制拍卖的公信力及法律的安定性价值,在第三人的财产被错误拍卖的情况下,无论拍定人系善意或者恶意,一律认可拍定人可原始取得拍卖物的所有权,拍定人的权益得到充分保障。但另一方面,完全禁止第三人追回拍卖物,这对无辜受害的第三人而言,似乎也不公平。

可见,无论是私法说还是公法说,在拍定人与第三人的利益保护上均存在失衡问题。在执行机构误将第三人的财产予以拍卖的情况下,应如何认定其法律效力,以促进拍定人利益与第三人利益的合理协调呢?我们认为,就我国的具体国情而言,原则上应当采公法说,承认拍定人系原始取得拍卖物的所有权,以保护拍定人的合法权益,同时,应当对公法说进行局部修正,在特殊情形下允许第三人追回拍卖物,以兼顾保护第三人的合法权益。

(一)原则上拍定人原始取得拍卖物的所有权

在执行机构误将第三人的财产予以拍卖的情况下,拍定人原则上原始取得拍卖物的所有权,这是由强制拍卖的特殊性质所决定的。虽然就强制拍卖系私法行为还是公法行为,各国理论上争论不休,各有相应的立法例予以佐证,但是,"私法说最大的缺点在于不能解释公法拍卖与私法拍卖在效果上的不同,无法解释执行机构公权力在强制拍卖中的体现,不能说明执行机构强制拍卖公信力何在。这不但与当前民事诉讼理论公法化趋势相左,而且与强制执行公法化理论相背离,这也注定此说将逐渐退出执行拍卖的理论舞台"[①]。公法说更具说服力,深刻揭示了强制拍卖的特殊性质,具有充分的理论依据:第一,执行机构所为的强制执行行为,既不是代表债权人的行为,也不是代表

---

① 陈桂明、侍东波:《民事执行法中拍卖制度之理论基石——强制拍卖性质之法律分析》,载《政法论坛》2002年第5期。

债务人的行为,而是独立的公法行为,这已成共识。强制拍卖为强制执行行为之一种,属于一种换价方法,因而也具有公法性。第二,强制拍卖具有公信力。执行机构基于公权力所为的拍卖行为,不仅应当能取信于一般人,而且必须能保证拍卖的效果。凡是信赖执行机构拍卖行为的人,均应受到公信力的保护。强制拍卖一旦具有公信力,不仅执行机构的威信得以确立,拍定人受到保障,执行程序始能同时迅速进行,达成执行的目的。有拍卖的公信力,才能消除应买人的顾忌心理,从而积极竞争应买,增加拍卖所得价金,保护债权人的利益,减少债务人的损害,执行当事人及执行机构的执行工作均蒙其利。[①] 第三,强制拍卖的效果异于私法上的买卖。强制拍卖一方面发生权利得丧变更的效果,一方面拍定人支付价金而有偿取得财产,似乎与私法上买卖没有差异。但实质上,拍定人取得拍卖物的所有权,乃是基于法律规定,而非法律行为。因此,尽管德国、奥地利、瑞士等国的实体法原则上对不动产物权的移转采登记主义,但拍定人取得所有权均不以登记为必要,而系一经拍定许可裁定宣示,即取得所有权。实际上,各国立法例的演变也证实了强制拍卖公法说的合理性。早期各国如德国、奥地利、瑞士等均采私法说,但至19世纪末20世纪初,私法说逐渐向公法说转变,越来越多的国家全面采公法说。即使是一直推崇私法说的国家,如日本,已逐渐放弃强制拍卖为纯私法行为的观点,改采折中说,虽然仍认为强制拍卖的效果与私法上买卖的效果无异,但是也承认了强制拍卖的公法性。

我国1991年《民事诉讼法》未解决强制拍卖的性质问题。长期以来,理论界对此争议激烈,相当一部分人尤其是民法学者坚持私法说,而民事诉讼法学者和司法实务部门人士则倾向于公法说,众说纷纭,相持不下。直至2004年,最高人民法院《执行拍卖规定》才解决了这一问题。该规定第15条第2款许可"申请执行人、被执行人可以参加竞买",债务人在其财产被拍卖时可以参加投标,同时兼具出卖人与买受人地位,这显然与私法说下强制拍卖为买卖的性质相矛盾。该规定第29条第2款进一步明确指出:"不动产、有登记的特定动产或者其他财产权拍卖成交或者抵债后,该不动产、特定动产的所有权、其他财产权自拍卖成交或者抵债裁定送达买受人或者承受人时起转移。"[②] 据此,

---

[①] 陈荣宗:《民事程序法与诉讼标的理论》,台湾大学法学丛书1977年版,第82页。
[②] 最高人民法院《关于适用〈中华人民共和国民事诉讼法〉的解释》(2015年)第493条作出了同样的规定:"拍卖成交或者依法定程序裁定以物抵债的,标的物所有权自拍卖成交裁定或者抵债裁定送达买受人或者接受抵债物的债权人时转移。"

在拍卖程序中，不动产、特定动产所有权的转移，不以过户登记为生效要件，这也明显异于私法上的买卖。之所以作此解释，最高人民法院认为，这是因为强制执行程序中的拍卖行为所引起的物权变动应理解为非基于法律行为引起的物权变动，"拍卖作为一种执行措施，其中有国家公权力的介入，如果买受人取得所有权受制于登记机关的登记行为，拍卖效果的安定性乃至整个执行程序将会受到影响和制约"[①]。可见，该规定实质上是采纳了公法说。2007 年施行的我国《物权法》进一步确认了这一点。该法第 28 条规定："因人民法院、仲裁委员会的法律文书或者人民政府的征收决定等，导致物权设立、变更、转让或者消灭的，自法律文书或者人民政府的征收决定等生效时发生效力。"可见，因人民法院的法律文书（包括强制拍卖中的拍卖裁定文书）等引起的物权变动，有别于基于民事法律行为引起的物权变动，不再以登记或交付为生效要件，而是直接自法律文书等生效时发生效力。当前，公法说已经成为我国强制执行理论上的通说，最高人民法院编著的权威著述也明确表明了此见解。[②]

在承认公法说的前提下，拍定人取得拍卖物的所有权，即属原始取得。纵使执行机构拍卖的财产不属于债务人所有，拍定人也将取得拍卖物的所有权，而私法说下产生的拍定人救济不足的难题也能够迎刃而解，拍定人的权益得到有效保护。从《执行拍卖规定》第 29 条第 2 款来看，仅规定不动产或特定动产的所有权自拍卖成交时起转移，并未排除该不动产或特定动产属于第三人所有的情形。按此规定，若执行机构误将第三人财产拍卖的，拍定人也将取得拍卖物的所有权。

（二）拍定人系恶意时第三人可追回拍卖物

在强制拍卖的财产属于第三人所有的情况下，是否完全不论拍定人系善意或者恶意，拍定人均能取得拍卖物的所有权？根据公法说，即使拍定人系恶意，也不影响拍定人取得拍卖物的所有权。我国主张采公法说的学者也持此看法。从《执行拍卖规定》第 29 条第 2 款的字面含义来看，该条文没有区分拍定人是善意还是恶意，一律规定不动产或特定动产的所有权自拍卖成交时起转移。但客观来看，全面采纳公法说，并不符合中国国情，存在过于保护拍定

---

① 赵晋山：《最高法院关于拍卖、变卖司法解释的基本理念和思路》（下），载《人民法院报》2005 年 1 月 12 日第 6 版。

② 详见江必新主编：《强制执行法理论与实务》，中国法制出版社 2014 年版，第553~555 页。

人而牺牲第三人的问题。

公法说认为,之所以不允许第三人追回拍卖物而忍受强制执行的牺牲,是因为从利益权衡上考虑,拍定人比为真正所有权人的第三人更值得保护。其理由主要有三:其一,第三人可以提起执行异议之诉而不提,或因异议之诉不合法而被驳回的,法律已给予充分保障而不努力,系咎由自取,不值得再额外保护。若再允许第三人追回拍卖物,有保护过周之嫌。其二,在动的安全与静的安全相冲突时,法律趋向于保护前者——交易安全,拍定人比第三人更值得保护。其三,若第三人有损失,可以向债权人、债务人或者执行机构请求返还利益或者损害赔偿,理论上可行并有实益。[①] 仔细推敲,此三大理由,并不完全充分,在我国问题尤为突出。

首先,关于执行异议之诉是否已给予第三人充分保障的问题。在强制拍卖程序终结之前,若涉及执行机构误将第三人的财产予以执行时,各国立法普遍赋予第三人提起执行异议之诉的权利,使其在执行过程中有主张自己权益的机会,以避免其财产受到非法执行,这是对第三人利益保护的一种有力的程序保障制度。公法说坚持可牺牲第三人的第一个重要理由,即认为这种程序保障已经足够。

强调强制拍卖的公信力,使拍定人原始取得拍卖物的所有权,应当具备的前提条件是:已经赋予第三人充分的"事前保障",使第三人有可能知悉自己的财产被强制拍卖的事实,并有事先采取救济的途径和方式。在此前提下,牺牲第三人利益方可能属正当。然而,从我国来看,对第三人权益的此类"事前保障"制度严重不足。2007年修改前的《民事诉讼法》第208条设置了案外人(第三人)异议制度,规定在"执行过程中,案外人对执行标的提出异议的,执行员应当按照法定程序进行审查,理由不成立的,予以驳回;理由成立的,由院长批准中止执行。如果发现判决、裁定确有错误,按照审判监督程序处理"。案外人异议实质上是对执行标的的权属发生争议,该争议属实体争议,案外人应有权通过诉讼程序谋求救济。但是,该规定仅允许案外人提出异议而无其他救济途径,对案外人的程序保障明显不足。并且,由执行员一人审查异议,执行权与异议裁决权集于执行员一身,难以发挥执行救济和矫正的作用,最终有可能损害案外人的合法权益。

有鉴于此,2007年修改后的《民事诉讼法》将此条文修正为:"执行过程

[①] 吴光陆:《强制执行法学说与判解研究》,1995年自版,第43页。

中,案外人对执行标的提出书面异议的,人民法院应当自收到书面异议之日起十五日内审查,理由成立的,裁定中止对该标的的执行;理由不成立的,裁定驳回。案外人、当事人对裁定不服,认为原判决、裁定错误的,依照审判监督程序办理;与原判决、裁定无关的,可以自裁定送达之日起十五日内向人民法院提起诉讼。"与原第 208 条相比,其最大变化,是增加了第三人提起异议之诉的权利,即"与原判决、裁定无关的,可以自裁定送达之日起十五日内向人民法院提起诉讼"①。允许第三人以独立之诉的方式寻求救济,由法院依照诉讼程序进行审理,这是执行救济制度的一大发展,不仅体现了审执分离和执行分权制约的执行原理,②而且给第三人和当事人提供了相互辩论、充分对抗的机会,在一定程度上弥补了修改前的《民事诉讼法》对第三人程序权利保障的不足。

这种第三人执行异议之诉,与大陆法系强制执行法的通例相比,显著区别之一,就是此异议之诉的提出须以执行异议被裁定驳回为前提,这意味着第三人没有提出执行异议的,就丧失了提起异议之诉的权利。③ 之所以作此执行异议前置的规定,立法者的本意是考虑到诉讼程序相对复杂,而有些争议事项相对简单,由熟悉案情的执行人员先作审查处理,可以迅速解决一部分争议,有利于减少讼累,提高执行效率。④ 有观点认为,此举不仅改变了"程序争议只能用程序上救济方法、实体争议只能用实体上救济方法"的简单化思维,而

---

① 根据该规定,第三人对法院执行异议裁定不服的后续救济途径,除执行异议之诉之外,尚包括申请再审。但第三人申请再审的前提,必须是认为"原判决、裁定错误"。若申请执行的债权为特定物的交付,第三人对该特定物主张权利,可归为"原判决、裁定错误",从而申请再审。但是,在强制拍卖的情况下,申请执行的债权往往为金钱债权或已经转换为金钱债权的债权,执行标的物并非原判决、裁定所确定的特定物,仅仅是法院在执行中采取执行措施所针对的标的物,此时,第三人的异议不涉及判决、裁定本身的对错问题,而仅涉及对执行标的物本身的实体权利争议,故第三人无法以"原判决、裁定错误"为由申请再审,只能选择提起执行异议之诉。因此,下文仅对执行异议之诉展开分析。

② 吴英姿:《审执分离与执行权制约——透过执行异议修正案的解读》,载《山东警察学院学报》2008 年第 1 期。

③ 最高人民法院《关于适用〈中华人民共和国民事诉讼法〉的解释》(2015 年)第 305 条在规定案外人执行异议之诉的提起条件时,重申了该前提条件。根据该条的规定,案外人提起执行异议之诉,必须具备的条件之一,即"案外人的执行异议申请已经被人民法院裁定驳回"。

④ 赵晋山:《为当事人提供了更充分的救济途径》,载《人民法院报》2007 年 11 月 2 日第 6 版。

第六章
法院错误拍卖第三人财产的法律效力

且有两大益处:一是符合经济原则;二是在行使机构上可以直接运用现有的执行机构两权分离的改革成果,充分发挥执行法官的作用。[①] 从执行实务来看,执行异议前置的规定,确实起到了过滤部分案外人异议案件的作用。

然而,另一方面,也应当看到,要求第三人在其权利受到侵害时在执行程序中提起书面异议[②],这本身已增加了第三人人力、物力上的负担。并且,将执行异议作为前置程序,在执行异议之诉前增加一个环节,未必一定有助于执行效率的提高,因为第三人对执行标的主张实体权利时,只要其认为有理由和根据,一般不会轻易放弃权利主张,即使执行机构裁定驳回异议,通常也会进一步通过诉讼程序主张权利,这样一来,前置程序的开启与运作不是简化了程序和提高了执行效率,而是使程序更为复杂,不仅不利于第三人权益的保护,反而增加了其维权的成本。[③] 这也加重了第三人的负担,对第三人明显不公。正如学者所言,异议之诉以第三人异议被裁定驳回为前提,"这种解释方法极为苛刻,过分限制了案外人诉权的行使"[④]。

撇开我国第三人异议之诉制度本身的不完备不论,假设第三人异议之诉制度比较完善,仍有一个严重的问题:第三人得以提起执行异议及异议之诉的前提,乃是第三人有可能知悉自己的财产在对他人的执行程序中遭受执行,只有在满足这个前提的情况下,第三人才有可能提起执行异议及异议之诉。若第三人事先并不知悉自己的财产被执行,那么,这种权利对第三人来说也属枉然。

其实,为了充分保障第三人的合法权益,全面采公法说的国家,在赋予第三人提起执行异议之诉的权利之外,尚有其他公告制度来保障第三人知悉其财产被执行的可能,以使对第三人的"事前保障"确实充分。例如,德国《强制拍卖和强制管理法》上有所谓权利申报催告制度,法院在拍卖公告中应当催告

---

① 杨春华:《论民事执行案外人的救济途径》,载《当代法学》2008年第3期。
② 依据修改前的《民事诉讼法》第208条的规定,第三人提起异议,并不强调必须采书面形式。而依据修改后的条文,第三人的异议必须采书面形式。虽然立法者作此修改的主要目的是促使第三人慎重行事,防止其滥用异议权,同时也有利于人民法院准确把握异议的焦点,但是同时也使第三人执行异议的提出条件更为严格。
③ 刘学在、朱建敏:《案外人异议制度的废弃与执行异议之诉的构建》,载《法学评论》2008年第6期。
④ 肖建国:《民事诉讼法执行编修改的若干问题探讨——以民事强制执行救济制度的适用为中心》,载《法律适用》2008年第4期。

有足以阻止拍卖进行的权利人申报其权利,对第三人所申报的权利,法院审查核实的,可以撤销或者暂时停止执行程序,以免损害第三人利益。即便标的物上可能存在权利负担,但在公示催告期间没有人申报的,法院可以作出除权判决,标的物上的权利瑕疵亦可因此而得以消除。① 奥地利强制执行法上也有类似的权利申报催告制度。反观我国,在强制拍卖程序中,拍卖公告并无权利申报的规定,也未设通知利害关系人的制度,在这种情况下,第三人事先未必知悉自己的财产在对他人的执行程序中遭受拍卖。在实务中,第三人得知自己的财产在对他人的执行程序中遭受拍卖的事实往往出于偶然,从而也无事先提起执行异议之诉予以救济的时间和可能。在第三人无法知悉拍卖事宜的情况下,仅为强调拍卖公信力和保护拍定人,而使第三人丧失拍卖物的所有权,显然对第三人过于严苛,存在过分强调强制拍卖公信力而忽略第三人财产权保障的问题。

2008年11月,最高人民法院公布了《关于适用〈中华人民共和国民事诉讼法〉执行程序若干问题的解释》。该司法解释第20条规定:"案外人依照民事诉讼法第二百零四条规定提起诉讼的,诉讼期间,不停止执行。"如此规定的目的在于贯彻执行效率优先的原则,避免少数人利用异议之诉拖延、阻碍执行程序的迅速进行。只有在"案外人的诉讼请求确有理由或者提供充分、有效的担保请求停止执行"的情况下,法院方可以裁定停止对执行标的进行处分。然而,案外人的诉讼请求是否"确有理由",在异议之诉审理终结前,是无法确定的;而要求案外人"提供充分、有效的担保",对案外人来说也是一项不轻的负担,案外人未必都有能力提供这样的担保。值得注意的是,最高人民法院《关于适用〈中华人民共和国民事诉讼法〉的解释》(2015年)改变了此规则。该解释第315条规定:"案外人执行异议之诉审理期间,人民法院不得对执行标的进行处分。申请执行人请求人民法院继续执行并提供相应担保的,人民法院可以准许。"可见,新司法解释虽然摒弃了要求案外人提供有效担保的规则,减轻了案外人的负担,原则上案外人执行异议之诉审理期间不继续实施执行,但是,即使第三人提起执行异议之诉,也并不能当然排除正在进行的执行程序,因为,"申请执行人请求人民法院继续执行并提供相应担保的",人民法院依然可以准许继续执行。如此,第三人财产可能被错误拍卖的情形也在所难免。

---

① 赵晋山:《强制执行程序中的拍卖问题研究》,载沈德咏主编:《强制执行法起草与论证(第一册)》,中国法制出版社2002年版,第394页。

在这样的背景下,若以对第三人"事前保障"充分为由而绝对牺牲第三人的利益,恐难以为民众所接受。

其次,关于交易安全的保护问题。公法说坚持可牺牲第三人的另一个重要理由,是出于交易安全的考虑,注重强制拍卖的公信力效果。从理论上分析,法的安全包括两种:一是静的安全,一是动的安全。前者是对于公民本来享有的利益,在法律上加以保护,不使他人任意夺取;后者是当事人依自己的活动取得新的利益时,在法律上对于该项取得行为加以保护,不使其归于无效,这种安全的保护,着眼于利益的取得,故又称为交易安全。这两种安全,虽然一律在法律保护范围之内,但是,若二者发生抵触不能相容时,法律只能存其一而去其他。大体言之,在昔日农业社会,交易不多,法律侧重于保护"静的安全"。时至今日,由于社会工业化与交易频繁,法律趋向于尊重"动的安全"。在强制拍卖程序终结后,若允许第三人主张所有权而致拍定人无法取得拍卖物,实有损交易安全。[①] 为了维护交易安全,虽然拍卖物不属于债务人所有,只要拍定人信赖此拍卖,即可取得拍卖物的所有权。但是,交易安全的维护,不应包括明知被拍卖物非债务人所有而仍应买的恶意的拍定人。民法上的善意取得制度即可印证这一点。民法上设立了善意取得制度,其立法目的,也在保护交易安全。但是,善意取得制度中保护的第三人,并不包括恶意的第三人。

最后,关于对第三人的金钱赔偿是否足以弥补其损失的问题。公法说坚持可牺牲第三人的第三大理由,是认为第三人纵然丧失拍卖物的所有权,但其损失可通过主张不当得利或者侵权而从债权人、债务人或者执行机构处得到金钱赔偿。但人人皆知的事实是,第三人对自己特定财产的所有权的丧失,并非简单的金钱赔偿足以弥补,在很多情形下,很难说对第三人所有权的保障已充足。

综合考量以上多方面的因素,对于第三人财产被错误拍卖后的法律效力问题,我国不宜全面采公法说,一味强调对拍定人利益的保护,而应兼顾第三人的利益。在对第三人利益的"事前保障"制度并不充足的现实国情下,应当考虑对无辜的第三人予以相应的"事后救济",以符合程序公正的基本要求。此类事后救济,仅仅认可第三人可获得金钱赔偿是不够的,还需另谋他径。一

---

① 吴光陆:《强制执行法拍卖性质之研究》,台湾五南图书出版公司1987年版,第168页。

方面,为了维护强制拍卖的公信力,保护交易安全,应当坚持公法说,纵然拍卖物为第三人所有,拍定人通常可原始取得拍卖物的所有权。另一方面,对于恶意的拍定人,也不应予以保护。若拍定人为恶意时,应当允许第三人追回拍卖物。通过此事后救济,可在一定程度上弥补第三人权益保障的严重不足。①

或许会有这样的疑问:既然承认强制拍卖是公法行为,拍定人取得拍卖物系原始取得,即使拍卖的财产不属于债务人所有,拍定人也将取得拍卖物的所有权,却又允许第三人在拍定人为恶意时追回拍卖物,这是否自相矛盾,有违强制拍卖的公法性?笔者认为,这二者并不矛盾。虽然强制拍卖是公法行为,但是并不意味着所有的强制拍卖均无瑕疵,均是有效的,毕竟,公法行为也存在不成立、无效、可撤销等情形。错误拍卖第三人财产的情形,即属于瑕疵拍卖之一。在坚持公法说的前提下,原则上承认错误拍卖第三人财产的有效性,但在拍定人系恶意的情况下,为保护第三人的合法权益,也有必要赋予第三人以撤销权,以追回拍卖物。换言之,错误拍卖第三人财产的情形,拍定人系恶意的,构成可撤销的拍卖行为。在拍定人系恶意的情况下,第三人可以选择行

---

① 有持反对观点者,认为以拍定人明知拍卖物非债务人所有为由(即拍定人系恶意)而推翻强制拍卖的公法效力,依据不足,其主要理由是:拍定人是否知晓拍卖物为第三人所有,属于当事人的主观认识,当事人对拍卖物的认识能否推翻公法行为的公信力还是个问题,并且,当事人的主观意识范畴在实践中很难认定,可操作性差,第三人要证明拍定人系恶意也很困难(详见乔宇:《强制拍卖中买受人的权利保护——以法院错误拍卖第三人财产为视角》,载《法律适用》2011年第3期)。对此,笔者认为,首先,如前所述,即使就法理而言,在明知拍定人系恶意的情况下,仍为绝对维护强制拍卖的公信力而承认拍定人获得拍卖物的所有权,在法理上也是行不通的,尤其在我国当前对第三人利益的"事前保障"严重不足的现实下,绝对维护强制拍卖的公信力,对第三人也不公平;其次,尽管就拍定人是否恶意而言,实践中存在证明难和认定难的问题,但是,正如该论者自己所承认的,是否善意,仍然可以得以证明和认定。事实上,该论者在认为第三人在拍定人系恶意时追回拍卖物的说服力不足的同时,却又明确承认"买受人为善意,应当成为认定拍卖有效的必要条件",这在客观上也表明,该论者不得不承认拍定人系恶意时拍卖并非绝对有效的见解。

使损害赔偿请求权(在承认拍卖有效的前提下)或者申请撤销拍卖以追回拍卖物。① 此外,应当注意的是,如果拍定人已经将拍卖物转让给不知情的善意第三人(如拍卖的不动产在拍卖后已经完成过户登记,善意第三人基于对财产登记状态的信赖而受让该财产),则基于交易安全的考虑,应当保护该善意第三人,作为拍卖物真正所有权人的第三人不得申请撤销拍卖,而只能寻求相应的损害赔偿。

诚然,最理想的状态,是拍卖标的物上不存在任何权利瑕疵。因此,从制度设计的层面来考虑,在拍卖公告程序中建立第三人权利申报催告规则,以尽量避免拍卖标的物权利瑕疵的出现,减少第三人财产被错误拍卖的可能,自是完善强制拍卖程序的一个应然选择。

结　语

经由上述研讨,我们不难发现,在第三人的财产被错误拍卖的情形,若采私法说,除非善意取得制度的运用,拍定人通常不能取得拍卖物的所有权,第三人可于拍卖终结后对拍定人提起回复所有权之诉,以追回拍卖物。这可以充分保护第三人权益,但拍定人将成为牺牲品。若采公法说,其效力正好相反,拍定人可原始取得拍卖物的所有权,其合法权益可以得到充分保护,但第三人即可能成为牺牲品。与私法说相比,公法说深刻揭示了强制拍卖的特殊性质,已成各国强制拍卖制度发展的大势所趋。我国最高人民法院的司法解释已明确采公法说。但是,若全面采公法说,在我国对第三人权益的"事前保

---

① 这里附带说明的是,如果第三人的财产被错误拍卖后,第三人以拍定人系恶意为由申请撤销拍卖,由此而引发的纠纷,应当如何解决？对此,实务中存在三种观点:第一种观点认为,第三人应当向法院提起民事诉讼,请求撤销拍卖;第二种观点认为,第三人不得提起民事诉讼,而应当通过执行程序寻求救济;第三种观点认为,是提起民事诉讼,还是在执行程序中寻求救济,可以由当事人自行选择。笔者认为,强制拍卖的公法性决定了此类纠纷不属于平等主体之间的民事纠纷,因而不应纳入法院民事诉讼的受案范围,而只能在执行程序内部解决。事实上,最高人民法院在《关于人民法院办理执行异议和复议案件若干问题的规定》(2015 年)中明确指出,当事人、利害关系人请求撤销拍卖的方式,是"提出异议",而非诉讼(见该规定第 21 条)。参照此规定,在错误拍卖第三人财产的情况下,拍定人系恶意的,第三人申请撤销拍卖的方式,也应是向执行法院提出执行异议,而非另行诉讼。

障"不足的具体国情下,一律承认拍定人可原始取得拍卖物的所有权,绝对不允许第三人追回拍卖物,显然对第三人过于苛刻,不符合公平原则。为此,应对公法说进行局部修正,一方面,为了维护强制拍卖的公信力,依然坚持拍定人原始取得拍卖物的所有权;另一方面,为了弥补对第三人救济之不足,在拍定人系恶意的情况下,例外允许第三人申请撤销拍卖以追回拍卖物。

  据此,对本文第一部分所提出的问题,可作如下分析:在执行机构误将丙的财产拍卖给丁的情况下,丁能否取得拍卖物所有权,应考虑丁是善意还是恶意(即是否明知被拍卖的财产非债务人乙所有)。若丁系善意,即可取得拍卖物的所有权;若丁系恶意,则不能取得拍卖物的所有权。如丁未能取得所有权,因其系恶意,法律不必予以保护。就作为真正所有权人的丙而言,若丁系善意,则丙丧失拍卖物的所有权;若丁系恶意,丙可申请撤销拍卖,请求丁返还拍卖物。即使丙在拍卖程序中曾提起执行异议之诉而被驳回,但在丁系恶意的情况下,这并不影响其请求丁返还拍卖物的权利。如丙丧失所有权,可视情形向债权人、债务人或者执行机构请求偿还其利益或者赔偿其损害。

第七章　强制拍卖成交后不动产的交付

一、由一系列案例引发的思考

[案例1]《市民拍得司法拍卖房,原业主拒搬两年多收不了房》：麦小姐于2008年购买了位于佛山南海区里水镇洲村里横路悦园小区10栋1401及1402单位,价款70万元,麦小姐首付约39万元,向银行贷款31万元,10年还清。2011年因麦小姐停止向银行还贷,银行一纸诉状将麦小姐告到了广州市白云区人民法院,要求对麦小姐名下的1401单位进行查封并进行拍卖。该要求得到法院的认可。2012年12月25日,法院委托拍卖公司拍卖麦小姐名下的1401房。2013年4月,沓先生以36.5万元最高价竞得该房产。1401房的产权也因此过户到沓先生名下。但是,麦小姐无法接受法院拍卖的结果,故沓先生前来收房时,麦小姐拒绝搬迁。不得已,沓先生向白云区人民法院申请强制执行,但白云区人民法院以其在拍卖公告上注明该房产"不交吉拍卖"为由不予强制执行。在僵持了2年多之后,2015年,沓先生再次把麦女士告上了法庭。法院认为,被告麦小姐因不履行人民法院判决的金钱支付义务,其房屋被人民法院委托拍卖以偿还债务。房屋被拍卖后,麦小姐就丧失了房屋的产权,房屋归沓先生所有。麦小姐应在合理期限内将房屋交付给沓先生。如果麦小姐拒不交付构成恶意占有,沓先生有权要求其返还占有物并赔偿房屋没有交付使用的损失。(案例来源:《广州日报》,2016年1月18日)

[案例2]《司法拍卖购楼原主拒不交付,房主权益谁来维护》：李某夫妇因与他人发生经济纠纷,被人诉至法院,后经判决,在对该夫妇予以强制执行的过程中,深圳市宝安区人民法院委托深圳市土地房产交易中心对该夫妇名下位于龙华新区某幢房屋进行司法拍卖。黎先生通过报纸拍卖公告,参与了竞拍,支付了近2000万巨额房款、拍卖行佣金等各种费用后,竞得该幢房屋,打

算用作开设公司的办公楼及员工宿舍。竞得该楼后,深圳市土地房产交易中心向黎先生出具了拍卖成交确认书及付款证明,宝安区人民法院还专门出具了《民事裁定书》,确认整幢房子归黎先生所有,确认成交款已到法院账户。但是,当黎先生满心欢喜地搬入新楼时,却被原女主人赶出房屋,并继续将房屋出租,至今一直在收取本该属于黎先生的房租已累计400余万元。为此,黎先生报停该楼水电,原女主人居然从附近他人房子处私自架设了水管。在经济损失不断增大,与原房主交涉未果后,黎先生只好寻求司法途径予以解决。(案例来源:深圳宝安网,2015年4月20日)

[案例3]《河北廊坊:法院拍卖房产八年不交付,造成企业濒临破产》:据霸州市城区宏旺低压电器厂股东反映,2007年12月14日,该电器厂竞买得安次区人民法院依法拍卖的霸州市华美公司所有土地房产1676.68平方米,并于当日将竞买房地产价款全部交付给安次区人民法院。安次区人民法院作出拍定裁定。安次区人民法院负责清场和交付房地产。安次区人民法院执行局在2007年12月24日将办公楼清场后交付给竞买人企业。其他厂房被杨某占着拒不迁出。廊坊市中级人民法院在2008年召开听证会,审查认定杨某是违法侵占竞买人的房地产。中级人民法院派法官带法警多次执行杨某迁出,杨某拒不迁出。廊坊市政府和市政法委经审查认定杨某是违法侵占,市政法委二次督办中级人民法院协助安次区人民法院立即执行杨某迁出。安次区人民法院执行局从2008年至2011年多次执行杨某从所占厂房迁出,但在2011年底,安次区人民法院执行局突然停止执行。8年来,杨某未迁出所占厂房。宏旺低压电器厂法人代表到河北省高级人民法院、省检察院、省涉法涉诉中心等部门反映廊坊市安次区人民法院不作为,省高级人民法院等部门数次向廊坊市中级人民法院发函催办,但依然未果。由于8年得不到竞买的土地厂房,造成企业停产至今濒临破产,经济损失巨大。(案例来源:中国网,2015年4月21日)

上述三个案例非常形象直观地反映了执行工作中的一个重要问题,即强制执行程序中拍卖成交后不动产的"交付难"。在不动产交付过程中,被执行人拒绝迁出,或者擅自将已被执行法院依法查封的标的物出租、转让或者抵偿给不知情的案外人,或者与他人恶意串通,安排案外人强行占有标的物,以达到逃避、拖延执行或者抗拒执行的目的;承租人、其他占有人(或者为有权占有,或者为无权占有)为了一己之利,拒绝迁退不动产,甚至发生激烈对抗行为等等。

第七章
强制拍卖成交后不动产的交付

"交付难"带来的最直接的不良后果,是买受人的合法权益严重受损。如上述案例中,买受人在支付不动产拍卖价金并取得不动产所有权后,因交付问题,不仅长时间无法占有使用不动产,而且遭受进一步的经济损失,甚至濒临破产。为了取得拍定的不动产,买受人不得已奔走于拍卖机构、法院、被执行人、承租人、其他占有人之间,反复交涉,引起新的诉讼、信访或者上访。

从执行法院的角度来看,因不动产的交付牵涉多方主体、利益交错,易引发尖锐对抗,为了减少办案风险,执行法院力求通过协调、劝导等方式和平化解交付危机。但是,被执行人、承租人、其他占有人却抓住这一软肋,借助群访激访、自杀自残以及其他过激行为,向权力部门和执行法院示威、施压。执行法院往往也因各种顾虑而难下决心强制交付,在一定程度上损害了司法的公信与权威。[①]

"交付难"产生的负面效应广泛而深远。"交付难"除了损害买受人利益、影响司法公信与权威之外,还潜在地影响了强制拍卖制度的实际效用。强制拍卖成交后不动产的"交付难"问题会动摇竞买者的竞买意愿。正如台湾学者许士宦教授所言,在强制拍卖程序中,"拍定后是否点交"是"最使应买人犹疑不前者"的关键问题之一。[②] 近年来,因强制拍卖的不动产相对便宜的特点,越来越多的市民意欲参加竞买。但是,只要是法院事先未清场[③]的不动产,不少人担心难以自行清场,抑或顾虑手续烦琐、麻烦不断而不敢买。即使愿意参加竞买的,也根据自己衡量的可能的交付成本而降低应价。如此,强制拍卖欲通过公开、充分竞价使拍卖标的物价值最大化的制度初衷也随之落空。

为了打击规避执行行为、保障当事人的合法权益、提高司法公信与权威以及促进强制拍卖的效用,采取何种措施保障强制拍卖成交后不动产的及时交付,成为执行工作中一项亟待解决的棘手问题。鉴于此,本文拟围绕该问题,结合实务做法、有关规范、学理见解和域外做法展开分析,探索对该问题的解决方式。

---

① 汤伟、朱敏、蒋晓亮:《司法拍定不动产的交付》,载《人民司法》2014 年第 7 期。
② 许士宦:《执行力扩张与不动产执行》,台湾学林文化事业有限公司 2003 年版,第 357 页。
③ 这里的所谓"清场",是指使现在占有者(包括有权占有者和无权占有者)、无关物品搬离,法院完成对该不动产的实际控制,以便拍卖后移交给买受人。

二、强制拍卖成交后不动产交付的实务运作

(一)关于不动产交付的实务运作方式

面对强制拍卖成交后不动产的交付问题,不同地区不同法院的做法不尽一致。归纳起来,主要有以下几种运作方式:

方式一,协调。在拍卖成交后,当被执行人或者第三人占有不动产拒绝交付时,法院通过多方或者多次协调,最终解决交付问题。在法院看来,在处理此类案件时,尽量避免使用强制手段,可以减少办案风险,防止矛盾激化而衍生出信访、闹访等影响社会和谐问题的事件。

方式二,拍卖公告中明确约定法院不负责交付。例如,在前述案例1中,白云区人民法院在其拍卖公告上即注明该房产"不交吉拍卖"。在前述案例2中,深圳市土地房产交易中心发布的拍卖公告也明确声明,"法院不负责清场","房产涉及的使用和租赁关系由竞买人依法自行处理和承担"。针对买受人取得拍卖不动产存在的障碍,法院通常以拍卖公告上明确约定法院不负责交付为由不予强制执行,认为买受人应通过诉讼等途径寻求救济。

方式三,先清场后拍卖。部分法院认为,如果法院不在拍卖前清场,会对不动产拍卖产生极为不利的影响,如拍卖时有关人员查看拍卖标的物困难,从而造成竞买人减少、动摇竞买人竞买意愿或者降低其竞买应价,买受人难以及时取得不动产而可能成诉、成访,因此,法院应当树立清场意识,除一些比较典型的不可以清场的情况或者拍卖后清场有其他保障等例外情况外,必须适时清场,尽可能为拍卖创造条件。① 法院强制清场后,有权占有的第三人由此而遭受的损失,可以向被执行人另诉求偿。有的实务人士甚至建议,设立强制拍卖前置程序,执行法院在拍卖前必须完成"规定动作",包括查权属、查负担、查边界、查现场、强制除去查封后租赁、占有状态等,确保拍卖标的物具备过户、交付条件,方能将标的物公开拍卖。②

---

① 章见良、黄永进:《房地产拍卖中清场问题的影响与对策》,载江苏法院网:http://www.jsfy.gov.cn/llyj/xslw/2014/05/30152516655.html。

② 汤伟、朱敏、蒋晓亮:《司法拍定不动产的交付》,载《人民司法》2014年第7期。

也有实务人士在原则上赞成拍卖前应当清场的观点,但主张区分情况对待是否清场:(1)拍卖物被第三人非法占有的,人民法院在委托拍卖前应当予以清场。(2)拍卖物被第三人合法占有的,拍卖前是否要清场,要根据具体情况区别对待。具体而言,对于抵押权和租赁权同时存在的情况,如抵押合同在前、租赁合同在后,法院在拍卖前应解除租赁合同,清场腾空拍卖标的物;如租赁合同在前、抵押合同在后,根据"买卖不破租赁"原则,法院应当实行带租约拍卖,对拍卖标的物不予以清场。对于拍卖不动产上无抵押权而仅有单纯的租赁合同存在的情况,适用"买卖不破租赁"原则,法院不得予以清场。①

方式四,先拍卖后强制交付。近年来,这种方式逐渐为一些法院所推崇,有关案件中拍卖不动产后的强制交付被作为法院执行工作的亮丽业绩频见于报端、网络。② 也有实务人士认为,在被执行人占有不动产的情况下,拍卖后强制被执行人交付不动产,具有合法性,但是,如果应当交付的不动产并非处于被执行人占有而是由第三人占有的,则不宜轻易强制执行,此时应当充分考虑各种因素,区别对待,考虑第三人占用房屋是否合法、占有房屋的时间以及占有房屋是否善意等因素。③

(二)对不动产交付实务运作方式的评析

毫无疑问,方式一若得以成功运用,确实可减少办案风险,防止矛盾激化,可有效解决交付问题。然而,客观现实表明,这更多的是一种理想状态。被执行人、第三人为了自己的利益,大多拒不交付,法院为了协调解决交付问题,往往须反复做劝导工作,费时费力,甚至很长时间无法解决而使执行陷入僵局。这不仅影响买受人的权益,而且影响法院的权威。即便在法院的协调下,被执行人、第三人最终同意搬离拍卖的不动产,但通常是买受人妥协让步的结果。

---

① 陈松柏:《浅谈人民法院委托拍卖房屋前的清场问题》,载岳阳楼区法院网: http://yylqfy.chinacourt.org/public/detail.php?id=604。

② 如光明网 2015 年 8 月 24 日报道:《"老赖"拒交拍卖房屋法院强制腾空维权》;眉山市中级人民法院网站 2015 年 4 月 28 日发布的案件信息:《眉山中院:强制搬迁、交付拍卖房产》;中国江苏网 2014 年 12 月 23 日发布的报道:《南通市中院出动百名法警 两千万拍卖资产强制交付》;《东方今报》2015 年 6 月 26 日报道:《厂房已拍卖被告拒不搬离 凤泉法院强制执行交付》。

③ 牛延强:《执行第三人占有房屋案件的处理》,载《人民法院报》2011 年 1 月 19 日第 8 版。

具体来说,或者是买受人给予被执行人、第三人一定的补偿,或者是买受人适当延长被执行人、第三人的占有使用期限。无论采取何种妥协方式,其客观后果,均是买受人合法权益的实际减损。

就方式二而言,在法院明确不负责交付的情形下,法院可以从"交付难"的泥潭中脱身出来。买受人为了取得拍定的不动产,只能依靠自己的能力。在实践中,买受人为取得拍定的不动产,只好与被执行人或者第三人协商,作出一定的让步,给予被执行人、第三人一定的补偿,或者无奈延长被执行人、第三人对不动产的占有使用期限;协商不成时,或者如前述案例1一样,被迫向法院提起诉讼,寻求司法途径解决,或者不断信访,希冀法院予以强制执行。买受人如果与被执行人协商让步,客观上是其合法权利的实际减损,如果向法院提起诉讼或者信访,最终仍要依赖法院强制执行。

从方式三来看,先清场后拍卖确实可以有效减少竞买人的顾虑,提高其竞买意愿和竞买应价,充分发挥强制拍卖制度的实际效用。执行实务表明,法院先清场后拍卖的不动产,其拍卖成交率较高。但是,从立法层面来看,正如方式三的支持者所承认的,不是所有的拍卖案件中均适宜清场,如存在"买卖不破租赁"原则适用的情形,即不能清场。此外,即使是支持者认为可以清场的情形,应否清场,也不无疑问。首先,先清场后拍卖可能造成执行力量的巨大浪费。比如,可能出现以下几种浪费执行力量的情形:一是强制先清场后,拍卖并未成交,无需交付;二是强制清场后,被执行人或者第三人重新占有拍卖标的物,即便拍卖成交,事实上需要法院重新清场交付;三是申请执行人撤回拍卖申请,或者法院依其他法定事由停止拍卖,拍卖前的强制清场也无必要。其次,影响拍卖标的物的安全问题。如果在强制清场后再进行拍卖,在清场至拍卖成交后交付这一时间段里,拍卖标的物存在损毁的风险。为了预防其风险,需要解决"谁来看管"的问题,同时,看管费用可能也是一个新问题。①进一步而言,如果被执行人非看管人,拍卖标的物在此期间发生损毁,其风险责任又由谁承担呢?再者,即使就方式三的支持者所列举的应当清场的情形而言,也未必合法。以抵押权与租赁权并存、抵押在前租赁在后的情形为例:《物权法》第190条规定,"抵押权设立后抵押财产出租的,该租赁关系不得对抗已登记的抵押权",最高人民法院《关于人民法院民事执行中拍卖、变卖财产的规

---

① 谢东玥:《厂房类司法拍卖成交与交付的顺序》,载《江苏经济报》2015年12月9日B3版。

定》(2004年)第31条第2款也明确规定法院可依法除去设立在后的租赁权，但是，除去设立在后的租赁权，须符合特定条件，即"该权利继续存在于拍卖财产上，对在先的担保物权或者其他优先受偿权的实现有影响"。换言之，即使是设立在后的租赁权，也并非当然被除去。由此可见，仅仅以租赁权设立在后为强制清场的理由，其法律依据也不充分。况且，即使拍卖程序中需除去设立在后的租赁权，也只是确定租赁合同对抵押权人或其他优先受偿权人不产生效力，而非解除租赁合同，如果申请执行人撤回拍卖申请或者法院依法停止拍卖，则抵押人与承租人之间的租赁关系，恢复到原来的存在状态。[1] 从租赁关系恢复的角度来看，在拍卖前强制清场既不必要也不合理。

方式四通过法院行使国家强制力来保障拍卖成交后不动产的交付，既可使买受人的合法权益得到充分保护，不致发生方式一和方式二所带来的买受人权益实际减损的客观后果，又可与方式三一样，有效提高强制拍卖制度的效用，维护司法的公信与权威，同时，还可避免出现方式三中先强制清场所产生的不良后果，实为最理想的解决拍卖不动产后交付难问题的方式。不过，应当看到，不是所有拍卖的不动产都需要强制交付，尤其在占有人为第三人的情况下，应否强制第三人交付不动产，情况极为复杂，需要进一步的深化研究。

三、强制拍卖成交后不动产交付的立法选择

理论上，强制拍卖成交后，在被执行人或者第三人拒绝主动交付其占有的不动产的场合，买受人可以通过两种方式请求被执行人或者第三人交付不动产：一种方式是在拍卖程序之外，基于所有权人地位提起诉讼，请求法院判决被执行人或者第三人交付不动产，于胜诉判决确定后再以之为执行名义向法院申请强制执行。另一种方式则是直接向法院申请强制执行，强制被执行人或者第三人交付该不动产。[2] 比较而言，第一种方式在程序上可谓极尽完备，但是，在被执行人或者第三人不主动交付拍卖不动产的情况下，如果要求买受人必须再以诉讼的方式才能取得不动产的占有，一方面，许多有意参与竞买的

---

[1] 许士宦：《执行力扩张与不动产执行》，台湾学林文化事业有限公司2003年版，第362~363页。

[2] 江必新主编：《强制执行法理论与实务》，中国法制出版社2014年版，第598页。

人将可能因有这种后顾之忧而放弃竞买,影响拍卖成交率,或者影响拍卖价格,进而影响债权人债权的有效实现;另一方面,要求买受人为取得占有而另行提起诉讼,徒增买受人的讼累,也浪费诉讼资源。基于上述考虑,从域外立法来看,各国大都选择了第二种方式,以使买受人能够通过比较简易的程序迅速取得对不动产的占有。

事实上,我国在立法上也选择了第二种方式。最高人民法院《关于人民法院民事执行中拍卖、变卖财产的规定》(2004 年)第 30 条明确规定:"人民法院裁定拍卖成交或者以流拍的财产抵债后,除有依法不能移交的情形外,应当于裁定送达后十五日内,将拍卖的财产移交买受人或者承受人。被执行人或者第三人占有拍卖财产应当移交而拒不移交的,强制执行。"据此,拍卖成交后,法院原则上负有将拍卖的财产予以交付的义务,在被执行人或者第三人拒绝交付时,该条款已经明确赋予法院强制执行的职责,仅在"依法不能移交的情形"下,法院才能免除该义务。① 在执行实务中,法院随意在拍卖公告中单方面约定"不交付"、告知买受人另行诉讼的做法,显然违背该条款的规定。

在确认法院于拍卖成交后强制交付的合理性和合法性的基础上,接下来值得思考的是:客观上,法院在拍卖成交后的强制交付行为,与之前的强制拍卖行为相比,具有相对独立性。从本质上看,这种执行与物之交付请求权的执行并无差别。那么,法院在拍卖成交后强制交付的执行行为,是否需要单独的执行名义?

从域外立法来看,域外执行机构就拍卖成交后强制交付是否需单独的执行名义的问题,有两种截然不同的立法例:其一,在拍卖成交裁定外单独作出交付命令作为执行名义。如日本《民事执行法》第 83 条第 1 款即规定,买受人在缴纳拍卖价金之后,债务人或者第三人不主动交付不动产的,执行法院得依买受人的申请,对债务人或者不动产的占有人发布交付命令,命令将其不动产交付买受人。这种交付命令,即是依据买受人向债务人或者占有人提出的实体上的交付请求权而形成的一种新的执行名义,在债务人或者第三人不主动交付不动产时,执行法院即可据此执行名义对债务人或者第三人实施强制执行。我国台湾地区也采取了类似的制度。台湾地区"强制执行法"第 99 条第

---

① 我国《强制执行法草案(第六稿)》也采纳了类似的表述,其第 142 条规定:"不动产所有权变更登记后,执行债务人或者第三人占有拍卖不动产的,除依法不应交付的情形外,应当解除执行债务人、第三人的占有,将拍卖不动产交付买受人或者承受人。"

1 款规定了点交程序,"债务人应交出之不动产,现为债务人占有或于查封后第三人占有者,执行法院应解除其占有,点交于买受人或承受人;如有拒绝交出或其他情事时,得请求警察协助"。从该条款文字表述来看,台湾地区的点交程序无需日本法上的独立的交付命令,执行法院可依职权直接解除债务人或者第三人对不动产的占有,点交于买受人或者承受人。但是,不少台湾学者认为,在点交程序中,法院会发出点交命令,对点交命令不服的,在点交程序终结之前可声明异议或抗告。[①] 其二,无需单独的执行名义,直接依据拍卖成交裁定实施强制执行。如德国《强制拍卖与强制管理法》第 93 条第 1 款规定,执行法院基于"拍卖成交的裁定",可对不动产的占有人实施搬出和交出占有物的强制措施。可见,依德国法的规定,就法院拍卖成交后的强制交付行为,无需额外的交付命令。

实质上,分析法院拍卖成交后强制交付应采何种执行名义的问题,关键在于如何认识强制交付程序与之前的强制拍卖程序之间的关系。日本和台湾地区的通说认为,强制拍卖程序已因指定人缴足价金及发给权利移转证书交付而终结,强制交付程序是与不动产拍卖程序相分离的个别独立程序,买受人申请交付命令或点交命令并依此为执行名义强制执行,为另一物之交付请求权的执行。[②] 既然将强制交付程序视为独立的另一执行程序,该执行程序的启动,自然需要独立的执行名义。如果将强制交付程序视为强制拍卖的一个环节,将强制交付行为视为强制拍卖程序从属的执行处分,那么,强制交付程序就无需独立的执行名义,直接以拍卖成交裁定为依据即可实施强制交付措施。从保护买受人权益、维护强制拍卖公信力的角度出发,笔者认为,宜将强制交

---

① 张登科:《强制执行法》,台湾三民书局 2012 年版,第 386 页;赖来焜:《强制执行法各论》,台湾元照出版公司 2008 年版,第 384 页。

② 赖来焜:《强制执行法各论》,台湾元照出版公司 2008 年版,第 384 页;吴光陆:《强制执行法》,台湾三民书局 2012 年版,第 393 页。

付行为视为强制拍卖程序从属的执行处分。① 最高人民法院《关于人民法院民事执行中拍卖、变卖财产的规定》(以下简称《规定》)(2004年)第30条对执行法院课以依职权交付的义务,实际上也认可了此观点。②《人民法院报》发布的一个精选案例中,更是直接表明了此态度。③

四、强制拍卖成交后不动产交付制度的完善建议

根据最高人民法院《关于人民法院民事执行中拍卖、变卖财产的规定》(以下简称《规定》)(2004年)第30条的规定,法院强制拍卖成交后,"除有依法不能移交的情形外",均应在拍卖成交裁定送达后15日内交付,否则,予以强制执行。然而,何种情形是应当移交的?何种情形是"依法不能移交的"?在移

---

① 台湾学界通说认为,如果将强制交付行为视为强制拍卖程序从属的执行处分,则就事实与实务而言,无法说明为自己占有不动产的第三人为何也为点交命令的效力所及。对此,笔者有不同的看法:首先,依据台湾地区"强制执行法"的规定,对为自己占有不动产的第三人实施强制交付的前提,是该第三人的占有权源不能对抗买受人,如果第三人的占有权源可以对抗买受人,则不为点交命令的效力所及。换言之,之所以可对为自己占有不动产的第三人实施强制交付,是因为买受人经拍卖程序所取得的权利所及。其次,即使如日本法和台湾法,强制交付程序需以交付命令或点交命令为执行名义,但毋庸置疑,交付命令或点交命令作出的主要依据,必然是拍卖成交裁定,如此,从客观的执行效果来看,是单独作出交付命令或点交命令并以此为据实施强制执行,还是直接以拍卖成交裁定为据实施强制执行,并无差异。人为地将强制交付程序从强制拍卖程序中剥离出来,并不具有太多的实质价值。

② 附带一提的是,最高人民法院《关于人民法院执行设定抵押的房屋的规定》(以下简称《规定》)(2005年)采取了不同的做法。根据该《规定》第2条和第3条,人民法院对已经依法设定抵押的被执行人及其所扶养家属居住的房屋,在裁定拍卖、变卖或者抵债后,应当给予被执行人6个月的宽限期。在此期限内,被执行人应当主动腾空房屋,人民法院不得强制被执行人及其所扶养家属迁出该房屋。该宽限期届满后,被执行人仍未迁出的,人民法院可以作出"强制迁出裁定",并按民事诉讼法关于强制迁出房屋的规定强制执行。

③ 在精选案例《拍卖成交后执行交付中的国家赔偿责任——辽宁高院决定海复公司申请大连海事法院国家赔偿案》中,法院明确指出,法院司法拍卖的终结应以完整交付而非拍卖成交为标志,认为司法拍卖确认成交后,法院对标的物的交付属执行行为的延续,法院将拍卖物完整交付买受人后,执行程序才能终结,对法院未及时或未完整交付拍卖物给买受人造成的损失,买受人有权请求国家赔偿(详见《人民法院报》2015年8月6日第6版)。

交过程中,如果有关的利害关系人产生争执,又应如何处理?对这些问题,该《规定》并没有给出明确的答案,导致实践中无所适从。

通常情况下,如果占有拍卖不动产者为被执行人,属于应当移交的情形,当无疑义。主要问题在于:占有拍卖不动产者为被执行人以外的第三人,是否属于应当移交进而强制交付的义务主体?因此,下文仅就占有拍卖不动产者为第三人的情形展开探讨,摸索有关问题的解决之道。

(一)负有交付义务的第三人范围

对于占有者为第三人的情形,无论是学术界还是实务界,都承认不是所有的第三人均有交付义务,而主张应当区别情形对待。不过,如何区别对待,区分标准是什么,则有不同的立法与学术见解。

根据日本1979年《民事执行法》第83条第1款的规定,执行法院认为"在案件记录上扣押效力产生前并非依权源而占有不动产的占有人",为交付义务人,而"对于在案件记录上扣押效力产生后能对抗买受人的权源而占有不动产的占有人",不受交付命令所及。据此,判断占有不动产的第三人是否负有交付义务,有两个标准:一是时间标准,二是占有权源标准。对于扣押前的占有者,如果系无权占有,则有交付义务,如果系有权占有,则无交付义务;对于扣押后的占有者,如果可以对抗买受人的占有权源,则无交付义务,如果没有可以对抗买受人的占有权源(包括有权占有),则有交付义务。日本1979年《民事执行法》第83条第1款将扣押前的有权占有排除在交付命令之外,之所以作此规定,其本意是日本国会为保护因生产管理等事由依扣押前权源而占据职场的劳工,但是,该规定施行的实际效果,明显脱离当初的立法初衷,反而变成据以恶意占有而妨害执行的道具。为了避免这种情形,如何扩大交付命令义务人的范围,即成为日本民事执行法解释上的最大问题点之一。① 日本实务上为避免执行妨害,努力将滥用权利者及借用租赁外表以妨害执行者,均解释为交付命令所及的义务人。② 1996年,为了处理不动产金融的大量不良

---

① 在日本法学界,就扣押前有权占有的"权源",就有不同的理解:有的主张"适法权源说",认为在对债务人的关系上如有适法的占有权源即为已足;有的主张"对抗权源说",认为必须具备可对抗买受人的占有权源;还有的主张"正当权源说",认为必须具有综合案件记录上各种情事而能认定占有人对债权人的权源有应受保护的正当利益等等。

② 许士宦:《执行力扩张与不动产执行》,台湾学林文化事业有限公司2003年版,第403~404页。

债权,充实拍卖程序上排除执行妨害的制度,日本《民事执行法》第 83 条第 1 款被修正为:"执行法院得依缴纳价金买受人的申请,对债务人或不动产的占有人,命令将不动产交付买受人,但对案件记录上认依得对抗买受人的权源而占有者,不在此限。"据此修正后的规定,在日本,判断占有不动产的第三人是否负有交付义务,不再区分系扣押前占有还是扣押后占有,统一适用一个标准,即第三人的占有权源能否对抗买受人,只要其占有权源不能对抗买受人,即使是扣押前的有权占有,也属于交付命令的义务人,对买受人负有交付义务。

德国《强制拍卖与强制管理法》第 93 条第 1 款规定:"基于拍卖成交的裁定可对土地或不动产的占有人搬出和交出占有物的强制措施。占有人基于某项不因拍卖成交而消灭的权利所实施占有的,不得采取强制措施。……"据此规定,占有不动产的第三人,只有在其占有权源为"某项不因拍卖成交而消灭的权利"的情况下,方可不负交付义务。而不因拍卖成交而消灭的权利,按照德国《强制拍卖与强制管理法》的规定,必须明确记载于拍卖公告的拍卖条件之中,并且,该权利须在确定保留价时加以考虑但未通过偿付得以清偿。

根据台湾地区"强制执行法"第 99 条的规定,在拍卖成交后的点交程序中,负有点交义务的第三人包括"于查封后为第三人占有者"、"第三人对其查封前无权占有不争执或其占有为前条第二项但书之情形者(即不动产原有之地上权、永佃权、地役权、典权及租赁关系发生于设定抵押权之后,并对抵押权有影响,经执行法院除去后拍卖者)"。对此规定,台湾学者一般认为,债务人的一般继受人及辅助占有人、查封后占有不动产的第三人、查封前无权占有不动产的第三人、不动产上用益物权经执行法院除去之人以及保管人或者管理人,均在点交义务人的范围之内。① 与日本法相比较,可以发现,二者就负有交付义务的第三人的范围有所不同:根据台湾地区"强制执行法"的规定,查封前的有权占有者,除其用益物权经执行法院除去者,均不受点交命令所及;而查封后的占有者,即使其为有权占有,不论其占有权源能否对抗买受人,一律为点交命令所及。

在我国大陆,有实务人士主张,在拍卖成交后,占有不动产的第三人应否负交付义务,可以从三个方面加以判断:一是第三人占有不动产是否合法;二

---

① 陈计男:《强制执行法释论》,台湾元照出版公司 2002 年版,第 449~451 页;赖来焜:《强制执行法各论》,台湾元照出版公司 2008 年版,第 386~391 页。

第七章
强制拍卖成交后不动产的交付

是第三人占有不动产的时间;三是第三人占有不动产是否善意。如果第三人系非法占有,那么人民法院应当强制执行,责令第三人限期搬出,如拒不搬出,则以妨碍执行为由对其采取强制执行措施。如果第三人系合法占有,那么应进一步审查第三人占有不动产的时间,如果第三人占有不动产的事实发生在据以执行的法律文书生效之前,则人民法院不能对第三人强制执行,而应当终结案件的执行程序,由申请执行人另案起诉被执行人和第三人以保障其合法权益;如果第三人占有不动产的事实发生在据以执行的法律文书生效之后,则需要进一步区分第三人是否为善意占有,如果系善意占有,那么人民法院也不能强制执行,应当终结该案的执行程序,由买受人另案起诉;如果第三人不是善意占有,那么人民法院应予强制执行。①

无权占有的第三人,无论其何时占有,必然负有交付义务,显无疑问。因此,问题的焦点在于,第三人为有权占有时,如何确定其是否负有交付义务?从上述日本、德国立法例以及我国大陆的实务见解来看,判断有权占有的第三人是否负有交付义务的标准,可以归结为两类:其一,如日本法和德国法,不考虑第三人占有的时间,实行单一标准,如日本法上的标准为"占有权源能否对抗买受人",德国法上的标准为"占有权源是否为不因拍卖成交而消灭的权利";其二,如台湾地区和我国大陆的实务见解,实行双重标准,首先为时间标准,或者强调以查封为时点,或者主张以据以执行的法律文书的生效为时点,以这些时点为界划分负有交付义务的第三人的范围,在此基础上,再结合其他标准,如占有权源是否被除去、第三人的占有是否为善意来判断。

根据台湾地区"强制执行法",以查封时间为标准,查封后占有不动产的第三人,不问其占有的原因如何,执行法院均得解除其占有,点交给买受人或者承受人。如果第三人在查封前向债务人承租不动产,在查封后始取得占有的,也应点交。② 台湾地区"强制执行法"之所以以查封时间作为区分占有第三人是否为点交义务人的标准,究其原因,是因为台湾地区向来的实务及学说大多主张查封的绝对效力,即认为不动产经查封登记后,债务人即不得予以处分,查封后占有不动产的第三人,受查封的绝对效力所及,自不得对抗买受人。

至于我国大陆实务界人士主张的以据以执行的法律文书的生效时间为区

---

① 牛延强:《执行第三人占有房屋案件的处理》,载《人民法院报》2011年1月19日第8版。

② 杨与龄编著:《强制执行法论》,中国政法大学出版社2002年版,第440~441页。

分标准的见解,其合理性显然值得商榷。这里举两个假设案例以说明:(1)甲为购买一房屋,因向银行贷款而将该房屋抵押给某银行,并办理了抵押登记。而后,为获得租金早日还贷,甲将该房屋出租给乙,租期为3年。在租赁存续期间,因甲未按时还贷,银行诉请行使抵押权拍卖该房屋。丙通过拍卖程序拍得该房屋。在此案中,第三人乙占有房屋的时间虽然发生在据以执行的法律文书生效之前,但因占有权源——租赁权的设立后于抵押权人,也不得对抗买受人丙,而负有交付的义务。① (2)A向B借款100万元,A提供自有房屋一套作为抵押,期限届满后,因A未返还借款,B诉请法院行使抵押权,获得法院支持。在法院启动强制执行程序后,A擅自将该房屋出租给C(因法院适用"软查封"②,C对该房屋已被纳入执行程序的事实毫不知情),租期3年。在租期未届满前,法院将该房屋拍卖给D。在此案中,承租人C占有该房屋的时间是在据以执行的法律文书生效之后,且为善意占有,但依据法律的规定,该租赁权的设立时间后于抵押权,不得对抗买受人D,可能被依法除去而负有交付的义务。由上可见,以据以执行的法律文书生效时间为标准,主张该法律文书生效之前占有不动产的第三人、该法律文书生效之后占有不动产的善意第三人不负交付义务的观点,明显无法律依据。

最高人民法院《关于人民法院办理执行异议和复议案件若干问题的规定》(2015年)第31条规定:"承租人请求在租赁期内阻止向受让人移交占有被执行的不动产,在人民法院查封之前已签订合法有效的书面租赁合同并占有使用该不动产的,人民法院应予支持。"从该条文来看,查封前承租人占有使用不动产的,不负交付义务。这似乎确立了如同台湾地区"强制执行法"一样的查封时间标准。不过,严格意义上讲,还不能得出此结论。因为,若查封后合法占有不动产的第三人提出阻止向受让人移交占有不动产的请求,人民法院是否一律不予支持,最高人民法院并没有进一步的明确态度。

笔者认为,占有拍卖不动产的第三人是否负有交付义务,不宜将查封时间作为判断标准。如前所述,将查封时间作为判断占有不动产的第三人是否负有交付义务的标准,源于对查封绝对效力的认识。然而,就查封的效力而言,学说上有绝对效力说与相对效力说之分。绝对效力说认为,查封是一种公法

---

① 最高人民法院《关于适用〈中华人民共和国担保法〉若干问题的解释》第66条规定:"抵押人将已抵押的财产出租的,抵押权实现后,租赁合同对受让人不具有约束力。"

② 所谓"软查封",是指法院通过网络方式,在房地产登记管理部门直接办理产权查封手续,并未在被查封的不动产处张贴查封公告。

第七章
强制拍卖成交后不动产的交付

行为,查封的效果是使被执行人绝对丧失对查封物的处分权,被执行人就查封物所为的处分行为,不仅对申请执行的债权人无效,而且对任何人均无效。相对效力说则主张,被执行人对查封物的处分并非绝对无效,而是仅对于申请执行的债权人无效,即其处分行为不得对抗申请执行的债权人,但在第三人与被执行人之间,该处分行为仍然有效。如果采纳绝对效力说,查封的实效性最高,但是,另一方面,因为查封的目的仅仅使债务人丧失对查封物的处分权,债务人并不当然丧失其所有权,仍可以对查封物行使占有、使用、收益等权能,尤其是查封债务人财产后并非一定对查封物予以实际处分,如债务人在查封期间主动清偿债务或者债权人撤回执行申请等,如果完全贯彻查封的绝对效力,禁止债务人为处分行为,并不利于促进交易和物的流转。因此,目前的理论通说是承认查封的相对效力,其依据是"查封效力仅以限制债务人之处分行为对执行债权人无效,即能达到保护债权人目的,不必进一步扩张使债务人与第三人间之处分行为无效,且与债务人为交易之相对人亦有保护其交易安全之必要"①。我国最高人民法院《关于人民法院民事执行中查封、扣押、冻结财产的若干规定》(2004 年)即采纳了查封相对效力说,其第 26 条第 1 款规定,"被执行人就已经查封、扣押、冻结的财产所作的移转、设定权利负担或者其他有碍执行的行为,不得对抗申请执行人",并未确认这些行为完全无效。事实上,台湾地区"强制执行法"第 51 条也承认了查封的相对效力,该条第 2 款规定:"实施查封后,债务人就查封物所为移转、设定负担或其他有碍执行效果之行为,对于债权人不生效力。"由此可见,即使在主张查封"对于债权人不生效力",也具有相对性,即只有在债务人所为处分行为有碍执行效果的情形,才对于债权人不生效力。② 这样的见解也体现在我国最高人民法院的司法解释之中,如最高人民法院《关于人民法院民事执行中拍卖、变卖财产的规定》(2004 年)第 31 条第 2 款规定:"拍卖财产上原有的租赁权及其他用益物权,不因拍卖而消灭,但该权利继续存在于拍卖财产上,对在先的担保物权或者其他优先受偿权的实现有影响的,人民法院应当依法将其除去后进行拍卖。"据此规定,即便是查封后在拍卖财产上设立的租赁权及其他用益物权,并不当然消灭,只有在对在先的担保物权或者其他优先受偿权的实现"有影响"的情况下,法院方可依

---

① 陈荣宗:《强制执行法》,台湾三民书局 1999 年版,第 336 页。
② 许士宦:《执行力扩张与不动产执行》,台湾学林文化事业有限公司 2003 年版,第 201 页。

法除去后拍卖。既然查封后在拍卖财产上设立的租赁权及其他用益物权可能并不被除去,那么,基于租赁权及其他用益物权的第三人即有理由不被纳入"交付义务人"的范围。可见,以查封时间作为区分占有不动产的第三人应否为交付义务人的标准,也不完全合理。事实上,如前所述,日本《民事执行法》之前曾采纳查封时间标准,后因实务问题而放弃了该标准,也是对该标准具不合理性的一种客观印证。

判断占有不动产的第三人是否应为交付义务人,可借鉴日本法上的标准,即第三人的占有权源能否对抗买受人。这样,既可以避免采纳查封时间标准、据以执行的法律文书生效时间标准所带来的界定负交付义务的第三人范围时的"左右为难",又可统一标准,便于操作,此外,也更切合实体法的规定。事实上,如前所述,无论采用何种标准,在案件中具体判断占有不动产的第三人是否为交付义务人时,无一不是在根据实体法分析第三人的占有权源能否对抗买受人。此外,德国法上"占有权源是否为不因拍卖成交而消灭的权利"的标准,在本质上也是与该标准相一致的。因为,根据德国法的规定,通过拍卖成交,依拍卖条件不应存续的权利即消灭①,而不因拍卖成交而消灭的权利,依实体法来确定,且必须明确记载于拍卖公告的拍卖条件之中。只有记载于拍卖条件中的不因拍卖成交而消灭的权利,方能对抗买受人。可见,德国法上的该标准虽然采取的是形式化的描述,但是最终仍落脚在占有权源能否对抗买受人这一基点之上。也许有人提出疑问:是否可能会出现拍卖条件遗漏部分第三人占有权源的情形?如果存在遗漏,此类第三人的占有权源依实体法可对抗买受人,依德国法的此标准,该第三人则依然不得对抗买受人,是否不合理?这实际上是忽略了德国法上强制拍卖程序启动之初的权利申报催告制度。根据德国《强制拍卖与强制管理法》第9条的规定,与强制执行相对抗的权利人、针对不动产或不动产设定负担的权利人、有权从不动产中受偿的债权人、基于该权利而向其移转不动产的使用租赁权利和用益租赁权利的权利人,应当在拍卖前向执行法院申报权利,并提供相关权利证明,法院审查核实这些权利后,拟定拍卖条件,确定某些权利不因拍卖成交而消灭。除此之外,其他的权利均消灭。如此,可排除存在遗漏的第三人享有可对抗买受人的占有权源的情形。而第三人享有的不因拍卖成交而消灭的权利,即可对抗买受人。如果对此类第三人依旧采取强制措施的,占有人可依法提起诉讼。

---

① 德国《强制拍卖与强制管理法》第91条第1款。

(二)交付程序中的争执处理

在执行实践中,第三人对拍卖的不动产主张占有权源,通常表现为在执行法院采取查封措施后提出异议,对异议裁定不服的,可以提起执行异议之诉。这样,就第三人是否存在对抗买受人的占有权源的相关争执,在交付程序启动之前(拍卖前)即得以解决。但是,由于当前执行法院对不动产的查封多通过网络方式,在房地产登记管理部门直接办理产权查封手续,有相当部分的当事人以及第三人对法院的查封行为不能及时了解,无法在法院采取查封措施后及时提出异议,有的甚至在拍卖成交后强制交付之时方提出异议。笔者在开展执行实务调研工作时,就了解到这样的一个案例:法院在执行刘某与张某债权纠纷一案中,依法查封了被执行人张某名下房产一套,经三次拍卖成交。被执行人张某在第三次拍卖成交后,才提出被执行房产存在租约,并由承租人施某提出执行异议。有的第三人虽在拍卖前了解到相关情况,但基于各种各样的原因而未就自己的占有权源提出争执,直至法院启动强制交付程序时才以具有占有权源为由拒绝交付。重庆法院网于2013年12月3日就发布了这样的一则执行案例信息:2012年12月,重庆五中院启动了对被执行人陈某用诈骗所得购买的某住宅的司法拍卖程序。在拍卖前,执行人员专程上门向房产占有人黄某、童某某夫妇告知拍卖相关情况,并要求其尽快提供占用房产的依据由法院依法审查处理,否则在拍卖成交后应当自行搬迁,黄某、童某某表示认可。直到2013年2月6日房产拍卖成交,黄某夫妇也未向法院提供相关证据材料。黄某夫妇在得知房产已被拍卖的情况下,却以租赁关系未被法院确认、损害了其优先购买权等为由,拒不搬出。① 因此,这里的问题是:在强制交付程序中,若占有不动产的第三人就是否存在对抗买受人的占有权源提出异议或者争执,执行法院应当如何处理?

有执行法官认为,鉴于第三人占有权源对拍卖不动产价值的重大影响,执行法院一般应当在对不动产进行价值评估之前,履行公告或者告知义务,责令有关利害关系人在合理期限内提出异议,超过合理期限的,第三人再提出异议请求,执行法院可以直接驳回异议或者不予受理,以维护执行工作的顺利开展。从促进强制拍卖制度的效用、维护强制拍卖的公信力、稳定拍定人的地位

---

① 刘晓全:《重庆五中院采取拘留措施确保拍卖房产交付》,载重庆法院网:http://cqfy.chinacourt.org/article/detail/2013/12/id/1155163.shtml。

出发,这种观点毫无疑问是合理的。因为,在拍卖前即确定不动产上的权属关系和负担,并在拍卖公告中如实披露,不允许利害关系人在拍卖后提出相关权利争执,有利于降低竞买人的竞买顾虑,提高竞买意愿和竞买应价,并且,竞买人基于拍卖公告参与竞买,除拍卖公告约定的拍卖条件,也不应受其他额外的未知条件的约束,这也是维护强制拍卖公信力的必然要求。况且,在法院已经履行公告或者告知义务的前提下,第三人未及时提出异议主张自己的权利,其主观上存在过错,理应承担相应的怠于主张权利的不利后果。

然而,就我国当前的具体国情而言,完全要求第三人在拍卖前合理期限内提出异议、杜绝拍卖成交后提出权利争执的机会,可能对部分第三人极不公平。如前所述,由于执行法院目前的查封方式多为通过网络进行的"软查封",查封的公示程度并不充分,第三人可能对查封事实根本不知情而无法尽早地提出异议,即使有的第三人较早知晓查封事实,但也可能因"不知法、不懂法"而未及时提出异议。因此,对于第三人在交付过程中提出的权利争执,执行法院不宜直接驳回或者不予受理。从最高人民法院《关于人民法院办理执行异议和复议案件若干问题的规定》(以下简称《规定》)(2015年)来看,对于第三人在交付过程中提出的权利争执或异议,人民法院应当处理。该《规定》第31条明确,"承租人请求在租赁期内阻止向受让人移交占有被执行的不动产,在人民法院查封之前已签订合法有效的书面租赁合同并占有使用该不动产的,人民法院应予支持。承租人与被执行人恶意串通,以明显不合理的低价承租被执行的不动产或者伪造交付租金证据的,对其提出的阻止移交占有的请求,人民法院不予支持。"据此,承租人请求"阻止向受让人移交占有"被执行的不动产,只要其合法有效的书面租赁合同在查封之前签订并占有使用,人民法院就"应当支持",而对承租人与被执行人以虚假租约为由阻止移交占有的,人民法院"不予支持"。可见,对于承租人提出的阻止移交占有的请求,法院要予以审查,并作出处理。而所谓"阻止移交占有的请求",显然可能发生在拍卖成交后的交付环节。[①]

在承认第三人有权在交付程序中提出权利争执的前提下,那么,进一步的问题是:对于该争执,是通过另行诉讼的方式处理?还是由执行法院审查后直

[①] 在实践中,部分承租人在法院查封不动产后即提出此类异议,故法院的审查行为未必发生在拍定后的交付环节,但从该条款来看,显然也包括在拍定后交付程序中承租人提出异议的情形。

接作出处理？从最高人民法院《关于人民法院办理执行异议和复议案件若干问题的规定》(2015年)第31条来看,最高人民法院是将承租人阻止移交占有的请求作为执行异议的一种,由执行法院按执行异议审查程序来办理的。不过,在实践中,有的地方法院在第三人提出此类权利争执时,即停止交付,告知买受人另行起诉。

从比较法的角度考察,就占有不动产的第三人在交付程序中提出权利争执的情形,各国及有关地区的处理方式存在差异。据日本《民事执行法》第83条第3款规定,"……对于债务人以外的占有人作出的裁定,执行法院必须进行审问。但对于这些人已审问的,则不在此限"。执行法院在对第三人作出交付命令前,必须进行"审问",可见,如果第三人此时提出权利争执,也由执行法院审问后确定。德国《强制拍卖与强制管理法》第93条第1款则规定,对于执行法院的强制交付措施,基于某项不因拍卖成交而消灭的权利所实施占有的占有人可依据德国《民事诉讼法》第771条的规定,提起第三人异议之诉。台湾地区"强制执行法"对此并无明确的规定,在台湾学术界,不同学者基于对点交命令性质的不同认识而有不同的主张:主张点交命令系执行程序中的处分行为者认为,第三人对点交命令不服的,应声明异议,不得提起债务人异议之诉及第三人异议之诉;主张点交命令系一种独立的执行名义者则认为,第三人除对点交命令提起抗告外,可依实体上的事由提起第三人异议之诉。在台湾执行实务上,通常允许第三人在点交程序终结前声明异议。①

有台湾学者认为,在交付执行程序中,当占有不动产的第三人与买受人发生权利争执时,要求当事人另循诉讼程序以资解决,将不能避免这样的批评,即,"依其处理,将加重法院之负担,增加当事人主张权利过程之烦扰,违背近代法治国家应尽量便利主张权利之基本思想,因其将执行名义取得程序与对抗权源确定程序为不必要之分离,在当事人实质上争执发生时,于点交执行程序中,要求另开始诉讼程序,对法院及当事人造成劳力、时间、费用之额外负担,有害于权利之迅速实现及保护",反过来,该学者也认为,若强行利用交付程序处理此类争执,"可能发出不应发之执行名义,增加点交执行程序之困扰,而过分强化执行名义之取得,亦可能危及承租人占有不动产之权利",两相比较,他主张允许买受人起诉请求,在严密的诉讼程序中一并确定第三人有无对

---

① 张登科:《强制执行法》,台湾三民书局2012年版,第386页。

抗权利，避免另起点交程序，以节省执行法院及当事人的劳力、时间及费用。①

在交付执行程序中，当占有不动产的第三人与买受人之间发生实质性的权利争执时，要求当事人另诉解决还是在交付程序中按执行异议直接处理，正如上述台湾学者所言，各有利弊。但是，结合我国当前的具体国情来考虑，我国宜采纳后一种处理方式。这主要是基于对买受人权益与第三人权益的权衡而得出的结论。在强制执行程序中，买受人的权益更值得保护。因为，在买受人应买时，是根据拍卖公告、查看拍卖标的物等途径知悉第三人是否有占有权源、有何种占有权源，考虑第三人的占有权源能否对抗自己，在此基础上决定竞买的意愿及竞买的价格，为此，保护买受人就从占有人受交付一事的正当期待，"不仅系买受人之利益，而且，从保障拍卖之信用及机能而言，亦系符合国家之利益"②。比较而言，在拍卖程序中，第三人有机会提出异议以维护自己的权利，已受一定的程序保障。因此，尽量避免买受人另行诉讼的讼累，在交付程序中直接处理买受人与第三人之间的权利争执，实为更好的选择。

分析主张当事人另行诉讼解决权利争执的观点，可以发现，其立论依据主要有二：其一，根据审执分离的原理，在执行程序中，执行法院无实体审查权限，不能对第三人可对抗买受人的权利存否的争执作出实体判断。其二，如果依执行异议程序处理，执行法院就第三人有无对抗买受人的实体权利作出裁定，该程序对第三人的程序保障并不充分，该裁定即使确定，也没有既判力，当事人仍可在交付程序之外另行提起诉讼。但是，应当看到，在我国，执行程序中并未贯彻绝对的审执分离，执行法院就有关当事人之间的实体争议享有一定的审查权，是我国执行立法的一大特色。如我国《民事诉讼法》第227条就规定，案外人对执行标的提出书面异议的，由执行法院审查，对裁定不服的，案外人可另行提起异议之诉；最高人民法院关于执行程序的有关司法解释也一再确认执行法院有权审查案外人提出的实体上的异议。由执行法院先行审查处理执行中的实体争议，可迅速解决部分争议，有利于减少讼累，提高执行效率。执行实践已经表明，对于交付过程中第三人提出的实体异议，经执行法院审查核实后，不少第三人接受了法院的处理结果，起到了过滤大部分案件的效果。况且，按我国的现行法，倘若第三人不服异议处理结果，仍可对此提起异

---

① 许士宦：《执行力扩张与不动产执行》，台湾学林文化事业有限公司2003年版，第373～374页。

② 许士宦：《执行力扩张与不动产执行》，台湾学林文化事业有限公司2003年版，第409页。

议之诉,从而为第三人提供了充分的程序保障。

诚然,从促进强制拍卖效用、强化买受人地位的安定的角度来讲,最理想的状态,是执行法院在实施拍卖前尽早地全面了解并确定不动产上的权属关系与负担,并在拍卖公告上明确载明拍卖条件,竞买人依据拍卖公告参与竞买,如此,避免出现第三人于拍定后方提出实体权利争执的情形,保护买受人在拍定后不致遭受无法交付的预期之外的不利益。正如最高人民法院法官在解读《关于人民法院民事执行中拍卖、变卖财产的规定》时所言:"在拍卖实践中,为避免发生不必要的争议,对标的物是否能够及时移交给买受人或承受人,应当在拍卖前向所有的竞买人予以说明。"[1]为了尽早地确定不动产上的权属关系与负担,有必要强化执行法院的现况调查权。值得欣喜的是,有的地方法院已经高度重视法院的现况调查权,并有条不紊地逐步推进该项工作,明确要求在强制拍卖启动之前必须进行现场实地勘查,查清不动产的相关权属与负担,尽可能排除交付阶段第三人提出权利争执情形的产生。

(三)关于再行交付

执行实践中还存在这样的情形:在执行法院采取强制措施强制第三人交付以后,第三人又返回占有不动产。本文前引案例3即属此类情形,在此案中,执行法院多次强制第三人杨某从所占厂房迁出,但事后杨某又重新占有了该厂房。那么,在第三人重新占有已交付的不动产的情况下,执行法院又应当如何对待此类"交付难"呢?

对此,实务界中有两种看法。一种看法是,拍卖的不动产交付完毕后,针对该不动产的执行程序即已终结,如果原占有人又重新占有该不动产,属于新的事实,须买受人另行起诉取得新的执行名义后方可申请强制执行。另一种看法是,在拍卖的不动产交付完毕后,原占有人又重新占有该不动产的,执行法院应当采取强制措施再行交付,以维持执行的效果。

理论上,前一种看法更具有合理性,否者,执行程序可能"没完没了",无法确定何时终结。并且,在执行法院将拍卖的不动产交付给买受人后,该不动产已经处于买受人的实际管理控制之下,买受人应当妥善尽好管理之责。但是,从实务来看,在一些"刁顽人士"抗拒执行,于交付完毕后再强行占有拍卖不动

---

[1] 赵晋山:《〈关于人民法院民事执行中拍卖、变卖财产的规定〉的理解与适用》,载《人民司法》2005年第2期。

产的情况下,买受人通常求助于执行法院,认为是执行法院未能执行完毕。如果执行法院不强制再行交付,而告知买受人另行诉讼,这不仅增加买受人的讼累,而且也恐助长此类抗拒执行之风。

  从比较法的角度来看,就交付后再行占有的情形如何处理,德、日等国并未对此作出明确的规定。我国台湾地区"强制执行法"则独树一帜,明确确立了"再点交"程序。根据该法第99条第3款的规定,在执行法院依法点交后,"原占有人复即占有该不动产者,执行法院得依申请再解除其占有后点交之"。台湾地区"强制执行法"之所以作此立法,其理由在于:若须买受人(或承受人)再行起诉取得执行名义后始能排除侵害,非但增加讼累,且有损执行效果,有再行点交的必要。① 值得注意的是,台湾学理上的通说认为,再点交程序的性质,并非依原点交命令的续行执行,而是属法律特别规定而开始的新执行程序,故该法第99条第4款明确规定,再点交程序必须缴纳执行费。②

  在我国大陆,当前的执行现实是抗拒执行的现象较为严重,买受人的权益保护不充分,且进一步影响了强制拍卖制度的实际效用。鉴于此,有必要借鉴台湾地区的再行交付程序,强化对买受人的权益保护,维护强制执行的客观效果。值得注意的是,2015年施行的最高人民法院《关于适用〈中华人民共和国民事诉讼法〉的解释》第521条规定:"在执行终结6个月内,被执行人或者其他人对已执行标的有妨害行为的,人民法院可以依申请排除妨害,并可以依照民事诉讼法第111条规定进行处罚。因妨害行为给执行债权人或者其他人造成损失的,受害人可以另行起诉。"据此规定,在被执行人或者其他人再次侵占强制交付的房屋等情况下,人民法院可以依申请直接"排除妨害",而无需买受人另行起诉。这类似于台湾"强制执行法"上的"再点交"制度。同时,为了避免此类程序的不当滥用而导致执行法院沦为买受人财产的"保镖",该条文对该程序的适用设置了一个限制条件,即限于"执行终结6个月内"。这显然是合理的选择。不过,该规定将再行交付的范围扩大至被执行人以外的"其他人"时,未设其他限制条件,是否合理,仍值得关注。正如相关的权威解读,"执行实践中应当注意正确把握'其他人的'的范围"③。该规定的实施效果如何,尚待实践来检验。

---

  ① 赖来焜:《强制执行法各论》,台湾元照出版公司2008年版,第396页。
  ② 吴光陆:《强制执行法》,台湾三民书局2012年版,第395页。
  ③ 沈德咏主编:《最高人民法院民事诉讼法司法解释理解与适用》,人民法院出版社2015年版,第1379页。

结 语

在强制拍卖程序中,拍定后拍卖物能否交付,是影响强制拍卖制度实际效用的关键问题之一。在我国当前的执行实务中,强制拍卖后"交付难"的问题尤为突出。如何解决"交付难",成为执行工作中亟待解决的一项棘手问题。在执行实务中,各地法院应对"交付难"的做法不一。在拍卖成交后,法院有强制交付的职责,仅在依法不能移交的情形下,法院才能免除强制交付的义务。从保护买受人权益、维护强制拍卖的公信力考虑,法院应以拍卖成交裁定为依据实施强制交付措施,无需独立的执行名义。被执行人为强制交付的当然的义务主体。除此之外,其占有权源不能对抗买受人的占有拍卖物的第三人也属于强制交付的义务主体。在强制拍卖程序中,如果第三人与买受人之间就应否强制交付发生权利争执,是要求当事人另诉解决还是在交付程序中按执行异议处理,各有利弊。基于买受人权益与第三人权益的权衡,为避免买受人另行诉讼的讼累,法院应当在交付程序中直接处理买受人与第三人之间的权利争执,无需另行诉讼。针对实践中法院强制交付后被执行人或第三人重新占有拍卖物以抗拒执行的现象,为强化对买受人的权益保护,维护强制执行的客观效果,最高人民法院司法解释借鉴台湾地区的"再点交"程序,确立了类似的再行交付制度。据此,在被执行人或第三人再次占有强制交付的拍卖物时,买受人无需另行起诉,可直接申请法院再次强制交付。

第八章　强制拍卖中的涉税问题

一、强制拍卖不动产过程中因税费引发的问题

[引例]王先生通过司法拍卖拍得一套住宅,成交价 150 万元,面积 100 平方米,此房屋原系某公司所有,该公司于 2004 年购入,价格 60 万元,从未交纳过有关税费。在王先生办理过户手续时被要求交税,经咨询国税和地税部门,需要交纳各种税费近 50 万元。原因是在竞买时签订了一份由拍卖公司提供的《拍卖告知书》,《拍卖告知书》中明确约定"标的物所有权转移至买受人名下双方应缴纳的一切税费,包括契税、营业税、城建税、教育费附加、土地增值税、印花税、水利建设专项资金、房产税、城镇土地使用税、被拍卖方所得税、被拍卖方拖欠的各种税费与本次拍卖有关的所有税费都由买受方承担。(有关税费缴纳情况买受人需自行向有关部门进行了解)"[1]。

近年来,法院强制拍卖房产因低起价等特点,吸引了不少"淘房客"。越来越多的市民参与强制拍卖,意欲拍到便宜的房产。从执行实务来看,从拍卖活动前期的查封扣押、拍卖公告,直至最后拍定成交这整个强制拍卖过程中,无论是法院还是竞买人,往往都没有仔细考虑税费征收的问题。法院的拍卖公告或者有关的拍卖告知书通常笼统地列出如下或者与之相类似的条文——"起拍价、成交价均不含买受人拍卖标的办理初始登记、过户时所发生的全部税费。办理初始登记、权证过户过程中按规定应缴纳或补交的有关税费和所涉及的一切关联费用,全部由买受人承担",并没有明示买受人需要承担税费

---

[1] 本案例源自:《司法拍卖购得公司房产要缴纳的税费》,载新浪博客:http://blog.sina.com.cn/s/blog_51d7ac6d0102v8zr.html。

的具体金额。税费征收问题表现在拍卖成交后办理产权转移这最后一关。其结果是,不少初次通过强制拍卖拍到房产的市民,正如上述引例中的王先生一样,发现自己所拍到的房产表面上虽然比市场价便宜,但是因此而由自己额外承担的相关税费却十分高昂,大超预期。执行实务表明,强制拍卖中的税费问题引发了诸多问题:部分买受人因对拍卖成交后的纳税义务不满而悔拍;部分买受人因拒绝承担相关税费而导致权属登记管理部门拒绝办理过户手续;部分买受人因税费问题与债务人、拍卖机构、税务机关等之间产生争执而引发新的诉讼;部分买受人因此而不断信访、闹访等等。税费问题潜在地影响着强制拍卖制度的效用。实务统计调查就表明,不少人因税费负担的顾虑而对强制拍卖"望而为之却步",甚至有关媒体也明确就此问题对公众作出公开的警示。①

长期以来,因法院强制拍卖不动产所产生的税费问题,我国有关法律、法规均未明确提及。直至 2016 年 8 月,最高人民法院在其发布的《关于人民法院网络司法拍卖若干问题的规定》(以下简称《规定》)中方提到强制拍卖的有关税费问题。根据该《规定》,实施网络司法拍卖的,人民法院应当履行的职责之一,是"确定拍卖……税费负担等"(第 6 条第 3 项);人民法院应当在拍卖公告发布当日通过网络司法拍卖平台公示"拍卖财产产权转移可能产生的税费及承担方式"(第 13 条第 9 项);"因网络司法拍卖本身形成的税费,应当依照相关法律、行政法规的规定,由相应主体承担;没有规定或者规定不明的,人民法院可以根据法律原则和案件实际情况确定税费承担的相关主体、数额"(第 30 条)。从这些条文来看,在网络司法拍卖中,人民法院应当确定、公示所涉税费及其承担方式,并将其作为人民法院的一项职责,这无疑对理解和认识强制拍卖财产所涉税费问题是一大进步。不过,另一方面,也应当注意,这些关于强制拍卖所涉税费负担的规定依然非常笼统,对解决执行实务中的现实问题能起多大效用,仍然值得怀疑。例如,该司法解释虽然将确定和公示因网络司法拍卖可能产生的税费及其承担方式列入人民法院应当履行的职责之一,对有关税费没有规定或者规定不明的,人民法院"可以"根据法律原则和案件实际情况确定税费承担的相关主体、数额,但是,就人民法院具体如何确定税费数额、税费承担方式、最终如何缴纳税费等等问题,仍然无法从该司法解释

---

① 赵佳媛:《揭秘:低价司法拍卖房背后的"高税费"》,载拍房网:http://www.paifun.net/news/2014-8-21/27115.html。

中找寻出明确的答案。另外,根据我国现行的强制拍卖体制,除了网络司法拍卖之外,尚有现场司法拍卖的存续,而该司法解释的效力范围仅适用于网络司法拍卖,那么,现场司法拍卖所涉税费问题,是否可以参照网络司法拍卖来处理,也尚待立法机关或者最高人民法院进一步明确。

从当前的执行实务来看,在强制拍卖税费问题的处置上,不同执行法院、税务机关的理解和做法不一,这不仅影响了司法的权威性与统一性,而且严重阻碍了强制执行工作的有效进行。有鉴于此,这里结合执行实践,就强制拍卖所涉税费征缴中的主要问题进行剖析,并就如何解决这些问题作出尝试。

关于强制拍卖中的税费问题,考虑到理论与实践中的争议,这里具体分解为三大问题:其一,应否征税?其二,向谁征税?其三,如何征税?下文分别就这三个问题逐一展开探讨。

二、应否征税?——强制拍卖不动产中征税的正当性

关于法院强制拍卖不动产过程中应否征税的问题,实务中存在截然相反的两种看法。反对者认为,强制拍卖作为法院的一种强制措施,属于公法行为,而非普通的交易行为,因而强制拍卖不动产不应被征税。赞成者则认为,在法院强制拍卖过程中,竞买人的竞价行为暗含利益驱动,不动产的市场价值也在买卖之间得以实现,因此,强制拍卖具有交易行为的典型特征,与商业拍卖无异,应当纳入国家税费征收管理范畴。拍卖不动产的,除收取契税、手续费等常规税费外,还应征收营业税和土地增值税。[①]

就法院强制拍卖行为的性质而言,理论界曾有私法说、公法说与折中说之争。依据不同的学说,强制拍卖的法律效果有所不同。由于"私法说最大的缺点在于不能解释公法拍卖与私法拍卖在效果上的不同,无法解释执行机构公权力在强制拍卖中的体现,不能说明执行机构强制拍卖公信力何在。这不但与当前民事诉讼理论公法化趋势相左,而且与强制执行公法化理论相背离,这

[①] 汤伟、朱敏、蒋晓亮:《司法拍定不动产交付问题刍议》,载《人民司法》2014年第7期。

也注定此说将逐渐退出执行拍卖的理论舞台"①。从强制执行理论的发展过程来看,强制拍卖属于公法行为,这基本上已成共识。将强制拍卖等同于商业拍卖,仍立足于私法说来理解强制拍卖,进而以此为由论证强制拍卖中征税的正当性,显然缺乏足够的说服力。

强制拍卖行为具有公法性,不属于普通的交易行为,那么,是否就能由此得出这样的结论:对法院强制拍卖不动产的行为,就不能征税? 对此,笔者持否定观点,认为对法院强制拍卖不动产的行为征税具有正当性。其具体理由有三:其一,法院强制拍卖不动产与债务人自主出售不动产具有极大的相似性。法院强制拍卖不动产,是在债务人未自觉履行债务的情况下,通过执行程序强行处置债务人的财产,以使债权人的债权得到清偿。与债务人自主出售不动产相比,法院强制拍卖行为最大的特点在于其"强制性",换言之,对债务人而言,此为"非自愿"的行为。除此之外,对债务人而言,无论是法院强制拍卖抑或是自主出售,其直接效果均是将财产换价偿债,二者并无实质性的差异。对债务人自主出售财产的行为应当征税,毫无疑义。那么,仅仅因为强制拍卖系债务人的非"自愿"行为即不得征税,其理论基础恐有疑问。事实上,强调法院强制拍卖行为的公法性,主要是为了维护强制拍卖的公信力,强调拍定人地位的安定,并不是强调强制拍卖对债务人产生特殊的不同的法律后果。其二,税收具有公益性。税收是国家或者地方政府存立的财政根据,体现的是一种公共利益,是一种"由个人利益集合而成并最终服务于个人利益的公共利益"②。出于维护公共利益的需要,对拍卖、变卖财产的行为(无论是自主行为还是非自愿行为)征税,乃理所当然。其三,对法院强制拍卖财产的行为征税,是域外立法的通例。无论是美国,还是德国、日本、我国台湾地区,均明确规定在法院强制拍卖财产的情况下,债务人和买受人均应当承担相应的纳税义务。

事实上,国家税务总局对强制执行被执行人财产有关税收问题就专门下发了《关于人民法院强制执行被执行人财产有关税收问题的复函》(国税函〔2005〕869号),该复函明确指出:"无论拍卖、变卖财产的行为是纳税人的自主行为,还是人民法院实施的强制执行活动,对拍卖、变卖财产的全部收入,纳税人均应依法申报缴纳税款。"因此,对于法院强制拍卖不动产的行为,应予征税,当无疑义。

---

① 陈桂明、侍东波:《民事执行法拍卖制度之理论基石——强制拍卖性质之法律分析》,载《政法论坛》2002年第5期。

② 熊伟、王宗涛:《中国税收优先权制度的存废之辩》,载《法学评论》2013年第2期。

三、向谁征税？——强制拍卖不动产所涉税费的承担主体

(一) 对"替缴制"的反思

根据我国税法的规定,在不动产买卖、转让中,买卖双方各自承担相应的纳税义务,出卖方应当缴纳营业税、土地增值税、城市建设维护税、企业所得税或个人所得税、教育费附加、印花税,买受方应当缴纳契税、印花税。[①] 然而,在执行实践中,法院在强制拍卖税收负担上通常采取"一脚踢"的替缴模式,[②] 要求买受人全部承担强制拍卖过程中的一切税费。[③] 在强制拍卖实践中,部分买受人面对着高额的税费,以违背税收法定原则为由,认为法院要求自己全部承担所有税费的替缴制无效,主张被执行人应缴纳的税费不应由自己承担;部分买受人在缴纳所有税费后,要求被执行人返还应由其承担的税费,进而引发其与被执行人之间的追偿诉讼;部分买受人在缴纳所有税费后,以违反税法为由要求税务机关退回被执行人应承担的税费,甚至为此提起税务行政诉讼。[④]

强制拍卖所涉税费实行替缴制,是否具有合法性呢？对此,执行实践中有截然相对的两种观点:一种观点认为,我国税收法律法规对不动产买卖的税费负担有明确的规定,法院在强制拍卖成交后的过户税费,应当依税法相关规定分别由被执行人和买受人承担,法院要求由买受人全部承担相应税费的做法违反了税法法律法规,应属无效。另一种观点则认为,虽然按税法规定应由被

---

① 根据财政部、国家税务总局《营业税改增值税试点实施办法》的规定,自2016年5月1日起,不动产交易中,营业税改为增值税。下文不再对此加以特别说明。

② 张伟、黄建铭:《司法网拍税费应以垫付制取代替缴制》,载《人民法院报》2015年7月8日第8版。

③ 买受人在缴纳被执行人应纳税费时,其缴税凭据上载明的纳税义务人依然是"被执行人",而非"买受人",故为"替缴",但买受人"替缴"完毕后,根本无法向被执行人追偿,从而成为实质意义上的纳税义务人。

④ 典型案例如"刘雷与乐清市人民政府税务行政复议上诉案",详见浙江省高级人民法院行政判决书〔2014〕浙行终字第252号。

执行人和买受人分别承担因强制拍卖不动产而产生的税费,但是,从税法制定的目的来看,税法之所以规定不同的主体负担不同的纳税义务,是为了防止因纳税产生分歧、防止纳税主体逃避纳税义务,纳税义务并不具有人身专属性,可由他人代为履行,因此,在不影响国家税收入库的情况下,对税费负担作出约定并不违反法律规定,如果执行法院在拍卖公告、拍卖须知中已经明确告知买受人为过户税费的承担主体,拍定后买受人就应当承担所有过户税费。

从法律层面来看,这种由买受人承担全部税费的替缴制的操作方法确实并不具有违法性。税收法定,作为税法中的"帝王原则",其具体含义包括三个方面:"一是课税要件法定,即纳税人、征税对象、计税依据、税率、税收优惠、缴纳程序等基本税收要素应当由法律规定;二是课税要素明确,即上述基本税收要素在法律中的规定应尽可能是明确、详细的,避免出现漏洞和歧义;三是征税合法,即税务机关必须严格按照法律规定的课税要件和征纳程序来征收税款,不允许随意加征、减征、停征或免征。"① 由此可见,税收法定并不意味着纳税主体的专属性,并不意味着交易主体无权对税负主体进行重新约定。故一般认为,"税法属于行政性法规,虽具有管理性、规范性、强制性等特点,但因其以金钱给付为标的,故而不具有人身专属性,可由他人代为履行;……税收管理方面的法律法规并未禁止纳税主体与合同相对人或第三人约定由合同相对人或第三人缴纳税款,对实际由谁缴纳税款并未作出强制性或禁止性规定"②。在司法实践中,就替缴税费引起的争议,法院通常也认定强制拍卖中就纳税主体变更的约定是合法的。

在强制拍卖中,替缴制的产生和存在有其现实背景。根据税法的规定,在强制拍卖中,被执行人是增值税、城市建设维护税、所得税等税种的纳税义务人。但是,在实践中,当法院强制拍卖被执行人不动产时,有的被执行人并不积极参与法院的强制拍卖程序,甚至有的被执行人一进入强制执行阶段便下落不明无法联系,导致纳税主体缺失,税务机关无法对被执行人直接征税。被执行人尚未"跑路"并且积极配合缴纳相关税费的情形,较为少见。尤其在当前法院强制拍卖不动产方面缺乏成熟有效的税收征管措施的现实下,税务机关对被执行人应缴税费从何环节征收也无从下手。作为"权宜之计",替缴制

---

① 刘剑文、耿颖:《税收法定原则的完整内涵及现实意义》,载《经济参考报》2015年3月11日第8版。

② 曹建路:《淘宝司法拍卖房产的税费缴纳主体》,载正义网:http://www.jcrb.com/procuratorate/theories/cases/201411/t20141119_1451203.html。

解决了这些难题,避免了国家的税款流失。

然而,替缴制却产生了新的问题,客观上甚至已经影响到强制拍卖制度的效用,阻碍了法院执行工作的顺利开展。例如,在强制拍卖前,为了了解强制拍卖可能涉及的税费,竞买人需自行到相关部门咨询,因不动产拍卖涉及的纳税项目繁多,竞买人需往多个部门查询,而相关部门往往以"非本人查询"为由予以拒绝。多数竞买人只能凭日常经验估算,并从最坏的角度考虑,按照最高标准预测,这阻碍了竞买人提高报价,最终影响拍卖标的物成交价的最大化。统计调查表明,有不少人因担心潜在税费过高而直接放弃竞买,这也是造成司法网络拍卖"围观者多、报名者少"的重要原因之一。[①] 此外,在实践中还出现了因税费大大超过预期而买受人悔拍的案件。

虽然法院通过拍卖公告、拍卖须知等方式明确告知买受人对强制拍卖所涉税费的替缴义务,竞买人自愿竞卖的行为可视为接受了替缴义务,这种强制拍卖所涉税费的处理方式形式上是合法的,但是,客观现实已经表明,这种处理方式有欠妥当。毕竟,强制拍卖不同于普通的民事交易行为。在普通的民事交易行为中,买卖双方自愿协商,约定本应由卖方承担的税费改由买受人承担,只要其系当事人真实的意思表示且不违反法律的强制性规定,均是合法有效的。但是,在强制拍卖程序中,被执行人税费负担的转移,并不是通过被执行人与买受人的自主约定而实现的,而是法院通过公告的形式,直接规定由买受人来承担本应由被执行人承担的纳税义务。在法律没有规定或者没有授权的情况下,法院通过公权力直接变更纳税义务主体的做法,其合理性并不充足。

(二)回归税法上的分担制

替缴制所引发的问题不得不令我们反思强制拍卖所涉税费负担方式的改革与完善问题。笔者认为,强制拍卖所涉税费的负担方式,应当回归税法的分担制,即:被执行人和买受人各自负担各自应当缴纳的税费。其主要理由是:第一,符合税法的相关规定。我国税法已经明确规定,在不动产买卖中,买卖双方各自承担相应的纳税义务,出卖方应当缴纳营业税、土地增值税、城市建设维护税、企业所得税或个人所得税、教育费附加、印花税,买受方应当缴纳契

---

① 曹建路:《淘宝司法拍卖房产的税费缴纳主体》,载正义网:http://www.jcrb.com/procuratorate/theories/cases/201411/t20141119_1451203.html。

税、印花税。法院强制拍卖所涉税费,既然参照不动产买卖征收,就应当遵守税法规定的分担规则。第二,减轻买受人负担,提高强制拍卖制度的实际效用。回归税法的分担制,可以有效避免替缴制带来的一系列问题:竞买人可以准确预测自己应当承担的税费,无需四处查询可能由被执行人承担的税费数额,不会出现事后发现税费大超预期的不合理情形,由此可大大降低竞买人的税费顾虑,调动其参与竞买的积极性;同时,买受人无需缴纳本应由被执行人负担的税费,减轻了自己的税费负担,这反过来也会促进强制拍卖程序的顺利进行。第三,符合各国立法通例。强制拍卖所涉税费由被执行人与买受人分担,是域外立法的通例。例如,在德国,强制拍卖中所涉土地税及附加费由被执行人承担,而买受人仅负有支付契税的义务;在日本,强制拍卖的买受人除支付价金以外,仅需缴纳所有权转移登记的登录许可税,强制拍卖所涉其他税费,由被执行人承担;在美国,强制拍卖所涉税费的主要承担者也是被执行人,买受人仅需承担极少的税费。通过比较,可以发现,关于强制拍卖所涉税费负担,各国通行的做法不仅是实行被执行人与买受人分担制,而且,是由被执行人承担大部分税费,买受人承受的税费负担较少。我国强制拍卖所涉税费的承担主体,回归税法的分担制,以剔除替缴制下买受人税费负担过重的弊端,也是大势所趋。

最高人民法院《关于人民法院网络司法拍卖若干问题的规定》第30条已明确指出:"因网络司法拍卖本身形成的税费,应当依照相关法律、行政法规的规定,由相应主体承担;没有规定或者规定不明的,人民法院可以根据法律原则和案件实际情况确定税费承担的相关主体、数额。"根据该规定,网络司法拍卖所涉税费,应当依照相关法律法规的规定,由相应主体承担,法院不应随意更改税费承担的相关主体,只有在法律法规没有规定或者规定不明确的情况下,法院方可根据法律原则和案件实际情况裁量确定税费承担的相关主体。由此可见,虽然最高人民法院在该司法解释中没有直接否定实践中的替缴制,但是从该规定条文内容来看,既然要求相关税费"应当依照相关法律、行政法规的规定"由相应主体承担,那么,该规定也可理解为有回归税法分担制之意。

值得赞赏的是,我国一些地方法院已经意识到强制拍卖所涉税费实行替缴制的不合理性,尝试着回归税法上的分担制。例如,根据温州市中级人民法院、温州市地方税务局《关于破产程序和执行程序中有关税费问题的会议纪要》(温中法〔2015〕3号),在执行程序中处置债务人财产的,如法院公告无特别约定,"交易双方按照税法规定各自承担相应的纳税义务,出卖方缴纳营业税、城市维护建设税、教育费附加、地方教育费附加、土地增值税、印花税、企业所得税、个人所得税等,买受方缴纳印花税、契税";"依法应由出卖方承担的相关税(费),执行法院审查确认后以财产所在地的税务分局在复函中注明的应纳税(费)金额作为依据,从财产处置款项中予以支付"。温州市中级人民法院已将该规则付诸实践,率先实现强制拍卖中"一切税费均由买受人承担"到"买受人只承担契税和印花税"的转变。①

四、如何征税?——强制拍卖不动产所涉税费的征缴

在承认强制拍卖中所涉税费应当回归税法上的分担制的前提下,具体如何征税,仍尚待解决。按照分担制,买受人除了支付拍卖价金,还负有缴纳契税和印花税的义务。从执行实务来看,买受人履行该义务未引发其他问题。关键在于:被执行人如何履行缴纳增值税、城市建设维护税、教育费附加、所得税、印花税等义务? 如前所述,当法院强制拍卖被执行人的不动产时,有的被执行人并不积极参与法院的强制拍卖程序,甚至有的被执行人已经"跑路",有的被执行人即使尚未"跑路"但也极少积极配合缴纳相关税费,因此,税务机关难以有效地对被执行人直接征税。从域外强制执行立法和实践来看,通行的做法就是被执行人所负税费从拍卖价金中予以支付。温州市中级人民法院也采纳了同样的做法。但是,采纳此种做法,仍然有一些问题尚待探讨和解决。

---

① 孟焕良、温萱:《温州中院回应司法网拍税收难题——买受人今后仅需承担契税和印花税》,载《人民法院报》2015年5月14日第1版。

附带一提的是,有法院人士认为,可以将执行程序中税费负担的替缴制改为垫付制,即应由被执行人支付的费用,由买受人先行垫付,后持相关垫付凭证赴法院报销,由法院在拍卖价金中优先扣除该费用(参见张伟、黄建铭:《司法网拍税费应以垫付制取代替缴制》,载《人民法院报》2015年7月8日第8版)。若采此建议,可以防止税费的流失,减轻买受人的税费负担,但仍有两大问题:一是增加程序烦琐,二是优先在拍卖价金中报销买受人为被执行人垫付的税费,事实上承认了税收的绝对优先效力,并不合理,下文将对此展开论述。

(一) 税收受偿的顺位

1. 对税收绝对优先效力的质疑

从我国执行实务来看,部分税务机关在了解到被执行人的财产正处于强制执行阶段后,以税收具有优先受偿权为由向执行法院送达协助扣缴税费申请书、被执行人欠税明细表等材料,要求执行法院直接从被执行财产的拍卖价金中"优先"扣付被执行人所欠税款。倘若拍卖价金足以清偿所有债权(包括税费),那么,税费直接从拍卖价金中予以扣付,自然不产生任何问题。但是,当被执行人的财产不足以清偿多个债权时,尤其是税费数额较大的情况下,申请执行人或者其他债权人可能很不愿意在拍卖价金中优先扣划所涉税费。例如,在一强制执行案件中,法院依法将被执行人名下的一套房产予以拍卖,成交价格 700 余万元。除去依法应由买受人负担的各项税负外,税务机关针对房产的原所有人开出的缴税通知为:营业税约 20 万元,增值税 140 万元,企业所得税近 90 万元,城建费、河道费等其他费用约 3 万元。因所涉税款征收数额占据拍卖所得款项比重较大,申请执行人不同意先行扣除税负,认为此部分税负属于被执行人承担,应由税务机关后续征收,与本案无关。①

税务机关要求从拍卖价金中优先扣付税款,其依据在于税收的优先权。通常认为,税收作为一种公法上的债权,其目的是维护公共利益,故法律应赋予税收以优先受偿的性质而予以保障。② 我国《税收征收管理法》第 45 条明

---

① 此案例源自上海市黄浦人民法院课题组:《民事强制执行程序中涉税冲突问题研究》,载《人民司法》2013 年第 5 期。

② 理论上,税收优先权设立的理论基础,除了税收的公益性之外,还包括税收的风险性。所谓税收的风险性,主要体现在三个方面:其一,税收债权缺乏对待给付;其二,税务机关与纳税人之间信息不对等;其三,税收保障方式限制较多。不过,基于税收的风险性来论证税收优先权的合理性,说服力明显不足:其一,税收虽然是一种缺乏对待给付的债权,但其具有强大的行政执法权作保障,可以依法对其债务人采取行政措施。其二,税务机关与纳税人之间信息不对称的担忧,在当下个人财产的流动性增强而社会管理体制、法律制度发展相对滞后的情况中虽然有一定的合理性,但是在目前的社会管理体制下的纳税人所面对的是多方位的管理,个人的财产信息难以做到完全保密。其三,所谓税收的保障手段所受限制较多的说法更难以成立,如在紧急情况下需要进行财产保全之际,普通债权人只有向法院申请救济并为之提供担保,但税务机关则可以立即采取行动,孰者受限制过多显而易见(详细论述,参见熊伟、王宗涛:《中国税收优先权制度的存废之辩》,载《法学评论》2013 年第 2 期)。

确立了税收的优先权,规定:"税务机关征收税款,税收优先于无担保债权,法律另有规定的除外;纳税人欠缴的税款发生在纳税人以其财产设定抵押、质押或者纳税人的财产被留置之前的,税收应当先于抵押权、质权、留置权执行。"国家税务总局《关于人民法院强制执行被执行人财产有关税收问题的复函》(国税函〔2005〕869号)第4条也明确指出:"鉴于人民法院实际控制纳税人因强制执行活动而被拍卖、变卖财产的收入,根据《中华人民共和国税收征收管理法》第五条的规定,人民法院应当协助税务机关依法优先从该收入中征收税款。"

根据我国《土地增值税暂行条例》第12条①、国家税务总局《关于进一步加强房地产税收管理的通知》(国税发〔2005〕82号)的规定,税务机关会同权属登记管理部门实行"先税后证"制度,即:买受人必须先缴纳税款,取得相关完税证明后方可办理权属变更登记。在各地出台的关于税收征管以及权利转移登记的规章、文件中,也散见有类似的规定。根据"先税后证"制度,在司法实践中,即使买受人已经依法缴纳了自己应当承担的契税和印花税,但是因被执行人未缴纳所涉税款,税务机关即拒绝向买受人开具契税证等完税凭证。部分税务机关为了进一步向被执行人追缴欠税,甚至滥用"先税后证"制度,即在部分买受人为顺利办理被拍卖财产的权属变更登记、主动为被执行人垫付了强制拍卖所涉全部税费后,仅因税务机关查明被执行人还存在其他欠税情况,税务机关依然拒绝向买受人开具相关完税凭证,试图通过限制被执行人财产的转移,从而从被执行人财产的拍卖、变卖价款中优先扣付税款。权属登记部门则依据国家税务总局《关于进一步加强房地产税收管理的通知》的规定,在买受人无法提供全部的完税证明的情况下,即拒绝为其办理权属变更登记。②

从拍卖价金中优先扣划所涉税费、实行"先税后证"制度,事实上确立了税收债权的绝对优先效力。暂且不论该制度对买受人合法权益的侵害,就税收债权与其他民事债权而言,税收债权是否具有必然优先于其他民事债权的效力呢?其实,无论从现行法律规定分析还是从税收理论研究,恐怕都无法得出肯定的结论。

---

① 该条规定:"纳税人未按照本条例缴纳土地增值税的,土地管理部门、房产管理部门不得办理有关的权属变更手续。"
② 沈巍、饶群:《关于民事执行中拍卖、变卖财产的涉税问题研究》,载湖州市吴兴区人民法院网:http://www.wxcourt.cn/nzcms_show_news.asp?id=13285。

首先,从立法来看,税收债权绝对优先的现实处置方式与相关法律规定相冲突。具体而言:(1)与《税收征收管理法》的规定相冲突。《税收征收管理法》第45条虽然确立了税收优先权,但是,从该条文来看,该优先权也不是绝对的,设立在先的抵押权、质权、留置权的执行应当优先于税收的执行,税收优先于无担保物权。此外,该条文还规定了"法律另有规定的除外"。可见,即使从《税收征收管理法》第45条的规定本身来看,也并未确立税收的绝对优先性。此外,从《税收征收管理法》第5条来看,也未确立税收债权的绝对优先性。根据该条规定,"各有关部门和单位应当支持、协助税务机关依法执行职务"。税务机关通常据此要求执行法院协助税务机关从被执行人财产的拍卖、变卖价款中优先扣付被执行人所欠税款。但是,应当看到,该条文虽然对有关部门和单位课加了协助征税的配合义务,但是并不能等同于有关部门和单位均有义务从其控制的相关财产中"优先"扣付税款。(2)与《民事诉讼法》的规定相冲突。根据《民事诉讼法》第251条的规定:"在执行中,需要办理有关财产权证照转移手续的,人民法院可以向有关单位发出协助执行通知书,有关单位必须办理。"在有的强制拍卖案件中,法院作出拍卖裁定后,执行人员持过户裁定及协助执行通知书至权属登记部门办理变更登记手续。按照《民事诉讼法》的规定,权属登记部门必须办理。但是,根据"先税后证"规则,必须持有完税凭证,才能完成过户登记。

其次,在理论上,税收也不应当具有绝对的优先效力。通常认为,一方面,因税收提供公共服务所需的资金,具有强烈的公益性质,且税收不像私法上债权一样具有直接的对待给付,任意履行的可能性较低,故出于维护社会公共利益的考虑,原则上应当保障税收的优先权。另一方面,如果过分强调税收优先于私法上的债权,可能会妨害交易安全。① 正如学者所言:"在税收征纳过程中,纳税人应缴税款的数额随时变化,其他债权人很难了解。税务机关优先得偿税款,也就意味着其他债权人的损失。而社会经济生活内部是紧密联系的,债权人的损失同样可能会导致系统风险,或者降低其参与市场交易的积极性,影响到市场经济的健康运行。事实上,税收本身就应该建立在市场经济基础

---

① 一般认为,私法上债权如需通过抵押等加以保护,必须践行一定的登记程序或者其他公示程序,使第三人知悉其风险,并据以判断是否与债务人进行交易,而税收的发生并无类似的登记程序或者其他公示程序,且纳税义务可能随时因某种所得或者行为的发生而发生,第三人无从知悉此种优先权所保障的债权数额,故若过分强调税收的优先性,可能会妨害交易安全。

之上,遵循市场经济的基本逻辑和运行秩序。现代税收国家建立在市场经济、个体自由、私有财产权保障的基础之上,否者,税收国家不得自立。如果放任税收优先权的行使,可能会颠覆税收之根基,为维持税收的公共利益,可能会破坏一个更大的市场经济交易秩序,孰轻孰重,毋庸讳言。"① 鉴于此,各国及地区在对待税收优先权问题上均持谨慎态度,基本上不承认税收具有绝对的优先效力。早期承认税收优先权的一些国家,甚至在近年的改革中取消了税收优先权。② 我国越来越多的学者也认为,我们应当将税收优先权置于适当的位置上,税收优先权的位次不能定得过高。③

2. 税收债权与私法债权的受偿顺位

我国税收债权绝对优先的现实处置方式既不合法,又不合理,理应摒弃。相应地,税务机关会同权属登记部门实行的"先税后证"制度就应当予以废除。那么,接下来的问题是:在强制执行程序中,当税收债权与私法债权并存而被执行财产不足以清偿所有债权时,如何确立税收债权与私法债权之间的受偿顺位?④

对于税收债权与私法债权之间的受偿顺位,不同国家及地区的做法有所不同。根据美国现代税法的规定,美国政府因税收而取得的债权,一经向债务人作出通知,即成为担保债权,这种担保债权以债务人的全部财产作为担保。据此,许多应收税收成为担保债权,可据"前权优于后权"、"后权不破前权"的原则,抗衡于其他担保债权。⑤ 在日本,根据其《民事执行法》第 49 条的规定,有关的税收由主管税收及其他捐税的官厅或公署在分配要求终期之前向执行

---

① 熊伟、王宗涛:《中国税收优先权制度的存废之辩》,载《法学评论》2013 年第 2 期。

② 例如,德国 1999 年破产法取消了包括税收优先权在内的所有优先受偿权,创造了"没有等级的破产";瑞典 2004 年取消了国家税收的优先受偿权,将税收债权作为一般的普通债权对待。

③ 张学博:《税收优先权的位次不能定得过高》,载《中国税务报》2010 年 6 月 2 日第 6 版。

④ 就债权而言,既包括公法债权,又包括私法债权,税收债权属于公法债权。理论上言之,在强制执行程序中,除了税收债权与私法债权并存的情形,也存在税收债权与其他公法债权(如诉讼费用、司法制裁、财产刑等债权)并存的情形,但从执行实务来看,绝大多数执行程序是由私法债权人启动的,税收债权与私法债权并存引发的受偿顺位争议也是最多的,限于篇幅,这里仅讨论最常见的税收债权与私法债权并存引发的受偿顺位问题。

⑤ 晏莉、吴国平:《税收优先权之位序研究》,载《四川大学学报(哲学社会科学版)》2001 年第 4 期。

法院申报,与其他债权一起参与拍卖价金的分配。就其分配顺序和分配金额,依《民事执行法》第85条的规定,如全体债权人之间在分配期日能达成一致协议,必须依一致协议;如不能达成一致协议,则必须依民法、商法以及其他法律规定制作分配表,如据日本《国税征收法》,除另有规定外,国税优先于一切捐税和其他债权而予以征收;就国税与担保债权的调整,规定法定缴纳期限以前设定的质权、抵押权优先,受让前设定的质权、抵押权优先,保持不动产出租先取特权优先,留置权优先。[1] 在德国,债务人在强制拍卖中应承担的税费排列在受偿的第一顺序之中,土地税及附加费作为公共负担,与其他优先债权以及强制执行费用一起,列入现金保留报价,在拍卖价金中优先受偿。[2] 在我国台湾地区,根据其"税捐稽征法"第6条的规定,土地增值税的征收,就土地自然涨价部分,优先于一切债权及抵押权,应由执行法院依债权扣缴,并非参与分配[3];其他税捐的征收,依法申请参与分配,优先于普通债权,如无法律特别规定,不得优先于抵押权而依职权扣缴。[4]

在我国,关于税收债权与私法债权之间的受偿顺位,现行法律规定之间存在明显的冲突。例如,《税收征收管理法》第45条第1款规定:"税务机关征收税款,税收优先于无担保债权,法律另有规定的除外;纳税人欠缴的税款发生在纳税人以其财产设定抵押、质押或者纳税人的财产被留置之前的,税收应当先于抵押权、质权、留置权执行。"可见,根据《税收征管法》第45条第1款的规定,除法律另有规定外,税收与其他民事债权的具体清偿顺序为:设定时间在应税时间之前的担保债权——税收——设定时间在应税时间之后的担保债权——无担保债权。《企业破产法》第109条规定:"对破产人的特定财产享有担保权的权利人,对该特定财产享有优先受偿的权利。"第113条规定:"破产财产在优先清偿破产费用和共益债务后,依照下列顺序清偿:(一)破产人所欠职工的工资和医疗、伤残补助、抚恤费用,所欠的应当划入职工个人账户的基本养老保险、基本医疗保险费用,以及法律、行政法规规定应当支付给职工的补偿金;(二)破产人欠缴的除前项规定以外的社会保险费用和破产人所欠税

---

[1] 参见日本《国税征收法》第8条、第15条至第21条。
[2] 参见德国《强制拍卖与强制管理法》第10条。
[3] 根据台湾"土地税法"第51条的规定,经法院拍卖的土地,如拍定价额不足扣缴土地增值税时,拍卖法院应待拍定人代为缴清差额后,再行发给权利移转证书,拍定人代缴的,可向缴税义务人求偿。
[4] 杨与龄编著:《强制执行法论》,中国政法大学出版社2002年版,第262页。

款;(三)普通破产债权。破产财产不足以清偿同一顺序的清偿要求的,按照比例分配。"据此规定,担保债权,无论其设定时间的先后,在破产清偿中都可以行使别除权,其效力优先于税收债权。简言之,在破产程序中,具体的清偿顺序为:"担保债权——破产费用、共益债务——职工工资与保险费用等——税收——普通债权"。而建设部《城市房地产抵押管理办法》第47条则规定,处分抵押房地产所得金额,其分配顺序是:"(一)支付处分抵押房地产的费用;(二)扣除抵押房地产应缴纳的税款;(三)偿还抵押权人债权本息及支付违约金;(四)赔偿由债务人违反合同而对抵押权人造成的损害;(五)剩余金额交还抵押人。"可见,根据建设部的该规定,税收均优先于担保债权受偿。这些规定之间的相互冲突,为执行实务带来了很多困扰。

就税收债权与私法债权之间的受偿顺位问题,各国及有关地区的做法各异,我国的相关法律规定更是自相矛盾,那么,究竟应当如何合理设置税收债权与私法债权之间的受偿顺位呢? 私法债权通常可分为普通债权、担保债权和法定优先权三种。因此,这里拟从税收债权与普通债权、税收债权与担保债权[①]、税收债权与其他法定优先权之间的受偿顺位关系展开探讨。

(1)税收债权与普通债权的受偿顺位

税收具有公益性,维系着社会的公共利益,因此,各国立法大多规定,税收债权无论成立时间先后,均优先于普通债权受偿。[②] 我国《税收征收管理法》第45条也确立了此规则。这里值得一提的是,当前,我国有学者认为,在改革开放30多年后的今天,在解决被执行人的财产不足以清偿全部债务情况下的参与分配问题时,"国不与民争利"的价值判断结论,更应坚守,因而建议在处理国家税款与私人利益冲突时,将国家税款作为普通的税款债权,与其他普通债权按比例受偿。[③] 笔者认为,此观点的论据缺乏说服力。因为,"从实务运作观之,若把税收债权与普通债权等同处理,则国家税收将缺乏保障,甚至形成故意取巧逃税,使政府蒙受巨额的税收损失,直接影响政府的财政基础及社

[①] 这里的担保债权,仅指设有抵押权、质权或留置权担保的债权,不包括人的担保的债权,因为人的担保的债权不会与税收债权发生冲突,被视同无担保债权。

[②] 如前所述,部分国家将税收债权作为普通债权对待。

[③] 江必新、贺荣主编:《强制执行法的起草与论证(三)》,中国法制出版社2014年版,第400页。

会的公共秩序"①。尤其在我国当前国情下，随着改革的进一步深化，急需大量的国家财政收入，而税收作为国家财政收入的主要来源，其优先性更不宜完全否定，不能被等同于普通债权予以对待。

(2)税收债权与担保债权的受偿顺位

法理上言之，物权优先于债权，由此可以推论，有物权担保的债权应当优先于税收债权。但是，另一方面，也应当看到，税收债权作为一种特殊的公法债权，具有社会公益属性，也具有一定的优先性。为了解决担保债权与税收债权之间的效力冲突，大多数国家确立了以权利设立时间的先后来作为判断税收债权与担保债权之间的受偿顺序的标准。例如，在法国，税收债权不能优先于成立在先的担保债权，但优先于成立在后的担保债权。日本《国税征收法》也规定，法定缴纳期限以前设定的质权、抵押权优先，受让前设定的质权、抵押权优先。在美国，税收债权一经通知后即成为担保债权，在与其他担保债权竞合时，以设立时间的先后顺序受偿。我国《税收征收管理法》也采纳了该做法，以税收实际发生的时间②为分界来确定税收相对于担保债权的优先效力。

在强制拍卖程序中，所涉及的被执行人应缴税费按设立时间的先后，可分为两类：一类是在强制拍卖程序中产生的税费，如处分被执行人财产而产生的土地增值税、所得税及附加费等各种税费；另一类是执行程序外被执行人所欠的其他税费。前一类税费明显后于申请执行人担保债权的设定时间，根据《税收征收管理法》，不具有优先于担保债权的效力，毋需赘言。问题在于后一类税费与担保债权的受偿顺位问题。

就执行程序外被执行人所欠税费，若以税收设立时间的先后作为判断其与担保债权受偿顺位的标准，其合理性值得商榷。因为，税收债权的存在及范围，不易为第三人知悉，若赋予设定时间在先的税收以优先效力，将会严重影

---

① 晏莉、吴国平：《税收优先权之位序研究》，载《四川大学学报(哲学社会科学版)》2001年第4期。

② 对于税收发生的时间，《税收征收管理法》中并没有明确的规定。国家税务总局《关于贯彻〈中华人民共和国税收征收管理法〉及其实施细则若干具体问题的通知》(国税法〔2003〕47号)第7条将税收发生的时间确定为"纳税人应缴纳税款的期限届满之次日"。

响交易安全。尤其在我国,税收的发生缺乏有效的公示制度①,担保债权人在设定担保物权时往往并不知道被执行人存在欠税情况,过分强调设立在先的税收债权优先于担保债权,对担保债权人而言显非公平。反过来思考,假设承认税收债权优先于设立在后的担保债权,由于税收优先权的客体范围并不限于纳税人的特定财产,而是纳税人所有的一般财产,那么,担保债权人成功启动强制执行程序后,最终未必能达到债权受偿的目的。因为,一旦债务人欠税数额巨大,税务机关凭借优先权申请参与执行,债权人则无法受偿。"这样也许会给税务机关一个信号。对待纳税人的欠税,如果一时找不到财产可以执行,那就耐心地等待。只要有债权人发现纳税人的财产,并申请法院强制执行,税务机关就可以申请加入,将债权人受偿的机会抢走,转而优先满足税收。"②其最终的结果,无疑是保障了税收的安全,而严重破坏了市场交易秩序。

　　鉴于执行程序外产生的税收债权因公示性缺乏致使其优先效力缺乏合理基础的顾虑,有观点建议,应当完善税收债权公告制度,③使得担保债权人在设定担保时能准确及时地知道债务人的纳税情况,有效评估交易风险,在此前提下,公示在先的税收优先于后成立的担保债权。④ 然而,如果税务机关随意公开纳税人的信息,则有违税务机关的保密义务。⑤ 因此,欲通过完善税收公示制度来保障税收债权的优先性,其合理性也值得怀疑。此外,也有观点主张,为了减少税收优先权对私法交易安全的冲击,税收优先权的产生时间应以税款核定时间为准,而不能以纳税义务产生时间为准,如此,税收发生之后至

---

　　① 虽然我国《税收征管法》第 45 条规定,"税务机关应当对纳税人欠缴税款的情况定期予以公告",同时,第 46 条也规定,"纳税人有欠税情形的而以其财产设定抵押的、质押的,应当向抵押权人、质押权人说明其欠税情况。抵押权人、质押权人可以请求税务机关提供有关的欠税情况",但是,这两条规定仅是提示性的,对公告的效力、税务机关未及时公告纳税人的纳税信息以及纳税人未告知欠税情况等,并未明确相应的法律责任,从而使公告制度没有落到实处。
　　② 熊伟、王宗涛:《中国税收优先权制度的存废之辩》,载《法学评论》2013 年第 2 期。
　　③ 闫海主编:《税收征收管理的法理与制度》,法律出版社 2011 年版,第 107 页。
　　④ 余志强、林祖彭、金殿军:《执行程序中公法债权与民事债权受偿顺位的衡平——以执行程序解决社会纠纷的有效性为视角》,载上海法院网:http://fayuan.xinmin.cn/lwyd/2011/02/28/9529815_4.html。
　　⑤ 《税收征收管理法》第 8 条明确规定了税务机关有保密义务:"纳税人、扣缴义务人有权要求税务机关为纳税人、扣缴义务人的情况保密。税务机关应当依法为纳税人、扣缴义务人的情况保密。"

课税核定之前的这段时间里,税收将滞后于当时设定或者行使担保物权的债权。但是,提出该观点的学者后来也承认,按照这种设计,虽然使税收优先权的产生时间得以推迟,但是,税款核定之后仍然无需公示,除了税务机关和纳税人之外,第三人照样无从知晓,故税收优先权对私法交易安全的冲击一如既往。①

笔者认为,在税收债权与担保债权的受偿顺位上,我国应当建立担保债权一律优先于税收债权的规则。其主要理由有四:其一,税收债权让位于担保债权,有利于维护市场交易安全。税收虽然具有公益性,但是,与维护市场经济基本秩序这种利益相比,后者明显属于更大的利益,更应维护。其二,税收债权让位于担保债权,在保障担保债权优先受偿效力的情况下,对税收债权的损害较轻。因为,在执行程序中,担保债权的优先受偿效力仅限于被执行的设定担保权的特定物,就被执行人的其他财产,并不享有优先受偿权。承认担保债权优先于税收债权,法律规定的担保债权的优先受偿效力才不会"落空"。而税收债权的效力范围及于被执行人的全部财产,即使税收债权让位于担保债权之后无法得到完全清偿,也可以寻求就被执行人的其他财产受偿。其三,税收债权让位于担保债权,可以有效避免就税收公示性问题所带来的各种争议。其四,符合税收优先权制度发展的趋势。从比较法的角度来考察,在域外立法中,就税收债权与担保债务的受偿顺位问题,税收债权的位次有降低的趋势。例如,我国台湾地区"税收稽征法草案"曾规定,"税捐之征收应优先于普通债权。其优先地位,除土地税和房屋税等就不动产税捐优先于一切税捐之外,其余与有抵押权、质权、留置权等物权作担保之债权同,其受偿之顺序,则以设定或发生之先后为准"。但是,该规定遭到广泛批评,税捐与担保债权相同、以设定或发生之先后为准的规定被迫删除。日本《国税征收法》的类似规定也遭到日本各界的强烈批评。

(3)税收债权与其他法定优先权的受偿顺位

《税收征收管理法》和《企业破产法》仅就税收债权与担保债权、破产债权的受偿顺位做了明确的规定。就税收债权与《合同法》第286条规定的"建设

---

① 熊伟、王宗涛:《中国税收优先权制度的存废之辩》,载《法学评论》2013年第2期。

工程价款优先受偿权"①、《商业银行法》第71条规定的"个人储蓄存款优先受偿权"②、《海商法》第21条和第22条规定的"船舶优先权"③、《民用航空法》第18条和第19条规定的"民用航空器优先权"④等法定优先权之间发生竞合时,如何受偿,现有法律缺乏明确的规定。执行实务中遇到此类问题时,法院往往无所适从,不同法院的做法甚至截然不同,有的法院支持法定优先权优先于税

---

① 《合同法》第286条:"发包人未按照约定支付价款的,承包人可以催告发包人在合理期限内支付价款。发包人逾期不支付的,除按照建设工程的性质不宜折价、拍卖的以外,承包人可以与发包人协议将该工程折价,也可以申请人民法院将该工程依法拍卖。建设工程的价款就该工程折价或者拍卖的价款优先受偿。"

② 《商业银行法》第71条:"商业银行不能支付到期债务,经国务院银行业监督管理机构同意,由人民法院依法宣告其破产。商业银行被宣告破产的,由人民法院组织国务院银行业监督管理机构等有关部门和有关人员成立清算组,进行清算。商业银行破产清算时,在支付清算费用、所欠职工工资和劳动保险费用后,应当优先支付个人储蓄存款的本金和利息。"

③ 《海商法》第21条:"船舶优先权,是指海事请求人依照本法第二十二条的规定,向船舶所有人、光船承租人、船舶经营人提出海事请求,对产生该海事请求的船舶具有优先受偿的权利。"第22条:"下列各项海事请求具有船舶优先权:(一)船长、船员和在船上工作的其他在编人员根据劳动法律、行政法规或者劳动合同所产生的工资、其他劳动报酬、船员遣返费用和社会保险费用的给付请求;(二)在船舶营运中发生的人身伤亡的赔偿请求;(三)船舶吨税、引航费、港务费和其他港口规费的缴付请求;(四)海难救助的救助款项的给付请求;(五)船舶在营运中因侵权行为产生的财产赔偿请求。载运2000吨以上的散装货油的船舶,持有有效的证书,证明已经进行油污损害民事责任保险或者具有相应的财务保证的,对其造成的油污损害的赔偿请求,不属于前款第(五)项规定的范围。"

④ 《民用航空法》第18条:"民用航空器优先权,是指债权人依照本法第十九条规定,向民用航空器所有人、承租人提出赔偿请求,对产生该赔偿请求的民用航空器具有优先受偿的权利。"第19条:"下列各项债权具有民用航空器优先权:(一)援救该民用航空器的报酬;(二)保管维护该民用航空器的必需费用,前款规定的各项债权,后发生的先受偿。"

收债权,有的法院则赞成税收债权优先于法定优先权。①

笔者认为,这些法定优先权属于《税收征收管理法》第 45 条"法律另有规定的除外"情形,应当优先于税收债权受偿。具体而言:其一,建设工程价款优先于税收债权,是因为建设工程价款关涉民工的生存权,属于基于基本人权而产生的民生债权,应当优先税收债权而受偿。民生债权优先于税收债权受偿,这也是国际上的通行做法。《企业破产法》明确规定破产企业欠缴的税款应于职工工资、医疗、伤残补助、抚恤费用后予以受偿,即体现了民生债权优先的原则。特别要注意的是,除了现行法已经规定的建筑工程价款优先受偿权以外,我国现行法未明确规定的其他民生债权,如劳动法中的工资、社会保险费用等债权,也应当优先于税收债权受偿。② 其二,个人储蓄存款优先于税收债权,是基于政治因素、社会因素和国民心理等因素的考虑。在市场经济条件下,个人储蓄存款对于保障个人的基本生活和健康具有重要的意义,并且,因个人存款户是不特定的多数人,优先清偿个人储蓄存款也有利于社会公共秩序的稳定。③ 其三,船舶优先权、民用航空器优先权,是基于标的物的特殊性而设立的,④这些债权不仅优先于税收债权,而且优先于担保债权受偿。⑤

---

① 例如,在深圳市福田区人民法院办理的一起执行案件中,法院依法拍卖了被执行人名下的房产,房产承建公司主张就建筑工程款优先受偿,而深圳市地方税务局第二稽查局则提出税收优先权,最终法院裁定拍卖所得价款由税务局优先受偿[详见汪洋、李海英:《争夺优先权》,载《深圳商报(多媒体数字版)》2007 年 10 月 12 日,http://paper.sznews.com/szsb/20071012/ca2795737.htm.]。

而上海一法院在办理申请执行人上海住总(集团)总公司与被执行人上海泰申实业公司执行案件中,经执行法官多次与有关部门及买受人、案件当事人协调,最终达成先由住总集团实现工程款债权、再由税务机关收取税款的一致意见(详见栾金娣、胡珏、袁黎明:《工程价款优先受偿权是否优先于税收优先权》,载百度文库:http://wenku.baidu.com/link?url=cZMUBziYauFN_08kg6A8dvIXPpfgOjRN6CYI2IkXo1q22mQ8tVYmbkkR2dASFHor0AsVryrMMYggfgjDMsrsnCALK9btelxdWgaNAEDI2pm)。

② 按照我国现行法的规定,职工工资、劳动保险费用优先于税收受偿,仅限于企业破产的情况下,在非破产情形下,工资等债权并不具有优先于税收债权的效力。

③ 曹艳芝:《论税收优先权的效力冲突》,载《中国法学》2004 年第 5 期。

④ 熊伟:《论税收优先权与担保物权的竞合》,载《法学评论》2002 年第 4 期。

⑤ 《海商法》第 25 条规定:"船舶优先权先于船舶留置权受偿,船舶抵押权后于船舶留置权受偿。"《民用航空器法》第 22 条规定:"民用航空器优先权先于民用航空器抵押权受偿。"

(二)计税价格的确定

1. 拍卖成交价与计税价格的关系

如何确定强制拍卖不动产的计税价格,实务中也引起了很多争议。首要的一个问题,就是:拍卖不动产的成交价是否即为拍卖不动产的计税价格?对此,各地税务机关的做法不一:部分税务机关直接将拍卖不动产的成交价作为计税价格;而部分税务机关则认为拍卖成交价是不含税价格,真正的不动产计税价格,是根据拍卖成交价结合不动产销售方承担的税种和税率换算得来的。

将拍卖成交价视为不含税价格、通过换算确定计税价格的做法,有其现实背景。在当前执行实践中,拍卖成交后,买受人交付的拍卖价金被用于支付执行费用、清偿债务等用途,并不用于支付不动产过户所涉税费,而不动产过户所涉税费往往由买受人另行全部承担。正因为拍卖价金一般不用来支付不动产过户所涉税费,故拍卖成交价被视作不含税价格。

将拍卖成交价视为不含税价格、通过换算确定计税价格的做法,其不合理性显然。首先,如前所述,由买受人另行全部承担强制拍卖所涉税费的做法,并不合理,以此来作为论证拍卖成交价为不含税价格的依据,是站不住脚的。其次,从我国当前的拍卖评估规则来看,拍卖评估价即为拍卖财产的市场价,财产的评估价并未扣除拍卖中可能产生的税费。假设拍卖财产以评估价成交[①],换言之,以市场价成交,若将拍卖成交价视为不含税价格,那么,最终通过换算而来的计税价格,将比非强制拍卖下的通常的市场交易价格更高。[②] 这对纳税人而言,也不公平。最后,从执行实践来看,无论是竞买人还是债务人,在心理上往往都直接将拍卖成交价视为含税价格。税务机关通过换算确定计税价格的做法,经常会引发争议或者进一步的诉讼。

拍卖成交价应当成为强制拍卖不动产所涉税费的计税价格。如前所述,

[①] 按照最高人民法院《关于人民法院委托评估、拍卖和变卖工作的若干规定》(法释〔2009〕16号)第13条的规定,"评估价即为第一次拍卖的保留价"。直至2017年1月1日起施行的最高人民法院《关于人民法院网络司法拍卖若干问题的规定》(法释〔2016〕18号)出台,方改变了此规则,规定网络司法拍卖的起拍价为保留价,起拍价由人民法院参照评估价确定,不得低于评估价或者市价的70%(第10条)。

[②] 曾有机构作出粗略的统计,如果将增值税、所得税等各项税费都计算在内,计税价格会比拍卖成交价高约14%。(参见奉化区政府信息公开:http://zfxxgk.fh.gov.cn/auto80/auto94/201505/t20150528_153189.html.)

撇开强制拍卖的公法属性,强制拍卖不动产的行为与债务人自主出售不动产的行为在民法上的效果具有很大的相似性,尤其对债务人而言,实质上并无区别。既然债务人自主出售不动产的计税价格是转让收入,强制拍卖不动产的计税价格也应当是拍卖成交价。况且,被执行人应纳税费应当在拍卖价金中予以支付,换言之,拍卖价金理应包含应纳税费,如此也可反过来证明,拍卖不动产所涉税费的计税价格,也应为拍卖的成交价。

2. 特殊情况下税务机关的计税价格核定权

在承认拍卖不动产的计税价格应为拍卖成交价的前提下,实践中又产生了一个很大的争议,即:如果税务机关认为拍卖不动产的价格偏低,税务机关能否在拍卖成交价之外另行核定计税价格?

对此问题,理论上有两种观点:一种观点认为,税务机关对拍卖行为享有计税价格核定权。其理由是:税收对纳税人而言即是法定义务,同时又是其进行交易活动的经济成本之一,纳税人很可能利用信息的不对称,向税务机关申报较低的计税价格。为了维护公平的税收环境和"应收尽收"依法征税的原则,《税收征收管理法》第35条明确规定"纳税人申报的计税依据明显偏低,又无正当理由的",税务机关有权核定其应纳税额。因此,对纳税人的交易价格进行核定,以核定价格作为计税依据,是税务机关的职权之一。拍卖行为作为交易行为实现形式的一种,税务机关对其享有核定征收权。另一种观点则认为,税务机关对拍卖这样的应税行为没有价格核定权。其依据是,只要拍卖是有效的,拍卖属于市场化的合法交易,拍卖成交价就不存在偏高或者偏低的情形,因此税务机关无权依据《税收征收管理法》第35条的规定自行重新核定计税价格。

从实务来看,大多数的地方税务机关一般均将法院裁决中的交易价格(包括拍卖成交价)作为计税价格,即使认为法院裁决中的交易价格偏低,通常也将其作为具有"正当理由"的一种情形处理。不过,部分地方税务机关则主张税务机关对法院裁决中的交易价格具有最终审核权。例如,吉林省地方税务局《关于明确契税相关问题的通知》(吉地税发〔2014〕第103号)就明确指出:"对于法院判决、裁定、调解或协助执行中的房地产价格,如果征收机关认定其成交价格明显低于市场价格,应要求纳税人出具交易房地产的评估报告等有关证明材料。对成交价格明显低于市场价格并且无正当理由的,或者所交换土地使用权、房屋的价格的差额明显不合理并且无正当理由的,征收机关应按照《中华人民共和国契税暂行条例》的有关规定,参照市场价格核定计税价格。"

税务机关能否在拍卖成交价之外另行核定计税价格的问题,成为近年来理论界与实务界争议较大的焦点问题之一。2015年最高人民法院再审的"新修改行政诉讼法实施后第一起行政案件"——"广州市德发房产建设有限公司诉广州市地税第一稽查局税务处理决定申请再审案"①,其争议焦点之一,就是税务机关能否在拍卖成交价之外另行核定计税价格。②

截至本文完成之时,最高人民法院尚未对"广州市德发房产建设有限公司诉广州市地税第一稽查局税务处理决定申请再审案"作出判决。因此,最高人民法院对税务机关能否在拍卖成交价之外另行核定计税价格问题的态度如何,尚不得而知。笔者认为,一般情况下,拍卖价格之所以可以直接作为税务机关的计税价格,其理由在于通过公开竞价程序进行的拍卖,能够反映出拍卖财产的市场价值。但是,另一方面,在现实中,拍卖市场秩序较为混乱,有的纳税人为避税与买受人、拍卖机构等串通进行虚假拍卖,即使是在强制拍卖中,也存在串标、围标等因素导致拍卖成交价明显低于市场价值等情形,如果只能以拍卖成交价作为计税价格,将导致国家税款的流失。对于普通的民事交易

---

① 该案的基本案情是:2004年,广州市德发房产建设有限公司(以下简称广州德发房产)与拍卖行签订委托拍卖合同,委托拍卖其自有房产。根据拍卖委托合同的约定,竞投者须缴交拍卖保证金港币6800万元。后只有一家公司参与拍卖并以底价1.3亿港元竞买了上述部分房产。广州地税稽查局检查发现上述情况后开始进行调查,向房屋管理部门查询了2003年至2005年间的使用性质相同的房产交易档案材料,收集当时的市场交易价值数据,并与原告委托拍卖的房产的交易价格进行比较、分析,认定原告委托拍卖的房产的交易价格明显低于市场交易价格,属于《税收征管法》第35条第(6)项规定的情形。在履行相关程序后根据相关法律法规,广州地税稽查局作出税务处理决定,认定原告以1.3亿港元将房产出售给他人的交易价格明显偏低,且无正当理由,并根据调查收集到的原告委托拍卖房产的周边房产交易价格:写字楼为5500~20001元/m²、商铺为10984~40205元/m²、地下停车位为89000~242159元/个的市场交易价值情况,考虑到原告的房产是整体拍卖,价值可能会比正常交易价格略低的实际情况,以当时市场交易价值较低的停车位85000元/个、商场10500元/m²、写字楼5000元/m²的价值进行核算,核定原告委托拍卖的房产的交易价格为311678775元,应以311678775元的标准缴纳营业税及堤围防护费。广州德发房产不服广州地税稽查局作出的税务处理决定,以拍卖合法、税务机关无权自行重新核定计税价格为由,向法院提起行政诉讼。在起诉及上诉均败诉的情况下,广州德发房产于2013年向最高人民法院申请再审,2014年12月,最高人民法院经审查作出了提审的决定。

② 虽然该案是因广州市德发房产建设有限公司自主委托拍卖引发的税务纠纷,并非强制拍卖引发的税务纠纷,但就纳税计税价格的确定问题而言,二者是共通的。

第八章
强制拍卖中的涉税问题

行为,针对以低价出售等行为避税的情形,税法赋予税务机关一种特殊的自由裁量权,即在认为纳税人交易价格明显偏低,又无正当理由时,可以对交易行为进行核定征收。从税法的角度来看,拍卖行为,无论是任意拍卖还是强制拍卖,与普通的民事交易行为相比,并不存在明显的差异。因此,只要拍卖程序中存在人为干扰的因素,导致其成交价明显偏离市场公允价值的,为避免税款的不当流失,税务机关应有权在拍卖成交价之外另行核定计税价格。

或许有人会担心,如果承认税务机关享有计税价格的核定权,会导致税务机关滥用职权,随意核定计税价格,从而损害纳税人的合法权益。对此,其实不必过于担心,因为,根据税法的相关规定,税务机关在行使核定计税价格职权之前,首先,要就拍卖成交价"明显偏低"的事实承担证明责任;其次,税务机关核定计税价格的方法必须符合税法的规定[①];最后,对于税务机关核定的结果,法律赋予了纳税人相应的救济权利。《税收征收管理法实施细则》第47条第3款即明确规定了纳税人对核定应纳税额的异议权:"纳税人对税务机关采取本条规定的方法核定的应纳税额有异议的,应当提供相关证据,经税务机关认定后,调整应纳税额。"这些都是限制税务机关滥用职权的规则。[②]

事实上,税务机关对拍卖财产的应纳税额享有核定权,也是国际上的通行做法。例如,在美国执行程序中,应纳税额是由税务局估定的;[③]在德国,执行中产生的有关税费根据税务机关评估核定的计税数额确定;[④]在台湾地区,经法院执行拍卖土地所涉税捐,如土地增值税,也是由当地主管机关按土地拍定或债权人承受价额依法"核课"的。[⑤] 由此可见,赋予特殊情况下税务机关对

[①] 《税收征收管理法实施细则》第47条第1款和第2款规定了税务机关核定应纳税额的方法:"纳税人有税收征管法第三十五条或者第三十七条所列情形之一的,税务机关有权采用下列任何一种方法核定其应纳税额:(一)参照当地同类行业或者类似行业中经营规模和收入水平相近的纳税人的税负水平核定;(二)按照营业收入或者成本加合理的费用和利润的方法核定;(三)按照耗用的原材料、燃料、动力等推算或者测算核定;(四)按照其他合理方法核定。采用前款所列一种方法不足以正确核定应纳税额时,可以同时采用两种以上的方法核定。"

[②] 白春娟、汤琼:《对拍卖行为能否进行税收核定征收》,载《中国拍卖》2012年第12期。

[③] 沈达明编著:《比较强制执行法初论》,对外贸易教育出版社1994年版,第130页。

[④] Harald Gerhards & Helmut Keller, *Die Zwangsversteigerung*, Bank-Verlag Medien, 2009, S. 137.

[⑤] 杨与龄编著:《强制执行法论》,中国政法大学出版社2002年版,第262页。

拍卖财产的计税价格核定权,也是符合国际立法惯例的选择。

结　语

　　长期以来,强制拍卖过程中产生的税费问题,往往为法院和当事人所忽略,也未引起理论界的重视。但执行实务表明,强制拍卖中的税费问题引发了买受人悔拍、提起新诉讼、不断信访闹访等诸多问题,甚至进一步影响到强制拍卖制度的效用,使不少潜在的竞买人因此而不敢参与竞买。理论上,强制拍卖行为作为公法行为,虽然本质上不同于普通的民事交易行为,但是,对强制拍卖行为进行征税,依然具有正当性。在执行实务中,强制拍卖所涉税费全部由买受人缴纳的替缴模式,虽然不违法,但是并不合理,侵害了买受人的权益,也不利于执行工作的顺利开展。强制拍卖所涉税费的负担方式,应当回归税法上的分担制,即由被执行人和买受人各自负担相应的税费。至于如何向被执行人征税的问题,首先必须明确,税务机关对被执行人享有的税收债权不应具有绝对优先效力,不应从被执行人财产的拍卖价金中优先扣付。税收债权应当后于法定优先权、担保债权受偿。税务机关在确定强制拍卖所涉税费的计税价格时,通常应当直接将拍卖的成交价作为强制拍卖所涉税费的计税价格,只有在有证据证明因串标、围标等人为因素导致拍卖成交价明显低于市场价值时,才有权在拍卖成交价之外另行核定计税价格。

参考文献

一、著作

1. 李浩:《强制执行法》,厦门大学出版社 2004 年版。
2. 董少谋:《民事强制执行法论纲》,厦门大学出版社 2009 年版。
3. 方昀:《强制拍卖新论》,武汉出版社 2006 年版。
4. 高圣平:《担保法论》,法律出版社 2009 年版。
5. 韩世远:《合同法学》,高等教育出版社 2010 年版。
6. 黄立主编:《民法债编各论》(上),中国政法大学出版社 2003 年版。
7. 江必新主编:《比较强制执行法》,中国法制出版社 2014 年版。
8. 江必新主编:《强制执行法理论与实务》,中国法制出版社 2014 年版。
9. 江必新、贺荣主编:《强制执行法的起草与论证(三)》,中国法制出版社 2014 年版。
10. 江必新、贺荣主编:《最高人民法院执行案例精选》,中国法制出版社 2014 年版。
11. 刘春堂:《判解民法物权》,台湾三民书局 2010 年版。
12. 贺荣主编:《公正司法与行政法实施问题研究》,人民法院出版社 2014 年版。
13. 刘宁元:《中国拍卖法律制度研究》,北京大学出版社 2008 年版。
14. 刘双舟:《拍卖法原理》,中国政法大学出版社 2010 年版。
15. 戚兆岳:《不动产租赁法律制度研究》,法律出版社 2009 年版。
16. 申海恩:《私法中的权力》,北京大学出版社 2011 年版。
17. 孙鹏、王勤劳、范雪飞:《担保物权法原理》,中国人民大学出版社 2009 年版。
18. 王利明:《物权法研究》(上),中国人民大学出版社 2007 年版。
19. 王利明:《物权法研究》(下),中国人民大学出版社 2013 年版。
20. 王利明:《中国物权法草案建议稿及说明》,中国法制出版社 2001 年版。
21. 张广兴:《债法》,社会科学文献出版社 2009 年版。
22. 崔建远:《物权法》,中国人民大学出版社 2011 年版。
23. 胡康生主编:《中华人民共和国物权法释义》,法律出版社 2007 年版。
24. 最高人民法院民事诉讼法修改研究小组:《〈中华人民共和国民事诉讼法〉修改的理解与适用》,人民法院出版社 2007 年版。
25. 沈德咏主编:《强制执行法起草与论证(一)》,中国法制出版社 2002 年版。

26. 沈德咏主编:《最高人民法院民事诉讼法司法解释理解与适用》,人民法院出版社 2015 年版。

27. 李国光、奚晓明、曹士兵、金剑峰:《最高人民法院〈关于适用中华人民共和国担保法若干问题的解释〉理解与适用》,吉林人民出版社 2000 年版。

28. 丁亮华:《强制执行的规范解释:在实体法与程序法之间》,中国法制出版社 2011 年版。

29. 闫海主编:《税收征收管理的法理与制度》,法律出版社 2011 年版。

30. 苏永钦:《走入新世纪的私法自治》,中国政法大学出版社 2002 年版。

31. 陈荣宗:《强制执行法》,台湾三民书局 1999 年版。

32. 陈荣宗:《民事程序法与诉讼标的理论》,台湾大学法学丛书 1977 年版。

33. 王泽鉴:《民法学说与判解研究(第一册)》,中国政法大学出版社 1998 年版。

34. 吴光陆:《强制执行法》,台湾三民书局 2012 年版。

35. 吴光陆:《强制执行法学说与判解研究》,1995 年自版。

36. 吴光陆:《强制执行法拍卖性质之研究》,台湾五南图书出版公司 1987 年版。

37. 许尚豪、单明:《优先购买权制度研究》,中国法制出版社 2006 年版。

38. 许士宦:《执行力扩张与不动产执行》,台湾学林文化事业有限公司 2003 年版。

39. 杨与龄:《强制执行法论》,中国政法大学出版社 2002 年版。

40. 杨与龄:《强制执行法争议问题研究》,台湾五南图书出版公司 1998 年版。

41. 张登科:《强制执行法》,台湾三民书局 2012 年版。

42. 林峻义等:《强制执行法实务问题及案例解析》,台湾金融研究院 2010 年版。

43. 沈建兴:《强制执行法逐条释义》(上),台湾元照出版公司 2014 年版。

44. 陈计男:《强制执行法释论》,台湾元照出版公司 2002 年版。

45. 赖来焜:《强制执行法各论》,台湾元照出版公司 2008 年版。

46. 骆永家:《民事法研究Ⅱ》,台湾三民书局 1986 年版。

47. 渠涛编译:《最新日本民法》,法律出版社 2006 年版。

48. 沈达明编著:《比较强制执行法初论》,对外贸易教育出版社 1994 年版。

49. 史尚宽:《债法各论》,中国政法大学出版社 2000 年版。

50. 谢在全:《民法物权论》(上),中国政法大学出版社 1999 年版。

51. [英]F. H. 劳森等:《财产法》,施天涛等译,中国大百科全书出版社 1998 年版。

52. [德]罗森贝克等:《德国民事诉讼法》,李大雪译,中国法制出版社 2007 年版。

53. [法]让·文森、雅克·普雷沃:《法国民事执行程序法要义》,罗结珍译,中国法制出版社 2005 年版。

54. [日]铃木禄弥:《物权的变动与对抗》,渠涛译,社会科学文献出版社 1999 年版。

55. [日]兼子一、竹下守夫:《民事诉讼法》,白绿铉译,法律出版社 1995 年版。

56. [日]我妻荣:《日本物权法》,台湾五南图书出版公司 1999 年版。

57. [日]上原敏夫等:《民事执行·保全法》,有斐阁 2009 年版。

58. ［日］山木户克已:《民事执行·保全法讲义》,有斐阁1999年版。

59. ［日］降旗顺一郎:《すぐに役立つ不动产竞卖——任意卖却のしくみと手续き》,三修社2011年版。

60. ［日］占有妨害对策研究会:《占有妨害排除の理论と実务——竞卖对象明渡しの実例と実践的理论》,民事法研究会2001年版。

61. ［日］福永有利:《民事执行法·民事保全法》,有斐阁2011年版。

62. ［日］中野贞一郎:《民事执行法》,有斐阁2006年版。

63. Harald Gerhards & Helmut Keller, *Die Zwangsversteigerung*, Bank-Verlag Medien, 2009.

64. Institut für Sachverständigenwesen, *Immobilienbewertung in der Zwangsversteigerung*, IfS, 2013.

65. Rolf Lackmann, *Zwangsvollstreckungsrecht*, Vahlen, 2013.

66. Hanns Prütting & Barbara Stickelbrock, *Zwangsvollstreckungsrecht*, Richard Boorberg Verlag, 2011.

67. Melanie Besken, *Die Reform der Zwangsvollstreckung*, Haufe aktuell, 2014.

68. Kurt Stöber, *Zwangsversteigerungsgesetz*(20. Auflage), C. H. Beck, 2012.

69. Klaus Bartels, *Dogmatik und Effizienz im Recht der Zwangsversteigerung*, Verlag Ernst und Werner Gieseking GmbH, 2010.

70. Rolf Stürner & Masanori Kawano, *Comparative Studies on Enforcement and Provisional Measures*, Mohr Siebeck, 2011.

71. Honorable James J. Brown, *Judgment Enforcement*, ASPEN, 2009.

72. Abraham Clark Freeman, *The Enforcement of Judgments Against Bankrupts*, Scholar's Choice, 2015.

73. Konstantinos D. Kerameus, *Enforcement Proceedings*, Mohr Siebeck, 2002.

74. Kayo Nisbikawa, *Problems of Public Sale in Japan*, *Comparative Studies on Enforcement and Provisional Measures*, Ed. Rolf Stürner and Masanori Kawano, Tübingen: Mohr Siebeck, 2012.

二、论文

1. 范向阳:《不动产执行》,载《法院执行理论与实务讲座》,国家行政学院出版社2010年版。

2. 曹艳芝:《论税收优先权的效力冲突》,载《中国法学》2004年第5期。

3. 常鹏翱:《论优先购买权的行使要件》,载《当代法学》2013年第6期。

4. 常鹏翱:《先抵押后租赁的法律规制——以〈物权法〉第190条第2句为基点的分析》,载《清华法学》2015年第2期。

5. 陈桂明、侍东波:《民事执行法中拍卖制度之理论基石——强制拍卖性质之法律分析》,载《政法论坛》2002年第5期。

6. 毋爱斌:《民事执行拍卖制度研究》,2013年西南政法大学博士学位论文。
7. 刘伟:《强制拍卖问题研究》,2015年武汉大学博士学位论文。
8. 黄忠顺:《司法强制拍卖改革的深度透析》,载《当代法学》2015年第1期。
9. 汤维建:《论司法拍卖市场化改革及其完善》,载《中国法学》2015年第1期。
10. 吴英姿:《审执分离与执行权制约——透过执行异议修正案的解读》,载《山东警察学院学报》2008年第1期。
11. 肖建国:《强制拍卖中优先购买权的保护》,载《人民法院报》2005年3月30日B02版。
12. 陈小康、周祎:《重庆改革司法拍卖评估收费模式》,载《人民法院报》2013年12月4日第4版。
13. 陈小明:《强制拍卖中承租人的优先购买权》,载《人民司法》2007年第15期。
14. 程啸:《论抵押财产出租时抵押权与租赁权的关系》,载《法学家》2014年第2期。
15. 丁亮华:《错误执行他人财产的权利救济》,载《人民法院报》2006年10月26日第6版。
16. 范干平:《提升司法拍卖效率破解执行难题》,载《上海法治报》2015年9月23日B6版。
17. 范向阳、范欣珂:《试论强制拍卖无效》,载《人民司法·应用》2009年第7期。
18. 高进勇:《浅析民事执行拍卖中优先购买权之保护》,载《法制与社会》2009年第2期。
19. 郭宏鹏:《执行局副局长226万卖掉价值605万抵押物》,载《法制日报》2007年10月16日第8版。
20. 黄海兵、柳春:《论房屋转租合同的效力——兼论次承租人的优先购买权》,载《湖州职业技术学院学报》2005年第1期。
21. 黄建荣:《法院拍卖第三人财产之效力》,载《法学丛刊》1990年第2期。
22. 金殿军:《论案外人对执行标的物主张租赁权的诉讼程序》,载《财经法学》2016年第4期。
23. 李方向:《事关法律威严,司法拍卖必须拒绝"权力反悔"》,载《扬子晚报》2014年11月17日A9版。
24. 李铁柱:《房产司法拍卖成交率不到四分之一》,载《北京青年报》2015年9月18日A12版。
25. 李忠雄:《论买卖不破租赁与逃避债务》,载《律师通讯》1993年第163期。
26. 刘高:《论物权法第一百九十条中"抵押财产出租"的准据时点——兼论"买卖不破租赁"的理解与适用》,载《民事审判指导与参考·物权专题》2014年第1辑。
27. 刘贵祥:《执行程序中租赁权的认定与处理》,载《人民法院报》2014年5月28日第8版。

28. 刘俊海:《论有限责任公司股权转让合同的效力》,载《法学家》2007年第6期。

29. 刘仁海:《民事执行程序中拍卖行为的可诉性》,载《人民司法·应用》2010年第11期。

30. 罗静:《房地产估价司法鉴定实践中存在问题浅析》,载《法制博览》2013年第9期。

31. 牛延强:《执行第三人占有房屋案件的处理》,载《人民法院报》2011年1月19日第8版。

32. 瞿新辉:《租赁权公示是取得物权对抗效力的要件》,载《法律适用》2007年第9期。

33. 施琦:《房屋承租人优先购买权之若干法律问题》,2011年华东政法大学硕士学位论文。

34. 孙鹏、王勤劳:《抵押权与租赁权的冲突与协调》,载《法律适用》2009年第2期。

35. 谭元满、彭长虹:《论优先购买权与拍卖规则的冲突》,载《中国律师》2006年第5期。

36. 汤伟、朱敏、蒋晓亮:《司法拍定不动产的交付》,载《人民司法》2014年第7期。

37. 温丰文:《民法第四二五条修正条文评析——论租赁权物权化之范围》,载《东海大学法学研究》2003年第19卷。

38. 熊伟:《论税收优先权与担保物权的竞合》,载《法学评论》2002年第4期。

39. 徐志红、郝守则:《房屋承租人优先购买权法律适用之研究》,载《安徽工业大学学报》2006年第4期。

40. 张国明:《论执行拍卖合同的非民事可诉性》,载《人民司法》2006年第5期。

41. 张伟、黄建铭:《司法网拍税费应以垫付制取代替缴制》,载《人民法院报》2015年7月8日第8版。

42. 赵晋山:《〈关于人民法院民事执行中拍卖、变卖财产的规定〉的理解与适用》,载《人民司法》2005年第2期。

43. 赵晋山:《最高法院关于拍卖、变卖司法解释的基本理念和思路》(下),载《人民法院报》2005年1月12日第6版。

44. 赵晋山:《为当事人提供了更充分的救济途径》,载《人民法院报》2007年11月2日第6版。

45. 赵晋山:《强制执行程序中的拍卖问题研究》,载沈德咏主编:《强制执行法起草与论证(第一册)》,中国法制出版社2002年版。

46. 最高人民法院执行局、案例指导工作办公室:《〈广东龙正投资发展有限公司与广东景茂拍卖行有限公司委托拍卖执行复议案〉的理解与参照》,载《人民司法》2015年第18期。

47. 白春娟、汤琼:《对拍卖行为能否进行税收核定征收》,载《中国拍卖》2012年第12期。

48. 白绿铉:《日本民事执行机关及不动产拍卖程序》,载《强制执行指导与参考》2004年第1辑。

49. 张绍忠:《21世纪初日本民事执行制度改革述评》,载《日本学刊》2011年第3期。

50. 胡文涛:《日本民事执行制度考察——以担保不动产顺利拍卖为中心》,载《上海政法学院学报》2012年第1期。

51. 范丽丽:《日本民事执行法律中妨碍抵押权实现的相关制度》,载《人民法院报》2014年11月7日第8版。

52. 百晓锋:《论案外人异议之诉的程序构造》,载《清华法学》2010年第3期。

53. 孙加瑞:《执行拍卖制度检讨》,载《执行工作指导》2004年第1辑。

54. 戴玉龙等:《上海市浦东新区人民法院关于司法拍卖情况的调研报告》,载《人民法院报》2013年2月13日第8版。

55. 房地产司法鉴定估价规范研究课题组:《从估价机构角度看房地产司法鉴定估价存在的问题》,载《中国房地产估价与经纪》2010年第1期。

56. 刘敏、刘子平:《优先购买权在财产拍卖变价中的利益均衡及其程序设计》,载《民商事审判指导》2008年第3辑。

57. 关丽:《最高人民法院〈关于审理房屋租赁合同纠纷案件具体应用法律若干问题的解释〉涉及的若干问题解析》,载《法律适用》2009年第10期。

58. 郭台宏:《对优先购买权的立法建议》,载《法制与社会》2008年第3期。

59. 刘建发:《论抵押房产强制拍卖"除去"租赁权的法律适用》,载贺荣主编:《公正司法与行政法实施问题研究》,人民法院出版社2014年版。

60. 化国宇:《次承租人优先购买权问题探析》,载《学术纵横》2010年第2期。

61. 赖丽华:《房地产拍卖规则与承租人优先购买权冲突解决机制研究》,载《经济与法》2008年第4期。

62. 李朝晖:《论房屋租赁合同登记备案制度的立法价值目标》,载《广西社会科学》2008年第2期。

63. 李世宏:《德国房地产市场及房地产金融的特征分析》,载《西南金融》2011年第5期。

64. 李远纯、廖长青:《房屋承租人优先购买权中的同等条件的认定》,载《甘肃政法成人教育学院学报》2003年第2期。

65. 李忠卿:《司法拍卖反悔,要将维权进行到底》,载《中国日报》2014年11月16日。

66. 最高人民法院执行局、案例指导工作办公室:《〈广东龙正投资发展有限公司与广东景茂拍卖行有限公司委托拍卖执行复议案〉的理解与参照》,载《人民司法》2015年第18期。

67. 刘剑文、耿颖:《税收法定原则的完整内涵及现实意义》,载《经济参考报》2015年3月11日第8版。

68. 刘学在、朱建敏:《案外人异议制度的废弃与执行异议之诉的构建》,载《法学评论》2008年第6期。

69. 孟焕良、温萱:《温州中院回应司法网拍税收难题——买受人今后仅需承担契税和印花税》,载《人民法院报》2015年5月14日第1版。

70. 欧宏伟:《租赁权不得对抗法院对执行财产的强制处置》,载《人民司法(案例)》2016年第2期。

71. 潘勇锋:《论股东优先购买权在司法拍卖中的实现》,载《法律适用》2012年第5期。

72. 乔宇:《强制拍卖中买受人的权利保护——以法院错误拍卖第三人财产为视角》,载《法律适用》2011年第3期。

73. 上海市黄浦人民法院课题组:《民事强制执行程序中涉税冲突问题研究》,载《人民司法》2013年第5期。

74. 尚杰:《900多万拍得房产,平顶山中院裁定拍卖无效》,载《大河报》2012年8月29日A13版。

75. 苏成友、袁爱华:《论司法拍卖行为的不可诉性》,载《山东审判》2014年第5期。

76. 谭秋桂:《民事执行立法:程序构建与规则设定》,载《湖南社会科学》2003年第3期。

77. 汤啸天等:《调查令制度的法律属性与完善建议》,载《法律适用》2008年第7期。

78. 肖建国:《民事诉讼法执行编修改的若干问题探讨——以民事强制执行救济制度的适用为中心》,载《法律适用》2008年第4期。

79. 谢东玥:《厂房类司法拍卖成交与交付的顺序》,载《江苏经济报》2015年12月9日B3版。

80. 熊伟、王宗涛:《中国税收优先权制度的存废之辩》,载《法学评论》2013年第2期。

81. 晏莉、吴国平:《税收优先权之位序研究》,载《四川大学学报(哲学社会科学版)》2001年第4期。

82. 杨晨:《司法拍卖拍下的豪宅少了地下室,评估报告多处出错他要退房》,载《钱江晚报》2015年7月30日第4版。

83. 杨春华:《论民事执行案外人的救济途径》,载《当代法学》2008年第3期。

84. 殷骏:《律师持"调查令"调查遭扣》,载《南京日报》2005年1月12日第6版。

85. 张华:《我国租赁权对抗力制度的不足与完善》,载《法学评论》2007年第2期。

86. 张龙文:《论抵押权与租赁之关系》,载《法学丛刊》第57期。

87. 张学博:《税收优先权的位次不能定得过高》,载《中国税务报》2010年6月2日。

88.《甲地人民法院能否通过诉讼程序确认乙地人民法院的拍卖行为无效?》,载最高人民法院执行局编:《执行工作指导》2008年第4辑。

89. [日]中田淳一:《执行行为的瑕疵》,载民事诉讼法学会编:《民事诉讼法讲座》第4卷。

90. Daniel Schnabl, Zwangsversteigerung beweglicher Sachen bei eBay?, *NJW* 14, 2005.

91. Andreas Viertelhausen, Verwertung durch Versteigerung im Internet?, *DGVZ* 1, 2003.

92. Wendy Kennett, Key Principles for a New System of Enforcement in the Civil Courts: A Peep over the Garden Wall, *Civil Justice Quarterly*, Vol. 18, October, 1999.

93. Heike Gramckow, Court Auctions: Effective Processes and Enforcement Agents, The International Bank for Reconstruction and Development / The World Bank, 2012.

94. European Commission for the Efficiency for Justice, Enforcement of Court Decisions in Europe, 2007.

95. Anneli Alekand, The Estonian Universal Enforcement Procedure and the Bailiff as the Taker of Procedural Decisions, *Juridical International* 15, 2008.

三、网络资料

1.《拍卖车辆未经公告，法院认定拍卖无效》，载腾讯网：http://auto.qq.com/a/20111122/000080.htm.

2.《当事人要求确认司法拍卖无效》，载法务在线：http://www.fawuzaixian.com/news/info/123694.html.

3."上海仪电控股(集团)公司不服上海市虹口区人民法院不予受理民事裁定上诉案"，载法律咨询：http://www.110.com/falv/paimaifa/paimaidangshiren/2010/0717/126752.htm.

4.《吴英案6大疑点：资产被漏计低估，开庭前匆匆拍卖房产》，载搜狐财经：http://business.sohu.com/20140711/n402118264.shtml.

5.《一个重庆黑社会运作的典型样本》，载浙江在线——钱江晚报：http://qjwol.cb.zjom.cn/html/2009-08/27/content_62511.htm?div=-1.

6. 曹建路：《淘宝司法拍卖房产的税费缴纳主体》，载正义网：http://www.jcrb.com/procuratorate/theories/cases/201411/t20141119_1451203.html.

7. 陈锦聪：《厦门：关于司法网拍一周年的分析与思考》，载中国拍卖行业协会网：http://www.caa123.org.cn/frontnc06NewsContentAction.do?method=previewContent&ID=10231.

8. 陈松柏：《浅谈人民法院委托拍卖房屋前的清场问题》，载岳阳楼区法院网：http://yylqfy.chinacourt.org/public/detail.php?id=604.

9. 胡恒波：《拍卖物上设有租赁权影响拍卖应如何去除》，载中国法院网：http://www.chinacourt.org/article/detail/2007/04/id/245108.shtml.

10.《青浦法院执行局就房地产违规拍卖导致拍卖无效提出三点建议》，载上海法院网：http://shfy.chinacourt.org/article/detail/2015/02/id/1555140.shtml.

11.《吴中法院对一场裁定无效的拍卖组织重拍，挽回当事人合法权益》，载苏州市吴中区人民法院：http://www.szwzfy.gov.cn/news_show.php?id=547.

12. 赵佳媛：《揭秘：低价司法拍卖房背后的"高税费"》，载拍房网：http://www.paifun.net/news/2014-8-21/27115.html.

13. 最高人民法院就《关于人民法院民事执行中拍卖、变卖财产的规定》答记者问，载中国法院网：http://old.chinacourt.org/public/detail.php?id=140283.

14.《北仑法院改进司法评估机制》，载北仑新闻网：http://blnews.cnnb.com.cn/system/2015/04/27/011185819.shtml.

15."申请执行人陈仁权与被执行人通化市东昌区人民政府老站街道办事处房屋租赁纠纷案"，载北大法宝：http://www.pkulaw.cn/case/pfnl_1970324852981918.html?keywords＝％E7％A7％9F％E8％B5％81％E6％9D％83&match＝Exact.

16."中山市万家汇科技开发有限公司等诉中山市华鸿房地产开发有限公司等案外人执行异议之诉案"，载北大法宝：http://www.pkulaw.cn/case/pfnl_1970324839222004.html? keywords＝％E4％B8％AD％E5％B1％B1％E5％B8％82％E4％B8％87％E5％AE％B6％E6％B1％87％E7％A7％91％E6％8A％80&match＝Exact.

17.《司法拍卖购得公司房产要缴纳的税费》，载新浪博客：http://blog.sina.com.cn/s/blog_51d7ac6d0102v8zr.html.

18. 兵临：《司法拍卖法院岂能"一悔了之"》，载腾讯网：http://view.news.qq.com/a/20141116/005174.htm.

19. 陈丰、罗永汇：《对路桥法院不动产强制拍卖情况的调查与思考》，载台州市路桥区人民法院网：http://lq.tzcourt.cn/InfoPub/ArticleView.aspx?ID＝1873.

20. 范干平：《浙江省淘宝网司法拍卖调研情况分析（之二）》，载新浪博客：http://blog.sina.com.cn/s/blog_52f756480101c7tl.html.

21."叶卓芬、黄荣新与李兴茂、叶庆枝、黄耀燊其他执行执行复议案件执行裁定书"，载中国裁判文书网：http://wenshu.court.gov.cn/content/content?DocID＝481d18e6-b9fd-480d-a23f-5bc0b40b49ca&KeyWord＝％E7％A7％9F％E8％B5％81％E6％9D％83％E9％99％A4％E5％8E％BB.

22."为规避执行签订20年虚假租赁合同，最终一个被司法拘留一个被罚款"，载嘉兴在线：http://www.cnjxol.com/politicslaw/content/2012-04/16/content_1982983.htm.

23. 江西省九江市中级人民法院民事判决书九中民一终字第287号，载中国裁判文书网：http://wenshu.court.gov.cn/content/content?DocID＝4e9a1c70-8985-41a1-bc48-4f0a24f3fa83&KeyWord＝％E7％A7％9F％E8％B5％81％E6％9D％83％E9％99％A4％E5％8E％BB.

24. 孔繁灵、赖见兴：《强制执行拍卖中房屋承租人的优先购买权应否保护？》，载江西法院网：http://jxfy.chinacourt.org/public/detail.php?id＝105619.

25. 林常丰：《金华法院实行以拍卖成交价收取评估费用制度提升拍卖效能显成效》，载金华市中级人民法院：http://www.jhcourt.cn/Page/NewsShow.aspx?id＝12611.

26. 刘春润：《从法院角度看房地产司法鉴定估价》，载人民法院诉讼资产网：http://www.rmfysszc.gov.cn/statichtml/rm_gzgsdetail/2014/12/12/60983.shtml.

27. 刘恒军：《是否应除去拍卖财产上原有的租赁权》，载中国法院网：http://www.chinacourt.org/article/detail/2006/09/id/218748.shtm.

28. 刘荣秀:《浅析法院执行资产评估存在的问题及对策》,载豆丁网:http://www.docin.com/p-636543720.html.

29. 刘晓全:《重庆五中院采取拘留措施确保拍卖房产交付》,载重庆法院网:http://cqfy.chinacourt.org/article/detail/2013/12/id/1155163.shtml.

30. 刘育林:论审判实践中股东优先购买权的行使问题——以"同等条件"为讨论核心,载吉林市法院网:http://jlzy.chinacourt.org/public/detail.php?id=59.

31. 栾金娣、胡珏、袁黎明:《工程价款优先受偿权是否优先于税收优先权》,载百度文库:http://wenku.baidu.com/link?url=cZMUBziYauFN_08kg6A8dvIXPpfgOjRN6CYI2IkXo1q22mQ8tVYmbkkR2dASFHor0AsVryrMMYggfgjDMsrsnCALK9btelxdWgaNAEDI2pm.

32. 厦门中级人民法院:"陈卫东竞得法院委托拍卖的标的物后获知该物为另一法院查封之物诉厦门拍卖中心拍卖无效案",载司法库:http://sifaku.com/falvanjian/66/zf0beba3z0dw.html.

33. 沈巍、饶群:《关于民事执行中拍卖、变卖财产的涉税问题研究》,载湖州市吴兴区人民法院网:http://www.wxcourt.cn/nzcms_show_news.asp?id=13385.

34. 余志强、林祖彭、金殿军:《执行程序中公法债权与民事债权受偿顺位的衡平——以执行程序解决社会纠纷的有效性为视角》,载上海法院网:http://fayuan.xinmin.cn/lwyd/2011/02/28/9529815_4.html.

35. 章见良、黄永进:《房地产拍卖中清场问题的影响与对策》,载江苏法院网:http://www.jsfy.gov.cn/llyj/xslw/2014/05/30152516655.html.

36. 浙江省温州市中级人民法院执行裁定书(2016)浙03执异第146号,载中国裁判文书网:http://wenshu.court.gov.cn/content/content?DocID=95775fdc-1440-4d6c-b1c2-f15ae50e1e8f&KeyWord=%E7%A7%9F%E8%B5%81%E6%9D%83%E9%99%A4%E5%8E%BB.

37. 郑小楼:《法官腐败报告》,载财经网:http://magazine.caijing.com.cn/2013-05-26/112826999.html.

38. "最高人民法院公布九起反规避执行典型案例",载中国法院网:http://www.court.gov.cn/spyw/zxgz/201118808/t20110824_164832.htm.